カザフスタン共和国
キルギス
共和国
ウルムチ
モンゴル
寧夏回族自治区
新疆ウイグル自治区
甘粛省
銀川
青海省
西安
チベット自治区
ネ
四川省
重慶市
イン
貴州省
雲南省
広西チワン
自治区
バングラデシュ
ミャンマー
ベトナム
ラオス
タイ

中国歴史教科書と東アジア歴史対話

日中韓3国共通教材づくりの現場から

齋藤一晴

花伝社

中国歴史教科書と東アジア歴史対話——日中韓3国共通教材づくりの現場から——◆目次

目次

はじめに

●本書がめざすもの

本書は、日本とアジアとの歴史対話のあり方を、国境を越えて共同編集・同時刊行された日中韓共通歴史教材『未来をひらく歴史』（高文研、二〇〇五年）の作成過程から学ぶものである。また、アジアのなかでも中国に焦点をあて、中華人民共和国成立後の歴代の歴史教科書を手がかりにしながら、今日の中国をどう見ればよいのかを考えるための一冊でもある。そして一人ひとりの歴史と向き合う姿勢、アジアとともに歩む方法を日々自己点検・自己更新する必要性を世に問うものである。

今年、二〇〇八年は、北京オリンピックが開催される年であり、一九七八年の日中平和友好条約の締結から三〇年目の節目の年にあたる。三〇年といえば、ほぼひと世代にあたる短くない時間が過ぎたことになる。この間、日本と中国との交流は、政治や外交、経済から文化に至るまで、ヒトやモノが行き交い、近年では両国の国内状況がリアルタイムに報じられる時代が到来し、その関係は緊密度を強めている。そうしたなか日本における中国イメージは、脅威・反日・愛国といったマイナスイメージで表現されることが近年増えているように思われる。なかでも日本の戦争責任・戦後責任をめぐる歴史認識問題をめぐっては、日本の敗戦から六〇年以上がたつにも関わらず、双方の認識のズレは小さくない。

こうした歴史認識の溝をどのようにうめるのか、ということは、これまで日本の歴史教育で幾度となく取り上げられ、数々の実践が積み重ねられてきた。しかし平成生まれの冷戦を知らない世代が二〇歳をむかえようとする今日、日本の戦争責任・戦後責任を自分にひきつけて学び考えることはますます難しくなっている。

近年の調査によれば、日本の侵略戦争について歴史事実を知っている中高生の割合は増加しているものの、同時に戦争被害者個人への補償は必要ないとする傾向も強まりつつあり、*そうした今日的課題と自分との関係を遮断・拒絶するどころか、反発・反感すら持ちかねない状況が生まれている。

＊　歴史教育者協議会は、毎年、『歴史教育・社会科教育年報』(三省堂)をだしている。その最後に「近現代史アンケート」と題されたアンケート調査の結果が一覧表になっている。このアンケートは毎年ほぼ同じ内容を中学生と高校生に行ったもので、対象者が毎年違うため同一人物の歴史認識の変化を追うことは難しいが、近年の中高生の歴史認識の変化をうかがい知る上では貴重なデータである。

こうした若い世代の歴史認識を危惧することは簡単だが、これは若い世代だけでなく全世代的にみられることなのではないだろうか。なぜなら若い世代が反感を持つ根本的原因は、私を含む上の世代が日本の侵略戦争という負の歴史から逃避・拒絶してきたことにあるからである。よって、若い世代の歴史認識を批判的にとらえる前に、教え手に当たる世代が自省することから始めなければならないだろう。

では、いったいどのような歴史教育が今日求められているのだろうか。それは、日本のアジアに対する戦争の歴史を扱うだけでなく、アジアとの対話を構築する具体的な方法、アジアと向き合う姿勢を自らの経験を通じて学び合い、伝え合うこと。そして一人ひとりの歴史認識を自己点検・自己更新できるだけのアジア認識、アジア観をいかに確保、形成するのか、ということだといえよう。つまり、私たちにとってアジアとはどのような存在なのか、ということが問われているのである。

昨今、東アジア共同体、東アジア経済圏といった言葉を見聞きする機会が増えているが、いったい東アジア共同体、経済圏とは誰にとっての何を意味するのだろうか。日常的に使われるこれらの言葉や表現だが、実は曖昧にして具体性に乏しく説明に窮するどころか、認識材料を自分自身が持ち合わせているかどうかさえ分からない、というのが実情なのではないだろうか。

そこで本書は、日中韓の民間レベルで三年間にわたり日本の戦争責任・戦後責任をめぐって行われた歴史対話――『未来をひらく歴史』の作成過程――が明らかにした成果と課題を手がかりに、歴史対話のあり方と、中国をはじめアジアで暮らす人々とともに歩み生きる方法について、今日何が求められているのか具体的に考え、アジアとは、東アジア共同体とは、ということを語る一つの道筋を提示してみたいと思う。

さらに歴史認識の溝をうめるうえで『未来をひらく歴史』＝共通歴史教材というアイテムは有益なのか、共通歴史教材を作成し活用するということはいかなる意味を持つのか、歴史認識の共有とはどのような方法や過程をへることで可能となるのか、何がどうなると歴史認識の共有と呼べるのか、といったことについても、『未来をひらく歴史』の作成過程や、アジアとヨーロッパですでに活用されている共通歴史教材、共通歴史教科書に学びながら論じてみたいと思う。

●本書の構成

本書は、大きく第I部と第II部、そして終章から構成される。

第I部では、『未来をひらく歴史』の作成過程が明らかにした歴史研究・歴史教育・歴史叙述の課題にふれながら、共通歴史教材の可能性と課題をまとめ、歴史対話のあり方について論じてみたい。『未来をひらく歴史』は、日中韓三国の民間レベルで作成された初めての共通歴史教材である。これまでアジアにおける共通歴史教材の作成は、日本と韓国との間では活発に行われてきた。ではなぜ中国を含む他国や他地域との共通歴史教材の作成がこれまで進展してこなかったのだろうか。それは単に社会制度の違いや政治的な背景からだけなのだろうか。私たちのアジアへの視野は果たして充分確保されてきたのだろうか。そこで本書では日中韓・共通歴史教材が、なぜ今日作成することが可能になったのか、という歴史対話の背景から、私たちが歴史やアジアに向き合う姿勢を考えてみたいと思う。

第II部では、一九四九年の中華人民共和国成立後に出版された中国の歴代の歴史教科書を時系列的に読み解きながら、そして近年中国各地で作成が進んでいる地方版歴史教科書を地域ごとに比較しながら、中国の歴史教科書や歴史教育に起こりつつある新たな動きについて論じてみたい。またそれらが反日・愛国教材として存在、機能しているのかどうかについても検討する。

歴史教科書は、各国の歴史学の研究成果や歴史教育の実践蓄積、その国の歴史的、社会的な背景を持った歴史叙述の総体と位置づけられる。またそれは、国家史と国民のあるべき姿を提示する国民国家の根幹を支える役割を有しており、いきおい、自国中心的な傾向を持つことは避けられない。よって歴史教科書にどのような自国史の問い直しが歴史叙述として反映されているのか、ということを見つけ出すことは、その国で従来とは異なる国家像や国民像、歴史観が研究・実践・叙述を通じて生まれていることを明らかにする作業といえるだけでなく、その国で行われている自国史の問い直しという自己点検と自己更新を鏡とした、自らの歴史認識の再検証を可能とするに違いない。よって歴史教科書の記述内容を国家間のナショナリズムがぶつかり合う対立点の象徴として論争の焦点にするのではなく、ナショナリズムと冷静に向き合う材料を歴史教科書の内部からみつけだす取り組みが欠かせない。この作業は、単に各国における、もしくは国境を越えて共振するナショナリズムの高揚を、そのメカニズムから解明しようとする試みであるだけでなく、東アジアとは何なのか、国民国家や国民という存在の先に何が見えてくるのか、ということを議論するうえで必要になる論点を提供することにもなるだろう。

共通歴史教材と歴史教科書に共通するポイントは、歴史教育で歴史叙述をどう扱うか、ということである。歴史叙述は、書き手の歴史と向き合う姿勢によってそこから描き出される歴史像は異なることになる。どこから、誰の立場から、何を題材に、どのように歴史事実を組み立て歴史観や歴史像として他者に提示するのか。そこで問われているのは主体性ということになる。歴史叙述と歴史教育の関係を主体性というキーワードから考えると、自分は何者なのか、いかなる姿勢をもって歴史に向き合えばよいのかという問いに常に直面することになる。そこにこそ、今日、歴史教育と歴史叙述の関係性を問い直す具体的な場所、実践の空間が生まれるだろう。

第I部と第II部は、補完関係にある。共通歴史教材の作成という歴史対話は、偶然の産物ではない。それを必要とする、もしくは可能とする学問的、社会的な背景が存在していることを第II部で論じた。そして背景を論じることによって今後も続けられる共通歴史教材という歴史対話のあり方を考える素材を提供し、ひいては歴史教育、歴史教科書の可能性と課題を議論することにつなげだいと思う。よって本書は、『未来をひらく歴史』の作成をめぐって日中韓三国で議論された論点を紹介することや、中国の歴史教科書にどのようなことが書かれているのか、ということを整理するレベルでとどまりたくはない。

そして終章では、歴史対話の担い手とはどのような存在であるのか、それを育てる歴史教育とは、ということを提起してみたいと思う。

なお、中国語の語句や歴史用語、文献のタイトルなどについて、簡体字で表記された中国語は、日本で一般的に使われている漢字に置き換えて表記した。また「中国歴史」のように漢字から意味が明らかに分かるものもあるが、意味が分からないものや「教学」のように日本語ではニュアンスが異なる場合には、適宜、訳語、もしくは解説を付してある。

第Ⅰ部　『未来をひらく歴史』という歴史対話

一九四五年の日本の敗戦から六〇年。中国においては抗日戦争・反ファシズム戦争勝利六〇周年。韓国にとっては「光復」六〇年目にあたる二〇〇五年五月、史上初めて日中韓が共同編集した共通歴史教材『未来をひらく歴史』（日本語版＝高文研）が、三国で同時に刊行された。この前後には、日本と韓国との間に独島（竹島）をめぐる領土問題が再燃し、日本の国連安全保障理事国入りを目指す動きとそれに対する中国各地での抗議行動、そして「新しい歴史教科書をつくる会」（以後、「つくる会」と略）が編纂した中学校歴史教科書と公民教科書が文部科学省の検定に合格したことに対する非難がアジアから寄せられるなど、日本の戦争の総括をめぐって、我々の歴史認識が問われる場面が数多く見られた。いずれも今日、戦争終結から六〇年あまりがたつにも関わらず、侵略戦争という歴史事実にどのように向き合うのか、誰がどのような立場でいかに戦争の歴史を継承するのか、という歴史の語り方、歴史叙述のスタイル、歴史教育のあり方の難しさと大切さを私たちに伝えている。アジア各地から寄せられた声や行動は、一つの大きな声であり、また声をあげ、行動する一人ひとりの経験や歴史認識を通した無数の問いかけでもある。こうした問いかけにアジアの人々とともに作成した共通歴史教材で応えようとする試みが『未来をひらく歴史』の刊行である。

『未来をひらく歴史』は、日本のアジア侵略をメインテーマにすえ、三国の議論を通じて以下の四点について、研究・教育・叙述・運動の四位一体による検討をふまえた執筆・編集を目標とした。そして歴史認識の溝をうめるために以下の四つにあげるように、まず戦争の歴史について立場や視点の違い、研究動向や教え方の変遷などを相互理解する必要があるということになった。

(1)　歴史学研究の成果に依拠した歴史認識の共有を模索する。

『未来をひらく歴史』各国語版。左から、韓国語版、日本語版、中国語版。

(2) 国境を越えて行われる歴史教育の交流のあり方を考え、具体化をめざす。

(3) 各国の歴史学研究や歴史教科書にみられる自国史中心的な歴史叙述を問い直す。

(4) 市民のなかから歴史対話の担い手を育てる。

『未来をひらく歴史』の最大の意義であり成果は、一つのかたちとして刊行できたことよりも、むしろ国境を越えて積み重ねられた議論や交流のプロセスにある。また、これまで日・韓を中心に日・中や東南アジアとの間に地道に築き上げられてきた学術・人的交流から学び、その成果をよりどころにして作られたものであり、そうした対話と交流の道筋を一歩でも前に進めようとする想いから生まれたものでもある。よって、『未来をひらく歴史』の成果と課題を、今後の日本とアジアとの歴史対話に活かしていくためには、作成の経緯や経過、それを可能とした背景から論点となった内容に至るまで広く紹介し、多くの方々の意見と批判を仰ぐ必要がある。

いうなれば、三国にこれまで積み重ねられた研究・実践・

叙述の関係性のなかから、今後の歴史対話における「叩き台」として生み出されたのが『未来をひらく歴史』なのである。

すでに刊行から三年がたち、『未来をひらく歴史』に対する意見や批判が多数寄せられ、また教室や市民学習会などで実践、活用されている。さらに『未来をひらく歴史』に続く新たな日中韓共通歴史書の具体化が進むなど、次のステップを目指すうえで『未来をひらく歴史』を客観的に検討する素材が今日必要となっている。

そこで第Ⅰ部では、まず「叩き台」を客観的に検証・検討するための素材を提供することを目的としたい。また、三国の議論を経て明らかになった日本とアジアとの歴史対話に求められる歴史学・歴史教育・歴史叙述の課題を整理する。そして共通歴史教材としての成果と課題を明らかにすることによって、歴史対話のあり方を具体的に提示してみたい。

第1章　『未来をひらく歴史』作成までの道のり

一　作成までの経緯

『未来をひらく歴史』を作成するにいたる直接の契機は、二〇〇一年に起こった教科書問題である。一九九七年に発足した「つくる会」は、既存の歴史教科書における日本像や日本の戦争の描き方が自虐的であるとして、みずから中学校歴史教科書『新しい歴史教科書』と公民教科書『新しい公民教科書』の編纂、検定申請をおこなった。その内容は、歴史事実に数多くの基本的な誤りがあるだけでなく、日本の侵略戦争を肯定・美化して国家や天皇の視点から歴史を描く民衆不在の歴史像によって貫かれていた。この歴史教科書は、二〇〇一年、国内外からの批判にもかかわらず文部科学省の検定に合格。その採択をめぐって大きな議論を呼んだ。最終的に全国でわずか五二一冊（〇・〇三九％）の採択にとどまったが、一部の私立学校や東京都と愛媛県の養護学校で採用された。その後、「つくる会」は四年後の二〇〇五年の検定に向けて採択率一〇％以上、冊数にして約一三万冊の採択を目指すという「リベンジ」を宣言した。

そこで「つくる会」の教科書を批判するだけでなく、アジアとの歴史認識の共有を可能とするような教材を具体化できないか、教室で生徒たちとともに戦争の歴史と向き合うためのテキストを日本とアジアとの共同作業によって作成できないか、という考えから共通歴史教材作成の気運が高まった。「つくる会」の教科書を批判するだけでなく、批判の先にこれまでなかった教材をつくることで既存の歴史教科書にどのような課題があるのか、アジアとの歴史対話に必要となる歴史認識の自己点検を試みようとしたのである。

二〇〇一年七月、北京で中国社会科学院日本研究所が主催する「日本の軍国主義研究」というシンポジウムが開かれた。その際、日本側参加者（荒井信一、俵義文）から中国・韓国・朝鮮民主主義人民共和国（以後、北朝鮮と略）の参加者に対して、歴史認識の共有と歴史教育の相互交流、そして東アジアの平和を市民レベルから構築するための継続的な対話の場を設けることが提案された。* これに対し、中国社会科学院が積極的に賛同し、第一回フォーラムを南京で行うことが決定した。

＊　北京での会議の様子や内容、歴史認識と東アジアの歴史フォーラムが開催に至るまでの詳しい経緯は、荒井信一「〈軍国主義〉覚書」（『季刊戦争責任研究』二〇〇四年春季号）と俵義文『あぶない教科書ＮＯ！』を参照のこと。

こうして二〇〇二年三月、南京で「歴史認識と東アジアの平和フォーラム――日本の歴史教科書問題」が開催された（詳しい内容は、『季刊戦争責任研究』二〇〇二年夏季号を参照）。このフォーラムを準備する過程で、日中韓の三国の市民が共同で共通歴史教材を作成する提起がなされ、フォーラムを通じて基本的に合意すると、その開催と平行して共通教材作成のための特設部会を設けて国際会議を継続して開くことになった。こうして二〇〇二年八月、ソウルで第一回の共通歴史教材に関する国際会議が行われたのである。

以上のように、作成の経過では、日本側の提案に中国側が意欲的な対応と速やかな行動で答えたことが特徴としてあげられ、国家を代表する社会科学院が、国家を代表しえない日本側（個人）の提案を受け入れ、『未来をひらく歴史』作成への道が開かれたことは特筆すべき点だと考えられる。中国側メンバーの代表である歩平も、「官」のなかに「民」を持ち込む、もしくは「官」がどの程度「民」の役回りをこなせるのか、ということを、今日、中国の研究機関が試行錯誤しながら模索していることを指摘していた。これは、中国の国家研究機関が、国家間の対話にだけ窓を開いているのではなく、民間レベルの取り組みにも窓を用意しようとしていることを意味しており、ひいては今後の「民」と「民」による対話を導く第一歩として、その可能性をどのように我々が受け止め、応答していくのか、ということが課題となった。

二　作成メンバーの構成

1　日本側

日本側は、「子どもと教科書全国ネット21」や「歴史教育アジアネットワークＪＡＰＡＮ」などの市民組織を基盤としながら、日中韓三国共通歴史教材委員会が組織され、中・高・大の現役教員と経験者、市民運動に積極的に参加してきた市民、大学院生などから構成された（表1）。このなかには日中韓それぞれの近現代史を専門とする研究者、歴史教科書の執筆者、戦後補償裁判や教科書裁判に長くたずさわってきた者など、多様なメンバーが集まっており、中国語や韓国語、朝鮮語に堪能な者も含まれ、男女比率もほぼ半々と、三国で最もバランスのとれた構成になっている。ただしアジアの関係史や国際関係論を専門とする研究者がおらず、三国の歴史をダイナミックな歴史叙述として関連づけて描くことには一定の困難があった。

年齢構成は、一九七五年八月生まれの私からみると、一九四四年生まれの笠原十九司は父母世代にあたり、「歴史認識と東アジアの平和フォーラム」実行委員長をつとめる荒井信一は私の祖父と同じ一九二六年生まれであり、ほぼ三世代から構成される。一九二六年は昭和元年であり、その人生は、まさに昭和という時代そのものである。私の父母の世代は、戦後の民主化や高度成長を経験した世代であり、またアジアへの視野を問われ続けた年齢層でもある。私はベトナム戦争の終結後に生まれた。中学生の頃に昭和の終焉や冷戦の崩壊を見聞きし、大学生の頃にインターネットや携帯電話を活用しはじめ、グローバリーゼーションが進む世界を実感してきた世代である。そして日本の戦争責任・戦後責任がアジアから問われ、日本の敗戦から半世紀をむかえた一九九五年がちょうど二〇歳にあたる。こうみると日本側メンバーの年齢構成は、まさに日本の戦争責任・戦後責任をどのように問うのか、という問いかけとともにあることがわかる。それだけ世代を超えて積み残してきた歴史の重さと、それをそむけてきた責任の大きさを感じずにはいられない。

歴史教科書の対話や共通教材の開発などの歴史対話において、三世代がその作業に参加することは最も望ましい形であると思う。なぜなら戦争体験世代、非体験世代、そして非体験世代に歴史を教わった各世代が、世代を越えてその体験と歴史事実を継承することが可能になるからである。そしてなによりも国境を越えた戦争非体験世代同士による対話の試みが、単なる教材開発というプロジェクトの遂行に陥ることのないように、警鐘を鳴らしてくれる存在として戦争体験世代が身近にいるからである。

2 韓国側

韓国側は、「日本の教科書を正す運動本部」（略称「教科書運動本部」、現「アジアの平和と歴史教育連帯」）が事務局を担当し、韓国挺身隊問題対策協議会など「慰安婦」問題の運動に主体的に取り組んできた高校・大学の現役教員が大半を占めた（表1）。これまでに日本との歴史教育の交流に参加した経験がある教育者、日本への長期留学経験者も数人含まれるなど、日本の歴史学や歴史教育、社会情勢に精通しているメンバーがそろっており、とりわけ日本の歴史教科書問題について取り組んできた専門家が多く、まさに「教科書シフト」ともいうべき構成であった。このように三国のなかで最も市民運動と密接な関係を有するのが韓国側だったといえる。ただ、一二人中女性メンバーが二人と少数であった。

韓国側のメンバー構成が日本や中国と異なる点は、『未来をひらく歴史』以外の日・韓で開発されている共通教材にも参加している者がいることだ。韓国では、異なる共通教材の作成に関わっているメンバーもおり、『未来をひらく歴史』以外の共通教材との交流も少なからず行われている。これは日本において共通教材を作成するルートごとにメンバーが異なり、教材間の人的交流が必ずしも活発ではない状況とは大きな違いといえる。

世代的にみると中心メンバーは四〇代から五〇代である。彼らの多くが韓国における民主化闘争を、学生として体験した世代であり、韓国の民主化や経済発展を同時代史として生きてきている。まさに歴史とは誰のものなのか、という問いをめぐって闘いつづけてきた世代といえよう。

3　中国側

中国側には、日・韓との連絡窓口になる事務局が存在しなかった。これは中国側が恒常的な民間レベルの交流や共通教材の開発に対応できるだけの経験とノウハウを蓄積してこなかったことの現れであり、またメンバー全員が集まるためには飛行機による一〇〇〇キロ単位の移動が必要となるなど、地理的な要因も大きいといえる。メンバーは『未来をひらく歴史』の作成を通じて、「官」が「民」との連帯をどのようにすれば可能となるのか、つまり社会的地位や役職を越えて、国家という枠組みからどのように自らをずらすのか、ということを、これまで以上に意識・体験することになった。

主要執筆陣は、歩平を筆頭に社会科学院の研究員が大半を占め、王希亮も黒龍江省社会科学院の研究員で中国東北部における日本の占領支配や戦争犯罪を専門としている。その他にも北京の中国人民抗日戦争記念館の研究員や南京にある侵華日軍南京大屠殺遇難同胞記念館（南京大虐殺記念館）の館長、朱成山など、抗日戦争の英雄を公的に顕彰する施設のメンバーが加わっており、いわゆる国家を背負った立場の研究者が主要メンバーであった。また栄維木は、社会科学院から刊行されている『抗日戦争研究』という学術雑誌の編集主幹をつとめている。まさに中国側のメンバーは、日本の戦争責任を研究対象としている専門家たちといえるだろう（表1）。

歴史教科書を執筆した経験があるのは、上海で華東師（上海）版歴史教科書の主編者であった蘇智良のみであった。また主要執筆陣に女性がいないという構成で、さらに北京や上海、ハルビンといった大都市の研究者で占められ、地方の中小都市や少数民族が多く暮らす地方出身のメンバーはいなかった。そして韓国語を使いこなせる朝鮮史専門家が主要メンバーにいなかったことも大きな特徴といえる。

世代的にみると、例えば歩平の場合、一九四八年に北京で生まれている。中国では一九六六年から

■韓国（韓中日共同歴史教材開発委員会）

徐　仲錫	成均館大学校史学科教授
金　聖甫	延世大学校史学科教授
王　賢鐘	延世大学校歴史文化学科教授
文　珠榮	新道峰中学校教師
李　寅碩	京畿女子高等学校教師
辛　珠柏	ソウル大学校社会発展研究所責任研究員
金　正仁	春川教育大学校社会科学教育科教授
尹　光鐸	高句麗研究財団研究委員
金　漢宗	韓国教員大学校歴史教育科教授
朴　中鉉	中京高等学校教師
梁　美康	アジア平和と歴史教育連帯常任共同運営委員長
河　棕文	韓神大学校日本地域学科教授
《協力執筆》	
裵　祐晟	ソウル市立大学校国史学科教授
裵　亢燮	成均館大学校東アジア学術院研究教授
河　元鎬	成均館大学校東アジア学術院研究教授
韓　哲昊	東国大学校歴史教育科教授
金　泰雄	ソウル大学校歴史教育科教授
李　松順	韓国国家記録研究員責任研究員
趙　東槿	ソウル大学校師範大学附設高等学校教師
鄭　恵瓊	日帝強占下強制労働被害真相糾明委員会調査１科長
郭　健弘	国家記録院学芸研究官
金　昌祿	建国大学校法学科教授
李　淵植	ソウル市立大学校講師

出典）『未来をひらく歴史』223 頁。日本の研究者の専攻は齋藤による。

表1 日中韓各国の執筆・編集メンバー一覧（初版刊行時）

■日本（日中韓3国共通歴史教材委員会）	
板垣竜太	同志社大学社会学部専任講師（朝鮮近現代社会史・国際社会学）
大日方純夫	早稲田大学文学学術院教授（日本近代史）
笠原十九司	都留文科大学文学部教授（中国近現代史・東アジア近現代史）
金 富子	お茶の水女子大学 CEO 研究員（朝鮮近現代史・ジェンダー史）
糀谷陽子	中学校社会科教員・子どもと教科書全国ネット 21 常任運営委員
齋藤一晴	明治大学大学院博士後期課程・高校社会科講師
柴田 健	高校社会科教員・高嶋教科書訴訟を支援する会事務局長
宋 連玉	青山学院大学経営学部教授（朝鮮近現代史・ジェンダー史）
田中行義	高校社会科教員・子どもと教科書全国ネット 21 常任運営委員
俵 義文	子どもと教科書全国ネット 21 事務局長
坪川宏子	元高校教員・歴史教育アジアネットワーク JAPAN 運営委員
松本武祝	東京大学大学院農学生命科学研究科助教授（近代朝鮮農村史）
丸浜江里子	元中学校教員・歴史教育アジアネットワーク JAPAN 運営委員
《協力執筆》	
上杉 聰	関西大学文学部講師
■中国（中日韓3国共同歴史読本編纂委員会）	
歩 平	中国社会科学院近代史研究所研究員
李 宗遠	北京市中国人民抗日戦争記念館執務室主任
王 希亮	黒龍江省社会科学院研究員
栄 維木	中国社会科学院近代史研究所 『抗日戦争研究』編集主幹
卞 修躍	中国社会科学院近代史研究所 近代史資料編集部副編集委員
李 仲明	中国社会科学院近代史研究所 『抗日戦争研究』編集委員
朱 成山	南京市侵華日軍南京大屠殺遇難同胞記念館研究員
劉 燕軍	南京市侵華日軍南京大屠殺遇難同胞記念館研究員
張 連紅	南京師範大学南京大屠殺問題研究センター教授
蘇 智良	上海師範大学歴史学部教授
陳 麗菲	上海師範大学歴史学部教授
高 凡夫	上海師範大学歴史学部博士課程
蔡 亮	上海師範大学歴史学部博士課程
呉 広義	中国社会科学院世界経済政治研究所研究員
戴 世双	北京大学歴史学部博士課程
文 春美	中国社会科学院世界史研究所副研究員
王 智新	宮崎公立大学（日本）教授

文化大革命が本格的にはじまると同年から大学入試は中止され授業も行われなくなり、政治・経済・教育は混迷の度を深めていった。翌六七年からは約二〇〇〇～三〇〇〇万人程度の都市部の高校生や大学生が「上山下郷」・「下放」という形で農村やロシア・中央アジアとの国境地帯に移り住む政策がとられた。歩平はまさに一八歳で一九六六年をむかえており、本人に経歴についてたずねる機会は少なかったが、「下放」されて北京から黒龍江省のロシアとの国境地帯へ移り住み、昼は国営農場で農作業、夜は銃を担いで国境警備にあたったという。その後、文化大革命が終息しても北京に戻ることなく黒龍江省ハルビン市にあるハルビン師範大学に進学、卒業後に黒龍江省社会科学院に就職した。

こうみると歩平の青年期は生まれ故郷を離れ、学ぶ機会を失い、いわば国家の政策によって翻弄された時期と考えられる。今日、中国では歴史教科書においても文化大革命は政治的失敗と明記・総括されており、自分の生きた時代や自分そのものがいわば否定されたなかで、国家機関である社会科学院で国家に属する研究員という立場から国家の歴史を研究する仕事に従事している。こうした経歴をもつ歩平が国家間だけでなく民間レベルの歴史対話に取り組むことは、自らが生きてきた時代や自分自身にとって歴史を研究する意味や国家そのものを問い直すことになったのではないだろうか。

このように執筆者一人ひとりにとって『未来をひらく歴史』の作成に加わることは、自らの歴史認識や歴史観と向き合い、それらを問い直す人間的な契機になったに違いない。

なお、歩平は『未来をひらく歴史』以外にも、劉傑・三谷博・楊大慶編『国境を越える歴史認識日中対話の試み』（東京大学出版会、二〇〇六年）において、民間レベルの歴史対話に参加している。さらに日本と中国の政府主導で行われている「日中歴史共同研究」の中国側座長を務めており、歩平がまさに「官」・「民」を問わず日中の歴史対話におけるパイプ役、キーパーソンになっている。こうした近年の状況は、中国側の積極的な対話姿勢の表れであるが、歩平に対話のルートが集中していることから分かるように、いまだ交流のパイプは細く、初歩的な段階であることを示している。

日・韓に共通する特徴としては、日本における二〇〇五年度の教科書採択を視野に入れた組織的な運動と密接に関係しており、市民運動と学術交流が両輪になっていたことである。三国に共通する特徴としては、執筆や編集に直接関わったメンバーの年齢層が高い、ということである。二〇代は、当時私ひとりだけであり、三〇代も限られ、中心メンバーは五〇代であった。『未来をひらく歴史』は、中学生から一般までを読者の対象にしているが、より多くの若い世代が、自らの力で歴史と向き合い、歴史対話の構築力を身につけられる一冊を目指している。よって現役の中高生や大学生からの内容に対する意見や反応を取り入れたものであったほうが、さらにその効果が望めたとも考えられる。

そしてメンバーはいずれも歴史学や歴史教育を専門とするが、ほぼ三国の開港以後の近現代史を専門としており、それ以前の歴史や国際関係史を扱っている者が少なかった。そのため三国の歴史を並列に記述するのではなく、関係史として叙述することに一定の困難さがともなった。

三 作成の過程と方法

●編集の基本方針

二〇〇二年の第一回編集会議(ソウル)において、以下の三点について基本方針として合意がなされた。

(1) 近現代史を対象とする。
(2) 通史ではなくテーマ別の内容にする。
(3) 自国中心の歴史叙述を克服する。

韓国側からは、中国とのいわゆる高句麗問題*を念頭に古代史を含む通史の共通教材作成が提案されたこともあったが、日本の侵略戦争をめぐる歴史事実を三国で共有する、という目的にそって今回は見送られた。近現代史をまとめることでさえ困難ななかで、古代史までさかのぼって作成することは、現実的に不可能であったといえる。

* 高句麗は紀元前後から紀元後六六八年にわたって続いた王朝である。その領土は、現在の朝鮮半島北部から中国東北部にまたがる。近年、中国政府は高句麗を中国の一地方政権であり中国史の一部分であるとする主張を行っている。これに対し韓国政府は韓国史の一部分であるとして反発している。また高句麗だけでなく渤海を含んだ歴史が、中・韓のどちらかに属するのかについて両国間で論争になっている。

また、通史というかたちの歴史叙述による共通教材の作成も、現段階では難しいという結論に至った。それは、各国で異なる歴史体験や歴史理解、そして戦後につくられてきた時代像や歴史像を、短期間で一つの歴史叙述として反映させることは不可能であり、むしろ一つにすることを目標とするのではなく、一つにならざる現実と三国のメンバーが共に向き合うことから、学び合いの土台を築こうという方向性が生まれていったといえる。

つまり、自国中心の歴史叙述を克服する第一歩として、三国でテーマを設定し、それに対する各国の歴史学研究の成果と歴史教育の実践、そして国民の感情として定着している戦争の記憶をぶつけ合い、そのなかからどのような歴史像や歴史叙述を描き出せるのか、ということを模索する手法を採ったのである。

●原稿の執筆と検討

まず、大きな枠組みとして章立てを行い、各章の節を大まかに置いていった。そして、章タイトルと節タイトルを、三国の討論によって一つひとつ決めていった。また、それと並行して、本文の執筆方法の確定・共有をはかった。本来、原稿は各章・各節ともに担当国を決めず三国それぞれの担当者が個人としての原稿を執筆、持ち寄り検討するスタイルが最も望ましいと考えられる。しかし『未来をひらく歴史』では、そこまでの交流・対話の土台や経験がメンバーに乏しいと判断し、基本的に節ごとに担当国を決め、さらに担当国内で分担した執筆者が執筆した原稿に三国で意見を出し合うというスタイルをとった。その際、各国が史料を持ち寄り、またこれまでの教育実践を紹介するなど、ヒトとモノの交流が図られた。なかには「中国・朝鮮、両国民衆の連合抗戦」（中・韓）、「教科書問題」（日・韓）、「靖国神社問題」（日・中）といった、共同執筆の節も存在する。また、「三国の首都」といった三国それぞれの紹介が行われるコラムに関しては、三国が原稿を持ち寄り、責任編集国を決めて内容を一つとし体裁を整えた部分もある。

原稿の検討は、各自が母国語で発言を行い、通訳を介して三国のメンバーが意見交換を行うスタイルをとった。そして内容の修正は原則として執筆者本人が行った。修正内容や方法について三国で多数決をとる、もしくは一方的に議論を進め事後承諾のかたちをとるということは行わなかった。そのため執筆者が各国から寄せられた修正内容について納得するまで議論はつづき、往々にして話し合いは長時間に及んだ。毎回のように朝から夜の一一時すぎまで議論が行われ、その間、昼食や夕食の時間も、弁当などを食べながらホテルの会議室などに缶詰になって議論を続けた。あるときは空港から会議を行うホテルへ直行、ホテルを出たのは帰国便に乗るために空港へ移動するとき、という海外に滞在していることを忘れるようなハードスケジュールの場合もあった。

議論が白熱してくると、発言者は自分の意見を相手に直接に伝えるため、母国語ではなく相手の国の言語で持論を展開することも少なくなかった。その際、三国で最も共通言語となるのが日本語であった。これは韓国側であれ中国側であれ、メンバーに日本滞在や留学経験者が多いことや、日本の戦争犯罪や教科書問題を研究対象にしている者が多く、日本語への理解が深いためであり、まさに『未来をひらく歴史』作成の経緯が関係している。日本側にとって、各国の意見が日本語で交わされることは通訳を介さなくてよいぶん効率的にも思えるが、日本の戦争責任・戦後責任をめぐる歴史認識の対話を行うという目的があるなかで、かつてアジアにとって支配者の言語であった日本語が今も意見交換の共通言語になることに複雑な気持ちを感じずにはいられなかった。『未来をひらく歴史』のような共通教材の開発は、アジアとの対話や共生、連帯をめざしながらも、それらの意味を不断に問い直すことなしには、アジアの人々が日本語を使って日本の戦争を語ることの重みを知ることは難しいだろう。共通教材の開発という歴史対話は、日本による新たな連帯の強要にもつながりかねない危険性すら秘めていることを指摘しておく必要がある。

●ビジュアルなスタイルへの挑戦

見開き二ページの各項目には、史料もしくは地図・写真などを少なくとも二点以上を載せることで合意し、可能な限り本文と史料とを対応させ、読者が内容から多くのことを考え、学べる仕組みを採用することにした。こうした体裁について、日本側は日本史Aや世界史Aの教科書のスタイルから、ある程度想定できたが、近年まで文章中心で、そうしたスタイルを採ってこなかった中・韓両国（とりわけ中国）にとっては、原稿のスタイルへのイメージが難しく、原稿の内容とスタイルをめぐってかなりの意見交換が行われた。こうして三国のメンバーは、各国の歴史叙述と歴史教育のスタイルの違いを改めて認識することになったのである。

中国側によれば、『未来をひらく歴史』で使用した史料や地図・写真類の半数以上がこれまで中国国内において使われてこなかったものであり、問題提起型のスタイルも読者には新鮮であるという。また、表現や形容によって感情にうったえる、もしくは美談や英雄伝を多用するといった歴史叙述の

表2 『未来をひらく歴史』の作成経過

年月	場所	会議名	テーマ
2002年03月	南京	第1回歴史認識と東アジアの平和フォーラム	「日本の歴史教科書問題」
2002年08月	ソウル	第1回共通歴史教材会議	
2002年12月	東京	第2回共通歴史教材会議	3国の中学校歴史教科書の批判的検討
2003年02月	東京	第2回歴史認識と東アジアの平和フォーラム 第3回共通歴史教材会議	「グローバル化と人権・教科書」
2003年09月	北京	第4回共通歴史教材会議	構成・執筆方法の検討
2003年11月	ソウル	第5回共通歴史教材会議	構成・執筆分担の確定
2004年05月	東京	第6回共通歴史教材会議	第1次原稿の検討
2004年08月	ソウル近郊	第3回歴史認識と東アジアの平和フォーラム 第7回共通歴史教材会議	「日中韓の8・15」 第2次原稿の検討
2004年09月	北京	第8回共通歴史教材会議	写真・図版・注等の検討
2004年10月	南京近郊	第9回共通歴史教材会議	第3次原稿の検討
2005年01月	東京	第10回共通歴史教材会議	第4次原稿の検討・書名の最終検討
2005年04月	東京	第11回共通歴史教材代表者会議	第5次原稿の検討→最終稿の確定

テクニックやレトリックに頼って内容に説得力を持たせるのではなく、史料に依拠した歴史叙述を三国でめざし共有できたことは、歴史をどのように叙述するのか、そして各国の歴史学や歴史教育で疑問視されてこなかった歴史叙述を問い直すうえで、大きな収穫であったといえるだろう。

こうして、東京・北京・南京・ソウルなどで一〇回の編集会議と、一回の代表者会議、三回の「歴史認識と東アジアの平和フォーラム」を通じて、各国が担当した原稿を全体会や章ごとに分かれての分科会で検討し、メンバーからだされた意見に基づいて原稿に加筆・修正するという作業を続けた（表2）。さらに、メールを活用しての恒常的な意見交換も行われ、連日、メッセージが国境を越えて飛び交った。刊行までの三年間に日本側メンバー内部と中・韓とのメールのやり取りの総数は二〇〇〇通を越えた。そして節・項目の追加や順序を入れ替えるといった、歴史叙述としての流れを作り、歴史のダイナミズムを描くための工夫が、編集作業の最終盤まで続けられた。

なお『未来をひらく歴史』作成の契機となった二〇〇一年のシンポジウムに参加していた北朝鮮側には、中国側を介して「歴史認識と東アジアの平和フォーラム」への参加を呼びかけたが、今日までのところ実現していない。

四　歴史対話を可能にした各国の背景

『未来をひらく歴史』は、偶然に編まれたものではない。作成を可能とする環境が、各国や三国間に積み重ねられてきたからこそ生み出されたのである。では、これまで日・韓や日中韓の歴史対話は、どのように行われてきたのだろうか。ここでは『未来をひらく歴史』を生み出した背景を考えてみたい。そして、三国それぞれや三国間の研究、実践、共通教材の開発にどのような可能性がみえてくるのかについても合わせて論じてみたいと思う。

1 日本

●自国中心への反省から

日本において、アジア各国の歴史学や歴史教育を視野におさめて、自国中心かつアジア欠如の研究と実践を批判的にとらえ直そうとする動きが強まったのは、一九八二年の教科書問題を契機にしてである。この教科書問題で焦点となった南京大虐殺などは、翌一九八三年から始まった第三次家永教科書訴訟においても争点となり、継続された裁判と、それを支援する市民運動の高まりを受けて、歴史学の研究成果の蓄積と、戦争をどのように教えるのか、という歴史教育の課題が深められ、歴史教科書における戦争記述の改善を導くことになった。一九八四年八月には、比較史・比較歴史教育研究会が「東アジア・歴史教育シンポジウム――自国史と世界史」を開催した。中・韓・ベトナムから研究者や歴史教育の関係者を招き、日中韓の歴史教育と歴史教科書記述をめぐる交流が具体化していくことになる。その後、「東アジア・歴史教育シンポジウム」は、一九八九年、一九九四年、一九九九年と五年おきに開かれ、約二〇年にわたって東アジア、とりわけ日中韓三国の歴史教育の相互交流に貢献してきた。

一九九〇年代に入り、日本の侵略戦争によって傷ついたアジア各地の戦争被害者が、みずからの戦争被害を証言しはじめると、日本における研究と実践の方向性は、それまで以上に戦争被害者個人の尊厳の回復に向けられ、国家という枠組みを越えた市民の連帯が模索されるようになっていった。また、戦争の実態を加害と被害の両面からとらえるだけでなく、その歴史をどのように生きた人間がいたのか、戦争に向かう歴史のなかで人々がいかなる選択をしたのか、という、より同時代史的な視野を取り入れた歴史教育が模索されるようになった。さらに、近隣の中国や韓国だけでなく、マレーシアやシンガポール、インドネシア、フィリピン、タイといった東南アジアにおいて、日本の侵略戦争がどのように記録され、国民の記憶として継承されてきたのかが、継続的なフィールドワークによって明らかにされてきた。各国の歴史教科書の戦争叙述が日本に紹介されるなど、歴史教科書をめぐる対話の流れがつくられていった。

今日までのところ、歴史教科書をめぐる歴史対話は、アジアの場合、日本と韓国の間で最も盛んに行われており、すでに日本の歴史教科書における戦争記述を題材に、日・韓が内容を批判するという段階から、お互いの歴史教科書にどのような自国中心的な歴史認識をつくる要素があるのかを共同研究する段階へ移行している。さらに、共通教材をつくるための視点も具体化され、いくつかの共通教材が刊行されている。『未来をひらく歴史』刊行以前には、日韓共通歴史教材制作チーム編『日韓共通歴史教材　朝鮮通信使　豊臣秀吉の朝鮮侵略から友好へ』（明石書店、二〇〇五年）が刊行されている。『未来をひらく歴史』刊行以後にも日韓「女性」共同歴史教材編纂委員会編『ジェンダーの視点からみる日韓近現代史』（梨の木舎、二〇〇五年）や、歴史教育者協議会・全国歴史教師の会編『向かい合う日本と韓国の歴史　前近代編　上・下』（青木書店、二〇〇六年）、そして歴史教育研究会（日本）・歴史教科書研究会（韓国）編『〈日韓歴史共通教材〉日韓交流の歴史　先史から現代まで』（明石書店、二〇〇七年）と、立て続けに出版されている。

●民衆レベルでの対話を

こうした流れのなか、日本の歴史教科書における戦争記述を実質的に後退させた二〇〇一年の教科書問題をめぐって、アジアから寄せられた数多くの批難の声が明らかにしたことは、石山久男がすでに指摘しているように、日本とアジアとの歴史認識の溝は、「もはや国家間の問題という枠組みを大きく越えて、アジアの民衆の間の問題になっている」ということである（石山久男「日本における教科書問題の最近の動向と課題」、『歴史教科書をめぐる日韓対話』一六三頁）。つまり、日本という国家が過去の侵略戦争にどのように向き合うのか、ということが国際的に問われているだけでなく、民衆レベルの歴史認識がこれまで以上に問われ、対話のあり方を議論する必要性が強まっているのである。

また国家間で行われた戦後処理が必ずしも戦争被害者個人の尊厳を回復することにつながらず、東アジアにおける冷戦構造のなかで、戦後長期間にわたって戦争体験と記憶を表現する場がなかったことも大きな理由と考えられる。したがって、戦争をどのように教え学ぶのか、という課題でも、アジアの人々がみずからの戦争被害を語ることがどのような意味をもっているのかを歴史の文脈からひもとき、より民衆レベルでの対話を組み立てていく対話力と構築力を育む理論や実践が求められている。

『未来をひらく歴史』は、こうした歴史的背景の延長線上に存在し、また今日的課題に対応する一つの試みと位置づけられる。いうなれば歴史認識の対話と共有を模索する過程で生まれた一例といえ、歴史対話の担い手を育てるための道具の一つ、ということになるだろう。『未来をひらく歴史』を既存の歴史教科書と読み比べ、またアジアのなかに位置づけなおし、批判的にとらえることから、更なる歴史認識の対話と共有のための手段とルートが、若い世代によって構築されることが望まれる。

2　韓国

今日、共通歴史教材の開発をめぐって日本との研究・実践・運動の関係構築が最も進んでいるのは、すでに述べたとおり韓国である。* その担い手と内容は様々で、すでに両国の歴史教科書を読む視点から、共通教材をつくる視点へと、その成果は到達している。こうした共同作業を可能とする環境が、日本だけでなく韓国にも整いつつあることが、『未来をひらく歴史』作成で欠かすことのできない背景となったことはいうまでもない。

＊　韓国との教科書対話の詳しい経過と到達点に関しては、君島和彦「教科書国際交流の経験から見た『国民の歴史』」（『季刊戦争責任研究』二〇〇〇年秋季号）を参照のこと。また、歴史教育研究会編『日本と韓国の歴史教科書を読む視点』、同『日本と韓国の歴史共通教材をつくる視点』もあわせて参照されたい。

●国定教科書からの脱皮

韓国では、一九七三年から二〇〇一年まで、すべての歴史教科書が全国統一の国定教科書であった。しかし、現在は一種教科書（国定教科書）・二種教科書（検定教科書）・認定図書の三種類が存在している。一種教科書は、教育人的資源部（日本の文科省に相当）の委託を受けた専門教育機関（教育大学や教員養成・再研修のための大学）が編纂したもので、著作権を同部が有する国定教科書である。二種教科書は、教科書研究の専門家や大学教員などが民間の出版社と共同で編纂し、教育人的資源部長官の委嘱した委員で構成される「教科用図書審議会」の審議と調査を経て、同部の教科担当教材編修官が最終審査してから検定許可を行うことになっている（二種教科書の検定方法などに関しては、斎藤里美編著・監訳『韓国の教科書を読む』、三七頁を参考にした）。認定図書は、市や道の教育長が認定した補助教材である。

今日、小学校では、ほぼ一種教科書*で授業が行われている。中学校は、『国史』が一種教科書を使用。それ以外の地理や世界史、公民分野などを扱う『社会』では、二種教科書が活用され、複数の教科書が出版されている。高等学校でも『国史』は、一種教科書に分類されるが、韓国近現代史の教科書は二種教科書で、二〇〇七年度の場合、斗山・法文社・中央教育振興研究所・天才教育・大韓教科書・金星社の計六社から発行されている。

＊　小学校一年生の初期に使う「私たちは一年生」は、一種教科書ではない。詳しくは、大谷猛夫「変化する韓国の歴史教科書」（『日本歴史学協会年報』第一九号）を参照。

このように、今日、韓国における教科書制度は、『国史』という国定教科書の枠組みを維持しながらも、検定教科書も使われるようになるなど、全国統一で一種類の歴史教科書、という従来の教科書のあり方から大きく変容していることが分かる。

『未来をひらく歴史』刊行後にも、韓国の教育人的資源部は二〇〇六年一月三〇日に、今後二〇一〇年までに段階的に国定教科書を完全に廃止し、民間の出版社が教科書を編纂したうえで検定を行い発行する検定教科書に移行することを発表している。さらに二〇〇七年三月六日、同部は、二〇一二年から新たに「東アジア史」という科目を新設し、先史時代から現代までを六つの単元に区分した新しい歴史教科書を作成、使用することを発表している。このように韓国では教科書制度だけでなくカリキュラムや教科書の内容を含め、今後も変化していくことが予測され、その方向性は国家による教育への関与を完全には排除できないものの、民間レベルの議論がこれまで以上に可能となる状況が拡大していると考えられる。

●副教材『生きている韓国史教科書』の作成と活用

さらに、特筆すべきは一九八八年に結成され、二〇〇〇人を超える会員を有する「全国歴史教師の会*」によって、国定教科書制度のもとで編まれた国定教科書の代案として、『生きている韓国史教科書』が二〇〇二年に作成され、副教材として活用する中学校が増えていることだ（全国歴史教師の会編『躍動する韓国の歴史・民間版代案韓国歴史教科書』、六四四頁）。つまり、韓国では民間レベルから国定教科書を問い直す動きが、すでに代案教材を作成するレベルにまで到達しており、自国中心の歴史叙述や、民族史観一辺倒の歴史理解に短絡的に陥らないための努力が続けられてきたのである。

＊「全国歴史教師の会」の人数や規模などに関しては、北澤卓也『ドキュメント日韓歴史教育のいま――教科書問題と教育実践交流』六九頁、参照。

こうした取り組みについては、日本でも日韓教育実践研究会の翻訳によって『躍動する韓国の歴史』として二〇〇四年に発刊されて、韓国の教育実践を参考にした日本側の自己点検も可能となるなど、研究と実践の交流は『未来をひらく歴史』の作成を可能とする大きな要因になったことは間違いない。

こうした近年における韓国の歴史教科書を、趙景達は「民族主義と〈理念化された民衆像〉を共有する」と指摘しており、「教科書を媒介として、国家と民衆との緊張関係が繰り広げられている」状態だと論じている（趙景達「韓国における歴史教育と民衆史学」、『日本歴史学協会年報第一六号』三七頁）。いうなれば緊張関係を築くことが可能となる民衆というものが、民主化闘争を経て姿を現してきたと考えられ、国内における歴史を語り叙述する主体は誰なのか、という議論が韓国において継続されてきたことも、『未来をひらく歴史』の作成を可能とした背景といえるだろう。よって共通教材や代案教材というものに最も抵抗なくスムーズに取り組めたのは、三国のなかでは韓国であったといっても過言ではないだろう。

歴史教科書とは誰のものなのか。それは国によって用意されるものではなく自分たちでつかみとるもの。そして歴史は誰のものなのか、ということに一番敏感かつ意識的だったのが韓国側といえないだろうか。

3　中国

●異なる研究事情・研究感覚

『未来をひらく歴史』の特徴の一つでもあり、課題でもあったのが、中国側との建設的な歴史対話をどのように加速させていくのか、というものである。もちろん今日までも歴史教育者協議会や、比較史・比較歴史教育研究会のメンバーが、中国で毎年開催されている中国教育学会歴史教学専業委員会の大会に参加するなど、歴史教科書や歴史教育をめぐる交流を継続してきた。*この他にも一九八三年から三次に渡って日本側の日本教職員組合と国民教育文化総合研究所、中国側の中国教育工会（中国教育労働組合）とがそれぞれ窓口になって教科書問題を中心に研究交流がはかられ、一九九五年には日中両国の若者に行ったアンケート結果をまとめて、日高六郎編『教科書に書かれなかった戦争part⑲　日本と中国――若者たちの歴史認識』として出版している。また二谷貞夫は、上海版歴史教科書の執筆者との交流や上海中学との授業実践交流を進め、自国史と他国史の統一的把握や歴史認識の相互理解を模索するなど、対話のレールは着実に敷かれてきたといえるだろう。

＊　中国との研究・実践の交流に関する経過については、「インタビュー記録・歴史教育体験を聞く・佐藤伸雄先生」（『歴史教育研究』第二号）を参照。

しかし、坂井俊樹が日高六郎編『日本と中国――若者たちの歴史認識』の「おわりに」で、「現在（一九九五年）、中国は急激な開放政策を推進しているが、それでも日本の研究事情や研究感覚とは異なることも少なくなく、息の長い交流が不可欠であることを認識した。そして戦争責任や歴史意識についての中国との更なる対話の継続」の必要性を説いているように（同書、一三五頁）、日・韓の歴史対話がお互いに国家を相対的にとらえ、対話の目的が自国中心的な歴史認識の克服にまで到達しているのに比べると、日・中の場合はいまだ越境のあり方を模索しあうための基礎的段階だと考えられる。そのため教科書の戦争記述などにテーマをすえて、日本の戦争犯罪というキーワードをめぐって行われる対話が多いように思う。

では、『未来をひらく歴史』は中国におけるどのような状況を反映して作成可能となったのだろうか。中国の歴史教科書と歴史教育をめぐる近年の変化と、その方向性から『未来をひらく歴史』が生まれた背景をさぐってみたい。なお、中国の教科書制度と歴史教科書の現在については、第Ⅱ部において詳しくふれる。

●変貌をとげる歴史教科書

中国では、一九八五年から国定制に代わって検定制の導入が検討されはじめ、一九九〇年に最初の検定教科書が登場している。検定制の導入によって歴史教科書の多様化が進むと、次の段階として教育部は二〇〇一年六月に教育部令をだして教科書編纂・検定の地方分権化に乗り出した（教育部「中小教材編写審定管理暫行辦法」（二〇〇一年六月七日教育部令第一一号）。それによれば、以下のような特徴を持つ教科書制度に関する抜本的な改革を行った。

(1)　個人による教科書編纂を認める。

(2)　学校単位の教科書採択を認める。

(3)　検定は国家による全国一括管理を改め、国家レベルと省や直轄市（上海市など）レベルのそれぞれに検定権を認める。

これにより中国の歴史教科書は、国家の定めた歴史教学大綱、もしくは歴史課程標準（日本の学習指導要領に相当）に従うという限界性を持ちながらも、制度上は地方が独自に編纂・検定・採択ができ、国家による編纂・検定の道筋とは異なる別のルートが確立するに至った。さらに地方版歴史教科書の登場は、全国統一の大学入試制度にも変化を生み出し、上海や広東などでは独自に大学入試問題を作成・出題している。

例えば上海の場合、すでに上海師範大学や華東師範大学を中心に、上海独自の歴史教学大綱もしくは歴史課程標準が作成され、それに基づいた独自の歴史教科書をそれぞれ編纂している。こうして編まれた歴史教科書は、上海市教育局が委嘱した小中教材審査委員会*によって合否が審査された後、上海地域で採択される。

＊　小中教材審査委員会に教科書執筆者は含まれず、執筆と検定とを同一人物が行うことはない。メンバー構成は、教育行政部門の人員、高校や大学の現役教員などからデータベースがつくられ、それをもとに毎回無作為でメンバーを選定することになっている（課程教材研究所編『教材制度沿革編上冊』、五九四頁）。

さらに特筆すべきは、上海の高校では全国で最も早く一九九〇年代初頭から中国史（自国史）と世界史（他国史）を一冊に編集した『歴史』という歴史教科書がすでに使われていることだ。この『歴史』を編集した一人である孔繁剛によれば、その目的を「中国の歴史を世界の歴史の背景として位置づけ、中国の歴史を世界史上の舞台の一部とし、できる限り世界的な視野から中国の歴史の変化や発展を認識しようと試みた」と述べている（孔繁剛「私の歴史学習と歴史教育の五〇年」、二谷貞夫編『二一世紀の歴史認識と国際理解　韓国・中国・日本からの提言』一五九頁）。こうした教材開発の活発化と内容の変化は、上海などの地方だけでなく、二一世紀に入ってからは中央である北京においても複数確認することができる。例えば北京師範大学歴史学部教授で中国現代史学会副会長の朱漢国を中心にしたメンバーは、人民出版社から北京版の高校歴史教科書『歴史』を刊行している。さらに中学校の「歴史」と「地理」の科目を統合して「歴史と社会」という必修科目が新設され、『歴史与社会』(『歴史と社会』)という教科書が同タイトルで北京師範大学と人民教育出版社からそれぞれ刊行されている。

このように中国で二〇年間にわたって続けてこられた歴史教科書や歴史教育の変革や現状、今後の方向性について、日本の歴史学・歴史教育からの視野が充分確保されてきたといえるのか、問い直してみる必要性があるだろう。また日・中の歴史対話は、日・韓に比べると未だ土台づくりの段階とも考えられるが、中国における歴史教科書や歴史教育をめぐる近年の状況は韓国同様に大きく変容しており、これまで以上の関係構築が急務といえる。そして日本政府や「つくる会」などから中・韓の歴史教科書に対して一方的に行われる根拠の乏しい批判についても、日本の歴史学と歴史教育による事実に即した更なる対応が今日求められている。

第2章　作成過程で何が議論されたのか

本章では、はげしい議論をも伴った『未来をひらく歴史』の作成という歴史対話の具体的なありようと、議論を可能とした背景について論じてみたい。日中韓の三国の編集メンバーが、どのような論点をめぐって議論を行い、意見の相違を確認しあい、歴史認識の共有を試みようとしたのか、以下の五点を例に具体的な発言内容や議論の推移をふりかえりながらみていきたい。①日清戦争、②南京大虐殺、③総力戦体制、④歴史教育のあり方、⑤戦争の記憶。

いずれも日本の侵略戦争と三国の人々が向き合ううえで避けて通れない論点であり、日中韓三国の国民の記録と記憶、そして歴史教科書の記述内容が真正面から衝突する歴史認識の場でもある。『未来をひらく歴史』の作成過程を紹介することを通じて、歴史対話のあり方、国境を越えて歴史と向き合うこととはどういうことなのか、ということをより多くの人々と考えていくための素材としたい。

一　日清戦争——ぶつかりあう三国の歴史認識

本節では、日清戦争（一八九四—九五年）をどのような歴史叙述として『未来をひらく歴史』に反映させるかについて交わされた議論をもとに、自国中心の歴史叙述を克服するためにどのような試みが行われたのかについて考えてみたい。

日清戦争を例にとりあげる理由としては、以下の四点を指摘できる。

⑴　近代日本の対外侵略がもつ性格を、歴史の流れのなかから把握するうえで重要なポイントになること。

⑵　日清戦争における日本の勝利が東アジア世界に与えた影響を、⑴と関連付けながらおさえる必要があること。

⑶　今日、日中韓の歴史教科書における日清戦争記述は、いずれも自国中心的な歴史叙述がなされており、その克服を試みるうえでは欠かせない共通課題であること。

⑷　一九九四年八月に東京で開かれた第三回東アジア歴史教育シンポジウムにおける主要テーマの一つが日清戦争であり、その内容は比較史・比較歴史教育研究会編『黒船と日清戦争　歴史認識をめぐる対話』（未来社、一九九六年）にまとめられているため、約十年前に行われた歴史対話を手がかりにした検討が可能となること。

まさに日中韓の歴史学・歴史教育・歴史叙述が鋭く交差した部分が日清戦争をどのように叙述するのか、ということになるだろう。

日清戦争の節は、中国側が叩き台となる原稿の執筆と、三国の意見交換をふまえた原稿の修正を担当した。当初、中国側は「戦争の勃発」・「旅順虐殺」・「戦争と朝鮮」・「戦後の三国関係」という順番で項をたてて執筆した。それによれば、日本海軍による豊島沖での中国輸送船への奇襲攻撃を戦争の開始と位置づけ、旅順における日本軍の虐殺に多くの紙面を割き、その後に開戦以前の三国関係を述べるという、時系列とは異なる歴史叙述になっていた。また、戦後の三国関係についても下関条約を大きくとりあげ、遼東半島や台湾などの割譲、いかに多額の賠償金を支払ったかなど、中国がどのように日本にやられたのかに重点が置かれていた。

こうした歴史叙述は、中国の歴史教科書における日清戦争記述にも見ることができる。中国では、日清戦争を『中国歴史』で扱い、日露戦争を『世界歴史』で教えるという、自国史と世界史の住み分け記述を行ってきた。今日、寡占率の最も高い人民教育出版社版（人教版）でも同様の記述が行われており、日本の中国侵略に重点を置いているにも関わらず、朝鮮半島をめぐる日本の対ロシア戦略を基礎とした対外膨張によって引き起こされた日清・日露戦争の位置づけが叙述されないため、日本の侵略戦争の全体像が歴史の流れのなかで描ききれていない。また、下関条約についても、日本にとって日清戦争の最大の目的であった清と朝鮮との宗属関係を絶つことを明記した第一条がまったく記述されてこなかったため、日本の戦争目的が不明確となり、朝鮮への視野を極めて欠いた自国中心の歴史叙述になっている。

つまり、中国にとっての日清戦争とは、あくまでも自国にとっての被害、戦争ということになり、中国を中心とした東アジアにおける伝統的な国際秩序が日清戦争によって崩壊したことを論じる傾向が弱い。そもそも中国の歴史教科書において中国を中心とした東アジアの伝統的な国際秩序を、冊封体制や朝貢体制、もしくは華夷秩序として、具体的に説明している記述は見あたらないといってよい。その理由は、中国の歴史教科書では現在の中国の国境線内に存在したかつての王朝を、多民族国家・中国の歴史の一部分として記述しており、チベットやウイグル、モンゴルなどとの関係が今日とはまったく異なる国際秩序によって成り立っていたことを書くと、国家史という枠組に相反する内容になるからである。また中国史（自国史）の教科書は、そもそも中国中心に編まれており、あえて中国を中心とした伝統的な国際秩序に言及するまでもないからでもある。

日本側は、上述したような中国の歴史教科書にみられる自国中心的な歴史叙述をそのまま反映した内容は、『未来をひらく歴史』に相応しくないことを中国側に率直に伝えた。

●韓国側からのきびしい批判

韓国側は、中国側の提示した原稿に対して真っ向から反対意見を述べ、全面的な修正を求めた。その内容は、次の三点にまとめることができる。

(1)　主戦場がどこであったのかすら分からない朝鮮への視野を欠いた中国の自国中心的な歴史叙述である。

(2)　当時の清と朝鮮の関係は、対等平等な関係ではなく、清の朝鮮への軍隊の派遣には、自国の利益を守るための防衛的手段という意味合いもあることをしっかりと明記すべき。

(3)　当時の清と朝鮮との不平等な関係を暗に是認するかのような思想が、中国側の執筆した歴史叙述の根底に流れている。

こうした韓国側による批判のボルテージが上がる背景も、韓国の歴史教科書における日清戦争記述を読むことで推察することができる。日清戦争に関わる内容は、「東学農民運動」という節におさめられており、農民の苦しみを解決できない政府に弱く遅れた社会を象徴させ、その改革を主張して、さらに外からの侵略に抵抗することで国を守ろうとする農民運動の偉大さを際立たせるという歴史叙述のレトリックがみられる。また、「東学農民運動は、たとえ失敗に終わったとしても、わが国が近代社会へ発展するうえで重要な影響を与えた」と歴史的意義をまとめるなど（『世界の教科書シリーズ④　入門韓国の歴史』、二八六頁）、近代を導いた起点として位置づけていることが分かる。そのため、中国側が当初提示した原稿は、韓国側のそうした歴史叙述や歴史教育、そして国民的な歴史理解や近代へのまなざしを否定しかねない内容であったといえるだろう。

約一〇年前の第三回東アジア歴史教育シンポジウムにおける争点も、今回とほぼ同じ内容であったことからみても、自国中心の歴史叙述を克服することの難しさを如実に表している。

上述してきたように、中国側の執筆した原稿に、自国中心的な要素が含まれていたことは言うまでもないが、それに批判を加え、改善を求める日本側と韓国側の意見も、それぞれの国で使われている歴史教科書に叙述されているような内容に依拠していることが分かる。その内容とは、日本側は戦争の全体像を明らかにすることを主張しながらも、旅順虐殺といった虐殺行為に関しては詳しく叙述されていないこと。そして日清戦争に至るまでの日本・朝鮮・清それぞれの国内改革が、どのように東アジアの国際関係とからみあうのか、という視点が乏しいこと。また韓国側も、国内の民族的団結と近代化への歩みを叙述の基軸とするあまり、日清戦争を世界のなかに位置づけようとする歴史叙述が弱いことなどである。

中国側は、日・韓からの意見や批判を受け、最終稿に至るまで何度も加筆・修正する作業を行った。最終的に『未来をひらく歴史』にまとめられた日清戦争は、次のような議論の結果が反映されている。

(1)「戦争の勃発と朝鮮」・「旅順虐殺と下関条約」・「日清戦争後の三国関係」という三つの項で歴史の流れにそった歴史叙述になった。

(2)「戦争の勃発と朝鮮」において、「(日本軍は)朝鮮が中国から離脱することを脅迫し、中国と朝鮮の間でそれまで結んでいた条約を破棄することを宣言させました」と記して、婉曲的な表現ではあるものの、当時の清と朝鮮の関係に言及し、さらに日本の侵略の狙いが何であったのかを簡潔に指摘した。「旅順虐殺と下関条約」においても、下関条約の第一条を明記するなど、歴史の因果関係に重点をおいた歴史叙述をめざした。

(3)節の最後にロシアの存在を登場させ、朝鮮をめぐって日露戦争へと発展していく要因について記述し、日本の侵略戦争の全体像を明らかにする姿勢を示した。

上述してきたように日清戦争の内容は、当初、中国側が執筆した歴史叙述とは大きく異なる内容を三国で共有する結果となった。中国側にとってみれば、それまで「官」といういわば国家を代表する立場で歴史を叙述してきた彼らにとって、自らをどのようなポジションに立たせることで自国中心の歴史叙述を克服することができるのか、そして他者の問いかけに応答することができるのか、という自らの存在そのものに正面から向き合った結果といえる。国家と個人という間で揺れ動き、葛藤する彼らの姿勢に、応答すべきは我々の方であることも忘れてはならない。さらに、そういった揺れ動く姿は、彼らだけに見て取れるのではなく、近年の中国の歴史教科書における歴史叙述にも見出すことができる。

自国史と他国史を一つにする試みとして登場した上海地域限定の高校歴史教科書『歴史』では、下関条約の第一条である「中国は朝鮮の完全な独立自主を認める」を明記して、中国と朝鮮との関係が必ずしも対等平等ではなかったことを提示するなど（『歴史（上冊）』上海教育出版社、二〇〇二年、二〇三頁）、人教版には見られない歴史叙述がみられる。これは今日、中国の歴史教科書における歴史叙述が一様でないことの証であり、地域差が生じていることを示している。つまり、すでに述べたような歴史教科書の多様化が、歴史叙述の地域差や多様性を生み出す一因となっており、それは執筆者や編者の歴史との向き合い方や、国家や個人との距離感というものが歴史叙述として現れてきているといえる。今後、歴史叙述の地域差がさらに顕著になれば、学習者の歴史認識の形成にも影響を与えることが推測できる。そうなったとき、国民統合としての装置の役割を有する歴史教科書のあり方が、彼ら自身の手によってさらに問われていくことになるだろう。

●アジアから歴史をみる経験の不足

このように日清戦争をどのような歴史叙述として描くのかを、その背景を含めて議論を深めていくことは、自国中心の歴史叙述を克服する糸口を見出すうえで、欠かせないポイントなのである。

　また日本の朝鮮半島から大陸への侵略・膨張政策をどうみるのかを今日考えるうえで、三国が重ねた議論は、日本側にとってそうした歴史事実を学ぶだけでなく、中国と韓国との間でなぜ日中間で行われた以上の激論が生じるのかを理解する必要性を示している。つまり、たとえ日本の戦争犯罪、膨張政策という歴史事実が分かっても、アジアから歴史を見る、学ぶということはどのようなことなのか、といったアジア認識や歴史認識を問い直す起点にならなければ、自国中心的な歴史認識に陥りやすいということだ。それは日本の若い世代が日本の戦争犯罪を知っている傾向は強まっているにも関わらず、アジアから寄せられる声に向き合うことが難しい、受けとめることができない、そういった対話を構築できない根本的原因が、アジアから歴史をみる経験の圧倒的な不足から生じていることを示しているのである。

二　南京大虐殺――「三〇万人」という数字をめぐって

　南京大虐殺を『未来をひらく歴史』のなかでどのように叙述するのかをめぐって、日・中を中心に厳しく鋭い意見交換が行われた。本節では、その内容を振り返りながら、日本の歴史学研究上における成果と課題をまとめてみたい。

　南京大虐殺は、今日の中国において日本の中国侵略を象徴する存在であり、また中国の国民に広く定着した戦争の記憶となっている。南京大虐殺記念館に刻まれた三〇万人という数字は、中国国民の歴史を統合し、国民に国家の歴史を語らせる術を与えてきた。そのため、日本における南京大虐殺を否定しようとする動きや、教科書記述の後退は、彼らの戦争に対する記憶を刺激するだけでなく、歴史を語り、叙述することを奪いかねない意味を持つ。よって、歴史事実の共有とともに、その記憶のつくられ方や背景を、お互いが歩んできた歴史のなかから理解しあう必要がある。

●中国側執筆原稿をめぐって

当初、中国側が執筆した原稿には、見開き二ページに残酷な虐殺場面をとらえた九つの写真や資料などを載せ、生々しい描写を基本としており、時系列的な歴史叙述を採らずにレイプや虐殺、略奪といった日本軍の残虐行為ごとに項を立て、まさに三〇万人がどのように殺されたかが歴史叙述の基本になっていた。

日本側はこれをうけて、以下の五点などを意見として伝えた。

⑴　日本軍が南京に至るまでの経過を書かなければ南京大虐殺だけでなく、日中戦争の全体像が分からない。

⑵　日本国内では普通の父親だった人間が虐殺に至った原因を、日本軍の特質と歴史的背景から記述する必要がある。

⑶　残虐性や数字に南京大虐殺を象徴させることは、国家によって統合された戦争の記憶をなぞる

レベルにとどまり、戦争被害者個人の被害を必ずしも明らかにすることができないのではないか。

(4)　虐殺やレイプといった残虐行為のみで構成された歴史叙述では、歴史を知らない日本の若い世代にとって中国に対する反感を持ちかねない。

(5)　再検証可能な史料を活用することで被害と犠牲者数を論じ、日中におけるこれまでの研究成果を共有する。

これに対し、中国側からは全面的な反論がなされた。

(1)　日本の若い世代が残虐行為の内実を知らないからこそ虐殺をメインに書く必要がある。

(2)　三〇万人という数字は歴史事実であり、誰にも否定できない。また政府の公式見解であり、中国国民に定着した戦争の記憶である。

(3)　中国の原稿に見られる歴史叙述のスタイルやレトリックに日本側の理解が足りない。

(4)　中国の歴史教科書では一般的な内容とスタイルであり、教科書記述の少ない日本に問題があるのではないか。

日本側はこれに対し、以下のように応答した。

(1)　中国における戦争の記憶がどのように継承されてきたのかへの理解不足や中国における歴史を

叙述するスタイルへの分析不足、日本における歴史認識の低さを認める。
(2) 歴史事実を史料で共有する。
(3) 戦争被害者個人の被害を明らかにする。
(4) 国家ではなく民衆からの歴史叙述を基本とする。

そして韓国側も、教室でどのように南京大虐殺の全体像を生徒たちに教えるのか、さらにイメージできるような工夫が必要であると発言した。

このように、南京大虐殺をめぐる議論は、史料の実証性や読み方の方法を問うといった歴史学の手法をめぐる議論よりも、むしろその記憶をどのように歴史叙述として反映するのか、そして教室でいかに教えるのか、といったことに時間を割く結果になったといえる。いうなれば各国における歴史研究の意味と歴史教育の目的が何なのか、といったことの相違を相互認識することから、各国の国民がどのように歴史認識を形成してきているのかを理解することが話し合われたのである。その議論は、ときに「非」生産的であり、また感情的でもある。しかし、そのかみ合わない議論と感情的なぶつかり合いのなかにこそ、他者を理解する可能性と、みずからの歴史認識をその形成過程から自己点検する機会が内在されているのである。よって研究成果の共有の第一歩として、史料の共有や研究手法といった歴史研究の面だけでなく、歴史教育や歴史叙述を含む幅広い視野を確保しながら歴史対話を進める必要があることを強く感じさせた。歴史認識の溝をうめるためには、戦後の六〇年間に生じた記録と記憶の方法とその過程の相違を相互理解する必要がある。

三年間を通じた議論は、以下にあげる二点をふまえ最終的に刊行された内容に落ち着くこととなった。

(1)　三〇万人という数字からの歴史理解や記憶の継承よりも、史料に基づく全体像の把握に努める。

(2)　全体像を学ぶために残虐行為だけでなく、その経過と背景にもふれる。

こうして三〇万という数字は明記せず、南京軍事法廷と東京裁判でだされた数字を引用文の形で併記した。また南京大虐殺に至るまでの一連の流れと、日本軍の現地調達主義などについても背景としてふれた。つまり、日・中が現段階で共有できる犠牲者数とその根拠は、南京軍事法廷と東京裁判の史料ということになり、両国の近年における研究成果の共有までには、さらなる対話が必要といえる。また、史料には表現されない当時の人々の暮らしや被害実態を、どのように叙述するのかについても課題が残された。

この三〇万人という犠牲者数を記述しなかったことが、そのまま三〇万人という数字や見解を中国側が改めたということにはむすびつかない。三国共通歴史教材に南京大虐殺を記述するうえで最も共有したいのは三〇万人という数字ではなく、虐殺のプロセスや背景であると中国側が最終判断したからこそ、『未来をひらく歴史』に書かれたような内容になったのである。これはわれわれ日本側にとって、数字をめぐる議論ではなく虐殺の性格と背景をさらに科学的に分析する必要性を鋭く問いかけられたことを意味する。

中国側メンバーには、侵華日軍南京大屠殺遇難同胞記念館（南京大虐殺記念館）の朱成山や劉燕軍、そして南京師範大学南京大屠殺問題研究センターの張連紅が参加している。彼らは国家の公式見解である三〇万人という数字に責任を負う立場にあることをふまえると、三〇万人という数字を記述しないということは、執筆者だけでなく中国側メンバー全員にとって大きな論点になったに違いない。

●客観的史料に依拠する姿勢

では、中国側はなぜ被害の象徴ともいうべき三〇万人という数字を最終的に載せなかったのだろうか。それはすでに記したとおり、三国の若い世代に、とりわけ日本の読者に提示する必要があると判断した内容が、南京大虐殺の全体像や背景、そして被害者個人の視点から被害を考えるとことの重要性だったからに他ならない。さらに日中に南京大虐殺をめぐる研究成果の対話が開始されていることや（笠原十九司「南京事件の記憶をめぐる日中の対話の開始」、『南京事件と日本人』二九七―三二八頁）、『未来をひらく歴史』作成のために三年間続けられた地道な議論の成果と考えられるが、中国国内における歴史学と歴史教育の変化という背景も持ち合わせていると思われる。

二〇〇一年以降に編纂された最新の北京・上海・広東の歴史教科書には、三〇万という公式見解を記しながらも、南京軍事法廷や東京裁判の史料を提示して、一九万や二〇万という数字を初めて記述している。ここには九〇年代に比べて、より史料に依拠して記述しようとする姿勢がみられ、公式見解以外の数字を各地域で、とりわけ地方版歴史教科書において具体的にあげていることは、歴史教科書の記述内容について国家から一定の距離を保つことが可能になりつつあることをうかがわせる。

さらに二〇〇七年一月三〇日、先にあげた『未来をひらく歴史』の執筆者のひとりである張連紅と、上海社会科学院歴史研究所の程兆奇が、日本で「中国の歴史研究」をテーマに講演を行った。その際、両氏は三〇万人という犠牲者数について、「しっかりとした根拠というものがなければなりません。その根拠は史料であります」、「今、中国の学術界ではいろいろな変化が出てきております。これまで対話できなかったようなところも対話ができるようになってきています。客観的、学術的に共通の議論をすることが極めて重要だと思います」と述べている（東京財団主催「中国の歴史研究」講演会速記録）。なかでも張連紅は南京市内外をくまなく歩き、実地調査や証言の収集に長年あたっており、日本の研究者とも交流を重ねてきた中国を代表する研究者である。そうした地道な研究成果をもとにした発言だけに、中国における南京大虐殺研究の状況が従来とくらべて大きく変化しているといえるだろう。

二〇〇七年一一月二四・二五日に南京大学でひらかれた南京大虐殺学術シンポジウムにおいても、「日本軍の南京大虐殺における第三国の権益に与えた侵害」（崔巍・江蘇省社会科学院歴史研究所）、「中国歴史学会における南京大虐殺の研究範囲とスタイルの変遷」（朱継光・南京大学・南京大虐殺史研究所）、「日本軍の風紀と南京の文化損害」（孟国祥・南京医科大学）、「南京大虐殺のオーラルヒストリー調査の分析と研究」（蒋暁星・南京海軍指揮学院）といった報告が示すように（『第二次南京大屠殺史学術討論会会議手冊』）、これまでの中国における南京大虐殺研究の手法をふりかえる内容や、証言の収集・分析に重点を置いたもの、日本軍の風紀の乱れが南京の文化財に与えた損害など、様々な研究分野や手法を駆使することによって南京大虐殺の全体像を緻密に明らかにしようとする試みが行われていることも、中国における南京大虐殺研究の現在としてふれておきたい。

上述してきたように、南京大虐殺をめぐる議論が明らかにしたこととは、歴史を研究する、語る、叙述する、世代を越えて教え学ぶ、という行為の目的が何であり、その主体は誰なのか、ということを常に問う必要性と、それを民衆が可能とするための三国に共通する課題を深め合う可能性とヒントがどこにあるのか、ということになるだろう。

なお、二〇〇五年の初版刊行後、三〇万人という犠牲者数を明記しなかったことが中国国内で執筆者への質問や意見として数多く寄せられたという。その大半は、批判的な内容や反発であったという。『未来をひらく歴史』は、二〇〇六年七月に三国で一部の内容や翻訳上のズレを修正した第二版を出版することになったが、その際、中国側からは三〇万人という数字を改めて記述したいといった意見はだされなかった。中国側はここでも初版同様、数字からの歴史理解ではなく問われるべきは歴史認識であることを示したといえ、その姿勢は三国に積み重ねられた議論を尊重するものであったといえるだろう。

三　総力戦体制——日本の侵略戦争の性格とは

私は『未来をひらく歴史』の刊行にあたり、第Ⅲ章（侵略戦争と民衆の被害）２節（日本の侵略戦争）の「4．総力戦体制」と、同6節（日本の侵略戦争の失敗）の「3．東南アジア占領地民衆の抵抗」の二項目の執筆、そして中国側執筆原稿の日本語訳を担当した（翻訳はまず齋藤が行い、次に笠原が全体をチェック・修正後に完全訳とした）。「総力戦体制」は、タイトルおよび内容について、三国で最後の最後まで議論が重ねられた。ここではその対話プロセスをふりかえりながら、「総力戦体制」をめぐる三国の認識の相違をまとめ、日本側の歴史学研究や歴史教育を自己点検・自己更新していくための材料としたい。

●「総力戦体制」と戦争責任の所在

二〇〇三年一一月、ソウルで開かれた第五回共通歴史教材会議は、まず執筆メンバーによる研究報告と討論が行われ、その後に構成や執筆分担について最終的な検討を行った。研究報告では、「総力戦体制」に関わる内容が、中国社会科学院世界経済研究所研究員の呉広義から行われた。それは「日中韓三国歴史教科書比較」と題されたもので、各国の歴史教科書における戦争記述を分析したものである。

呉広義は、二〇〇一年版の大阪書籍『中学社会〈歴史的分野〉』にある「歴史へのズームイン　戦時下の女性と子どもたち」というコラムに書かれた、「女性たちに政府や軍が求めたのは、〈生む性〉で、総力戦に向けて人の確保のために、人口を七〇〇〇万人から一億人に増加させることでした。なるべく早く結婚して平均五人の子どもを生み育てることが目標とされました」（一七三頁）という個所について、「日本の民衆が戦争を全力で支持した様子を記述しており、それに肯定と賛美を与えている」

と分析、批判した（『東アジア歴史共同体　韓中日三か国の歴史認識の共有のために』、九四頁）。
日本側からすると、この教科書に書かれた内容は、日本の女性がどのように戦争に組みこまれていったのかにふれながら、国家による強制と国民の戦争支持や協力という関係性に言及して、日本の戦争責任を総力戦体制という視点からとらえようとするねらいがあると考えられる。ところが中国側、そして韓国側からも、「総力戦体制」という表現や民衆の戦争協力を共通教材に載せることは、日本という国家の責任を曖昧にし、国民という無数の分母によってその責任を小さくしようとしているという指摘が行われ、「総力戦体制」という表現と、その内実をどう評価するのかをめぐって議論が行われた。

こうした総力戦体制をめぐる日本と中国や韓国とのかみ合わない議論は、『未来をひらく歴史』に限ったものではない。一九九三年に日本教職員組合と中国教育工会（中国教育労働組合）との合同研究会においても、同様の議論が交わされており、その議論の内容は日高六郎編『日本と中国――若者たちの歴史認識』にまとめられている。

それによると高田幸男が吉見義明の著書『草の根のファシズム』（東京大学出版会、一九八七年）に言及しながら、日本の国民一人ひとりに戦争に対する責任があることを指摘した際や、君島和彦が南京大虐殺における日本国民の責任を問う必要性について発言したときに、中国側の蘇寿桐が「戦争責任のとらえ方は中国の国策の一つ。中国は発展途上国である。発展したとしても他国を侵略しない立場である。もし日本人一人ひとりの戦争責任を教えれば、中国の若者はその恨みを晴らそうと日本人を攻撃するに違いない。友好関係を続けるためにも中国の認識を認めて欲しい」と述べている（『日本と中国――若者たちの歴史認識』、一九五頁)。この発言をした蘇寿桐は一九五〇年代から今日に至るまで一貫して中国の歴史教科書編纂にたずさわってきた人物であり、中国で暮らす人々の大多数が蘇の執筆・編集したものを勉強したといっても過言ではない。つまり彼の発言によれば、侵略戦争の責任は国家にあって国民にはないという考え方が中国政府の国策であり、公式見解、そして教育現場における基本方針ということになるだろう。

一方、この議論は、かみ合わない部分を残しながらも、劉宗華が「日本国民は『自らには責任がない』といってはならない」と意見したことなどを紹介しながら、「報告や議論の中で、やや柔軟に変化してきたことは間違いない」ともまとめている(同、一九三頁)。『未来をひらく歴史』における「総力戦体制」をめぐる意見交換も、そうしたこれまでの議論の延長線上にあるといえるだろう。

中国側が総力戦体制の節で主張した、日本という国家の責任を問い、国民一人ひとりの責任を追及しないとする姿勢は、靖国神社をめぐる歴史認識問題とも通底するものがある。それは中国政府が靖国問題について、A級戦犯の合祀を取りやめれば問題の解決になり、靖国神社の存在そのものや国民の責任までは問わないとする対応と類似している。

日本側は、一九九〇年代に入ってから日本の近現代史研究において最も進展し、戦争の全体像を明らかにしようと試みられたのが総力戦体制であることを、中・韓に伝えた。それは国家による統制や動員と、国民の戦争協力や支持がどのような歴史的条件によって生まれたのかを説明するものであり、国民一人ひとりの責任を問うことなしには日本の戦争について論じられないとするものであった。

●二度の全面的修正をへて

総力戦体制の原稿は、二度の全面的修正をへて現在の内容になっている。当初、「バスに乗り遅れるな」・「教室から戦場へ」・「すべてを戦争のために」という三部構成にして、一九四〇年に近衛内閣が行った新体制運動について、加藤悦郎の風刺画『お荷物お断り！』を説明しながら大政翼賛会を頂点とする国民統合組織の完成について述べた。そして教室が若い世代を戦場に送り出すポンプの役割をはたしていたこと、隣組の仕組みなどを紹介しながら、生活や地域から戦争がみえる内容をまとめ、「たとえ消極的であったとしても侵略戦争を続ける役割を担うことになった」と国民の戦争責任にも言及した。

この原稿は、二〇〇四年五月に東京で行われた第六回共通歴史教材会議において検討され、「総力戦体制」という表現への異議の他に、以下のような意見が寄せられた。

⑴　国民の戦争協力は、第Ⅲ章5節の「1．戦時総動員と民衆の戦争協力」でふれるので、「総力戦体制」ではその構築プロセスと特徴をメインにすえる必要がある。

⑵　日本の総力戦体制の構築と占領地や植民地がどのような関係にあったのかについてふれる必要がある。

⑶　国内の政治状況や外交からだけでなく、軍事や経済といった面から総力戦体制を論じる必要があるのではないか。

こうした意見をふまえ、全面的な修正作業を行った。そして「戦争を支える軍事費と兵器生産」・「軍需資源の確保と生産力の向上」・「総力戦体制の確立へ」という構成に改めた。まず満州事変からの軍事費の増大についてふれ、侵略戦争の拡大が増税と経済統制を強化させたこと。日本が占領地や植民地のさまざまな資源を利用することによって戦争を続けようとしたこと。またその中心となったのが財閥や新興財閥、そして軍部であったこと。最後に新体制運動によって国民統制の強化がなされたことについてまとめた。

この原稿は二〇〇四年八月ソウルで開かれた第七回共通歴史教材会議において改めて検討された。原稿の修正内容には中国側と韓国側から一定の理解が得られたものの、以下の二点について意見が出され、さらなる修正と議論の必要性が提起された。

⑴　「総力戦体制」というタイトルに賛成できない。

⑵　「総力戦体制」とはどのような体制なのか、その仕組みはどうなっているのか。

いずれも「総力戦体制」をめぐる日中韓の研究・実践・叙述に根本的な相違があることをものがたっている。

日本の「総力戦体制」をどのように各国が認識しているのかをわれわれが知ることは、日本の戦時体制がいかなる歴史的条件下で構築されたのかや、戦争が起った原因、そして目的が何であったのかを加害国と被害国とで確認、対話するうえで欠かせない作業だといえる。また、これは戦時下の日本や日本軍をどのように描くのか、ということと密接に関係しており、戦争や軍隊そのものを各国でどのように教えているのかにも関わる内容だと考えられる。

●落とし穴

「総力戦体制」をめぐる認識の相違はなかなかうまらず、二〇〇五年一月に東京で行われた第一〇回教材会議、つまり最後の会議にまでもちこされることになった。議論が充分につくされ、各国のメンバーすべてが「総力戦体制」という表現とその内容に賛同したわけではないが、日本側からこのテーマについての研究と実践の交流を今後も続ける必要性を提起したことが共有され、最終的に「（第Ⅲ章２節）４．総力戦体制」というタイトルのもとに「テロリズムから軍部独裁へ」「〈国民精神総動員〉と国家総動員法」「国民を戦争に総動員する仕組み」という項目から構成された内容におちつくことになった。

一連の議論が明らかにしたことは、戦時下における日本の民衆動員や協力体制、対外観・戦争観が、当時から今日まで、どのようにアジアから見られてきたのかを問い直さなければ、アジアへの視野を欠いた、いわばかつてと同じ眼差しをアジアに対して持ったまま研究をしかねない、ということだ。これらはいずれも一九八二年に発生した教科書問題を契機に意識的に研究や実践のなかに取り込まれてきたはずである。それから二〇年あまりがたち日本の戦争犯罪を歴史事実として相互に確認する環境は整いつつあるが、「総力戦体制」を生み出した要因としてどのような歴史的、社会的、思想的、経済的条件があったのかを国境を越えて相互研究する段階には必ずしも至っていないということを意味している。また、日本においてファシズム（日本型ファシズム）と総力戦体制とがどのような関係性を有するのか、ということへのアプローチが充分に蓄積されていないことを示唆しており、そうした研究成果や授業実践のアジアとの交流が不足していることも指摘できるだろう。

このように三国間で日本の戦争責任・戦後責任をめぐって話し合われた内容から、日本側にとって共通歴史教材を作成するということが単なる歴史事実の相互確認と共有だけでなく、日本の研究成果や内容を基準とした歴史認識の押し付けになりかねないという落とし穴があることに気づかされたのである。

前述した日本教職員組合と中国教育工会との合同研究会が一九九三年に行った交流に『未来をひらく歴史』が付け加えることができた成果は、『未来をひらく歴史』が最終的に採用した「総力戦体制」というタイトルが示すとおり、数年間にわたって行われた議論によって、日本の侵略戦争について、戦争犯罪研究というレベルから、人々にとっての戦争がどのようなものであり、それをこれまでいかに継承してきたのかを体系的にとらえることの必要性を再確認できたことだと思われる。そして『未来をひらく歴史』の終章の「4．靖国神社問題」において、中国政府の、いわゆる靖国問題について、A級戦犯の合祀を取りやめれば問題の解決になり、靖国神社の存在そのものや国民の責任までは問わないとする対応とは異なり、「靖国神社問題は、日本政府と日本社会が、どのように過去の侵略戦争の責任問題と向き合うべきか、中国や韓国からの批判という形をとって問いかけているのです」と、問題の核心が日本政府だけでなく日本社会の侵略戦争に対する向き合い方にあるとしたことだろう。

総力戦体制という国家と国民、本国と植民地との間などに重層的に発生する統制や動員、強制や協力といったものを国境を越えて議論することは、過去の戦争を学び合ううえで大切なだけでなく、国家や国民、戦争といったものそのものを国籍や国境を越えて問い直していくうえで一つの論点を提供することができるのである。

四　歴史教育のあり方

『未来をひらく歴史』は、読者の対象を中学生から一般までと広く設定しているが、歴史教材という看板を掲げる以上、その活用方法が問われることになる。また、共通教材を使った歴史対話の担い手を育てるために歴史教育が果たすべき役割は大きい。そこで三国の編纂委員会は、以下にあげる三点の具体化を話し合った。

⑴　各国の歴史教育をめぐる現状を相互把握する。
⑵　戦争非体験世代、とりわけ若い世代が『未来をひらく歴史』を手がかりに自らの力で過去の戦争を学び、今日的諸課題と向き合うことを可能とする歴史教材を模索する。
⑶　歴史認識の共有のために、その土台となる歴史事実の共有をめざす。

編集会議では、まず今日、歴史という教科や授業が、各国に共通して暗記科目や受験対策に陥る傾向が強く、教育実践のさらなる創意工夫が求められていることが指摘された。日本は大学全入時代の到来が近いとされながらも、大学入試がいまだに厳しい競争下にあることは周知の事実である。中国では同世代の約一割しか大学に進学できないという現実がある。よって当然のことながら大学受験は熾烈を極める。また韓国では学歴社会が定着しており、少しでも難関・有名な大学に進学しようとする激しい受験戦争が存在する。

また日中韓三国の歴史教育に共通するのが、以下にあげる点である。

(1)　自国史と他国史を明確に区分した歴史教科書を使用してきた。

(2)　歴史教科書の内容が自国史偏重であり、とりわけ近隣諸国に関する記述が少ない。

(3)　他国史の中心はヨーロッパ史であり、アフリカや南米、オーストラリア、太平洋地域などに関する記述が乏しい。

(4)　中学校で学習した自国史の内容を、高校進学後も改めて学びなおす中高反復型のカリキュラムが一般的であり、欧米でみられるような中学校と高校で継続して自国史を学ぶ中高継続型とは異なる。

さらに日本の歴史教科書については、世界の中でも「トップクラス」の学習内容の少なさ、本の薄さを指摘できる。カリキュラム面でも、中学の歴史分野を学んだ後、各高校のカリキュラムや文系・理系といったクラス編成、もしくはいわゆる「未履修問題」などによっては、日本史と世界史の両科目とも勉強する機会がないまま高校や大学を卒業している現実がある。

●中国・韓国の戦争非体験世代にとって

中・韓のメンバーからは、たとえ日本の侵略戦争によって被害を受けた国であっても、若い世代が戦争と向き合うことの難しさ、戦争体験を直接聞ける機会の減少に直面しているという現状分析がなされた。戦争体験に若い世代がアプローチする方法と機会が減少していることは、日本の状況と変わらないのである。

私が一九九八年にハルビン市内の三つの大学、三〇三人に行ったアンケート調査でも、「あなたは受験勉強を通じて豊かな歴史観を育めると思いますか」という質問に、約八割に当たる二四七人が「不可能」と解答している。*　限られた調査ではあるが、中国の若い世代に歴史の暗記科目化と歴史離れが進行していることをうかがわせる。**　さらに、北京の『北京晩報』と北京市社情民意調査センターが二〇〇五年に行った意識調査によれば、盧溝橋事件が起きた西暦と日時を正確に解答できたのは、全体の五六・五％にとどまり、「知らない・分からない」が九・一％にのぼったという（中国情報局ＨＰ二〇〇五年七月七日）。

＊　アンケート調査は、一九九八年一一月から一二月にかけて行った。実施地点と調査対象は、黒龍江大学・哈尓濱建築大学・呼蘭師範専科大学の大学生と大学院生三〇三人である。「あなたは受験勉強を通じて豊かな歴史観を育めると思いますか」という質問に、「可能」（三八人・一三％）・「不可能」（二四七人・八一％）・「不明」（一八人・六％）と回答した。

＊＊　中国における若い世代の歴史離れについては、石渡延男・越田稜編著『世界の歴史教科書一一カ国の比較研究』のなかで、中国担当の二谷貞夫も指摘している。

韓国でも『未来をひらく歴史』刊行後のデータだが、二〇〇七年六月二五日の『朝鮮日報』によれば、二〇〜四〇歳のうち約四割が韓国戦争（朝鮮戦争）の始まった年を正確に答えられなかったという。また『月刊中央誌』が実施した別の調査によると、韓国の小学生の五人に一人が韓国戦争（朝鮮戦争）は韓国と日本が行った戦争であると誤って認識しており、三人に一人は開戦時期がまったく分からなかったという。

こうした数字は、戦争と向き合う難しさが若年層だけに限ったものではなく、戦争非体験世代にほぼ共通してみられる現象だと考えられ、今後さらに困難になっていくことが推察される。つまり三国に共通して今日問われている歴史教育の課題とは、戦争を体験していない世代が、さらに若い世代に戦争を教えることの難しさや危うさを、国家という枠組みを超えて戦争非体験世代としてどのように共有するのか、ということなのである。

●歴史教育の役割を問う

当初、中・韓（とりわけ中国側）は、各節の最後に歴史事実の評価や意義などを記して、読者に歴史事実だけでなく、そこから立ち上がる歴史像までも明示することによって戦争非体験世代がより分かりやすく戦争の歴史を学ぶことができると主張した。これに対して日本側は、読者の歴史認識をどこまで導く役割を『未来をひらく歴史』に与えるのか検討する必要があると提起し、三国で重点的に議論が行われることになった。これは歴史教育の役割そのものを根底から問う議論であり、共通教材の開発の前提として欠かせないものであったといえる。

こうした中・韓の意見の背景には、これまで両国の歴史教科書に、例えば「三・一運動の意義」（韓国）や、「洋務運動の評価」（中国）といった項を設け、国家が国民に求めるあるべき歴史像を与えてきたという事情がある。

例えば中国の歴史教科書に書かれた「洋務運動の評価」は、中華人民共和国成立直後の一九五〇年代の歴史教科書では、「中国を強くする目的ではなく、外国の資本主義技術を利用して封建統治を強化しようとした」、「中国社会が資本主義の発展へと向かうことをさまたげた」（『中国歴史　第三冊』一九五六年、三七頁）としたうえで、「労働者の数を増やしたこと、無産階級の力が以前と比べて大きくなったこと、この点についてのみ進歩的作用があった」（同）とまとめている。

ところが一九八〇年代から一九九〇年代にかけては、「洋務運動は中国を強くする道へは向わせなかった。しかし客観的には中国の資本主義の発展を刺激し、外国経済勢力の拡張に対して一定の抑制作用をもった」と（人教版『中国歴史　第三冊』、一九九一年、五七頁）、資本主義の発展を刺激したことや欧米列強の中国進出を防ぐ役割をもったという評価に大きく変容している。そして二一世紀に入ってから使われている最新の歴史教科書では、「封建統治者による失敗した自己救済運動」としながらも（人教版『中国歴史　八年級上冊』、二〇〇三年、二七頁）、「中国近代企業の生産経験を蓄積させ技術力を育てた。客観的には中国民族資本主義の生産と発展をうながす役割をはたし、中国近代化の道を開いた」（同）と洋務運動が中国を近代化させるスタートになったという肯定的な評価へとさらに変容している。

このように歴史教科書に記述されてきた洋務運動の評価は、洋務運動を否定的に評価することで遅れた封建制度を描き、その一方で無産階級の増加や中国共産党の登場に結びつけるといった内容から、今日のように「近代化」という肯定的な評価を与えることによって国家史の一部分に組み込むものへと変質している。これは今日、中国において近代化という視点から歴史を学ぶことに重点が置かれていることをしめしており、国家や国民、国家史を提示する歴史教科書特有の姿といえる。
　三国の議論では、ここまで具体的な内容を提示しながら歴史教科書や歴史教育の役割を検討することはなかったものの、日本側は歴史教育や共通歴史教材のあり方について、次にあげるような発言をした。

⑴　歴史対話とは、国家という枠組みから自らを意識的にずらすことによって、一人ひとりが担い手になる必要がある。よって、評価や意義が事前に与えられてしまったのでは、歴史における主体性を学ぶことができない。

⑵　戦争非体験世代が教室で戦争の歴史を学ぶ際に、まず教え手である教員がその歴史と向き合う必要に迫られる。しかし、評価と意義が明確になっていたのでは、教え手の経験や『未来をひらく歴史』への読み、学びの姿勢といったものをまったくともなわない教育実践に陥る危険性が高く、教員と生徒、そして生徒と生徒との間に学び合いの空間が生まれない。

⑶　『未来をひらく歴史』作成の目的は、日本の侵略戦争をめぐる歴史認識の共有であるが、歴史に学び未来を創造するためには、過去の歴史を科学的にとらえる視野を育み、今日的諸課題を解決する手段を模索できるような歴史教育が求められる。よって、あらかじめ答えが用意されているようなスタイルは採るべきではない。

中・韓は、日本側の意見を受け入れながらも、では『未来をひらく歴史』がどのようなスタイルを採ることによって読者や学習者自らが問題意識を深められるのか、さらに議論を深める必要性を説いた。日本側は、各節の最初に問題提起を行うリード文を置き、本文をそれに対応した形で構成することで、内容を読み考えながら、一人ひとりの問題意識を深めることが可能になるのではと応じた。中・韓はそうした発言をふまえて以下のように議論をまとめた。

⑴　問題意識のたて方が重要になる。
⑵　問題意識を深めることを可能とするより多くの歴史事実を取り上げる必要がある。また歴史認識の共有のためには、まずその土台部分となる歴史事実を三国で相互確認する必要がある。

こうしたなか歴史事実をどのような基準で取り上げるのかについても議論になった。日本側は、日本が行った戦争の全体像を明らかにするためには、沖縄戦や原爆の投下など日本側の戦争被害についても扱い、日本の加害と被害の両面、またはその関係性から歴史を学び教えることの大切さを訴えた。中・韓も沖縄戦や原爆の投下とその被害について節を設けることに大きな異論もなく同意した。ただし、歴史教育についての議論では書くことに合意をみた内容も、国民の記憶という討論となると後述するように記憶と記憶が、そして記憶と叙述が複雑に重なり合い大きな論点となったのである。歴史教育と歴史叙述との関係性を学ぶヒントがここにある。つまり誰にとっての歴史、記憶であり、それがどのような歴史叙述として描かれているのかを問うことが歴史教育の役割なのである。

上述してきたように各国の歴史教育や歴史教科書の記述内容は、各時代が求める歴史像、国家が国民に求めるあるべき国民像や国家像、歴史理解と密接に関係している。よって、そこから描かれる歴史叙述がこれまでどのような役割を担ってきたのかを歴史の文脈からひもとき相互に理解を深めることは、歴史教育をどのような視点に立って行うことが求められているのかを模索することにつながるのである。

五 戦争の記憶

『未来をひらく歴史』の作成は、日本の侵略戦争をめぐってアジアから寄せられる無数の問いかけに応えようとするものである。この無数の問いかけは、戦争の記憶から発せられる。また対話とは、本来、対等平等な環境下で他者の応答を前提として成立しうるものである。しかし、侵略戦争という歴史を持つ日本にとって、被害者の応答を前提とした対話を行うことが、そもそも侵略の歴史と自ら向き合うことを意味するだろうか。そこでここでは、戦争の記憶をめぐるいくつかの事例を通して、対話の内実や組み立て方に何が問われているのかについて考えてみたい。

●生活実感か客観性のある史料か

『未来をひらく歴史』の第Ⅱ章2節（日本の朝鮮支配の強化）に、「1．憲兵警察統治」という項目がある。ここは韓国側のある研究者が原案を執筆した部分であるが、当初の原稿には、「日本の支配を経験した韓国の父母らのなかには、独立以後も幼い子どもがずっと泣いていると、（日本の）巡査にお前を連れて行ってくださいというよ、と嘘を言って泣きやむようにおどかすこともありました」と記述して、植民地支配下の人々に深く刻まれた巡査に対する恐ろしいイメージが、どのように形成され、戦後も残ったのかを考える導入部を設けていた。これに対し日本側は、こういった事例がどの程度一般的といえるのか実証が難しいと指摘した。韓国側もすぐさまこれに応じ、新たな導入部の作成を約束した。

この研究者は、原稿の内容が自分自身の経験であることをふと語った。本人の口から語られた幼い頃の経験は、戦争体験世代と非体験世代とを結びつける一つのルートを明らかにしており、一人の人間が歴史と向き合う場面を示している。また、人々や地域に深くしみこんだ生活実感のともなった戦争の記憶ともいえるだろう。本来、無数の問いかけに応えることを目的とする『未来をひらく歴史』は、こういった内容を一つひとつ深く取り込むことが求められるに違いない。しかし、再検証可能な史料によって歴史事実を共有するという理由から見送られた。『未来をひらく歴史』を執筆したメンバーの多くが戦争を体験していない、もしくは記憶のない世代に属する。今後、これまで語られてきた戦争体験を、戦争非体験世代同士がどのように教え学ぶのか、ますます議論が必要になっていくだろう。

この一連の議論のなかから、作成メンバーが問われたこととは、『未来をひらく歴史』に盛り込むことができなかった原稿にも、歴史対話を成立させる大切なポイントがあるということである。つまり歴史対話とは、かたちとなって叙述される戦争の記憶はごく一部であり、その背後に無数の記憶があることを学ぶことなのである。それに気がつかない歴史対話は、記憶とだけでなく、その記憶を持つ他者と向き合うこともできないことを意味する。こうした難しさと記憶の持つ重みに日本側がまず向き合わなければ、他者の応答を前提とする対話を成立させることは、そもそもできないのである。よって対話というものが、どのような戦争の記憶をめぐる場面で成立するのか、それを鋭く読み解く姿勢と、歴史対話が人々の戦争記憶の最大公約数というものを導き出して歴史叙述に反映させていくことではないことを確認しなければならないだろう。

●重慶爆撃と東京大空襲

三国の議論は、越境する歴史教育の具体化と歴史認識の共有を意識しながらも、一人ひとりが国家から完全に自由となり、他者と向き合うことは極めて困難であった。各国で定着している戦争の記憶があり、それは、国民の記憶といえるからである。こうした戦争の記憶をめぐって、三国の議論が最も交わされた内容は、原爆や東京大空襲といった日本の戦争被害をどのように叙述するのか、というものであった。当初、日本側は、重慶爆撃に代表される日本軍の中国に対する戦略爆撃、アメリカ軍による日本への都市空襲、そして原爆投下といった歴史の流れをおさえながら、無差別爆撃や都市空襲といったキーワードで内容を構成し、戦争によって民間人（とりわけ子どもや女性、老人など）が大量に犠牲になることを考える原稿を提示した。これに対し中・韓は、以下のような強い疑念を示し、厳しい批判を行った。

⑴　日本軍の爆撃によって犠牲になった中国人と、東京大空襲で亡くなった日本人とを、無差別爆撃の被害者といったキーワードでひとくくりにして論じることができるのか。
⑵　日本の侵略戦争の被害を受けた国々では、原爆投下が戦争の終結を導いたと考える立場もとりうるが、そうした見方をどのように受けとめるのか。
⑶　日本側は、被害面から戦争をとらえる傾向が強く、原爆の被害を「非人道的」といった言葉で象徴させることによって、自らの戦争責任を曖昧にすることにつながりかねないのではないか。

日本側は、こうした中・韓の意見を受け、以下のように応答した。

⑴　日本の戦争責任を曖昧にする目的で原爆や東京大空襲の被害を記述しているわけではない。
⑵　原爆によって戦争が早期終結したというのは歴史事実といえない。
⑶　日本の加害と被害を両方記述することで歴史の全体像が明らかになるのではないか。

いずれも日本側からすると対話の前提といえる基礎的な事柄であり、むしろ自らの戦争責任を追及する姿勢を示すものでもあった。ところが中・韓からの修正要求は断続的に行われた。その内容は、原爆の投下で戦争が終結したわけではないとしても、原爆の投下によって戦争が終わったと当時のアジアの人々が感じたことも、また歴史の事実であり、それをどう受けとめるのか、というものであった。まさに、戦争をめぐる記憶の相違がぶつかりあったのである。

ここで重要なことは、対話が成立しない原因を中・韓に求めるのではなく、議論が平行線をたどるなかに、中・韓に対して応答を当然の前提として問題提起している日本側の姿勢を批判的にとらえ直すことである。いいかえれば、対話のあり方や歴史事実との向き合い方を常に自己点検する過程のなかに、侵略戦争という歴史を引き継ぐ者としての葛藤やとまどいのない安易な越境や対話は無意味だということだ。

高嶋伸欣は、「アジアにはアジアの原爆観があることを知ったのは、一九八五年ごろであり、それまでの四〇年間は、日本国内の原爆観しか知らなかったことで反省を迫られた」と述べているが（石渡延男・越田稜編著『世界の歴史教科書一一カ国の比較研究』、六六―六七頁）、こうした原爆認識のギャップがいつ頃からどのようにして生まれ、定着してきたのかを、さらに研究・調査する必要があるだろう。そういった意味で、一人ひとりの戦争の記憶を国民の記憶へと置き換える役割を担う歴史教科書への分析は欠かせない。

九〇年代の韓国の歴史教科書では、原爆に関する記述はみあたらない。二〇〇二年刊行の民間代案教科書『生きている韓国史教科書』（翻訳名『躍動する韓国の歴史』）においても、広島への原爆投下を写真入でわずかにふれているだけで、長崎への言及はまったくなされていない。*

＊　二〇〇五年七月一七日、川崎市平和館で行われた横浜・川崎平和のための戦争展のシンポジウムにおいて、韓国・全国歴史教師の会の崔鍾順さんは、今日、韓国で原爆を感情的に授業で扱うのではなく、事実に即した客観的な授業実践が試行錯誤されていることを報告した。また、ベトナム戦争について「ごめんなさいベトナム」と題した授業実践にふれながら、韓国のベトナム戦争への加担を授業でどのように扱うのかについて議論が行

われているという指摘がなされた。

中国の場合、原爆に関する記述が登場するのは九〇年代に入ってからであり、それも「広島と長崎に二発の原爆が投下された」とだけ述べるにとどまるものである（人教版『中国歴史　第四冊』、一九九五年、八八頁）。最新の上海版では、犠牲者数や被害状況に関して、長崎に投下された原爆によって発生したきのこ雲の写真とともに載せているものの、人教版の場合、そういった具体的な記述はまったくみあたらない。

このように中・韓の歴史教科書における原爆記述は、近年になってようやく登場してきており、国民の記憶としてすでに定着している戦争の記憶が日本とは大きく異なることがうかがえる。

最終的に『未来をひらく歴史』では、原爆や焼夷弾の性能や威力、投下方法などについて詳しくふれ、被害については具体的な数字をあげて客観的な歴史叙述を行った。また、当初、日本側が用意した折り重なる死体や焼けただれた被害者の写真を載せて感情的な理解を導くのではなく、まったく犠牲者の写っていない廃墟となった街の写真と、被害者個人のエピソードを資料として取り上げ、写真と資料とを組み合わせることによって街から多くの人間が消えたことを読者に考えさせる奥行きを持たせた。中・韓の読者にとっては、加害者である日本の戦争被害について具体的にふれ、さらに被害者個人の視点から叙述されたエピソードに直面する機会はこれまで極めて限られてきたと考えられる。彼らが『未来をひらく歴史』から読み取るであろう日本の戦争被害と、自らが持つ国民としての記憶とが衝突する場所に、どのような歴史像や歴史認識が生まれるのか、そこにこそ日本側の学ぶべきポイントがあるといえるだろう。

上述してきたように、各国で国民の記憶として定着している戦争の記憶が、どのような歴史認識の相違となって表面化しているのかを相互理解する必要がある。侵略戦争を行った加害者たる日本だけがそれらと向き合う難しさに直面しているのではなく、被害者だからこそ向き合うことの難しい戦争の記憶があることを、歴史対話によって加害者と被害者とが共有することが望まれる。また、そこからは民衆の死や、戦争の放棄という理想をどのように国境を越えて学び合い、共有するための議論の場を作っていくのか、という大きな課題が浮かび上がってくるのである。

第3章　『未来をひらく歴史』の刊行と活用

本章では、『未来をひらく歴史』刊行後に寄せられた意見や批判を紹介しながら、その内容について検討したい。ただし『未来をひらく歴史』の構造的な問題や課題を指摘したものについては、第4章二でふれることとする。ここでは主に刊行後直後に読者から寄せられた反応についてまとめてみたい。

一　日中韓三国における反響

●三国で二七万部発行

二〇〇五年五月末の三国同時出版からすでに三年が経過した。二〇〇七年末の段階で、日本は第一版が七万部、第二版が九〇〇〇部の合計七万九〇〇〇部を刊行した。中国は第一版が一二万部、第二版が一万部の計一三万部を出版した。韓国でも第一版が六万部、第二版が五〇〇〇部の六万五〇〇〇部が発刊されている。よって三国で約二七万部が世に問われたことになる。

二〇〇七年八月には、エスペラントに翻訳され、横浜で開かれた第九二回世界エスペラント大会において参加者に紹介された。また、『未来をひらく歴史』の点字本も東京にある点字印刷共同作業所「雑草の会」によって朗読版とともに作成・販売されている。

日本では刊行後、全国紙や地方紙、ブロック紙などをあわせ約二〇紙でとりあげられ、テレビでも扱われた。日本の戦争責任・戦後責任という重いテーマを扱った本としては、多くの方々に手にとって頂けたように思う。二〇〇五年八月には、日本ジャーナリスト会議特別賞を受賞した。編集メンバーは全国で行われた学習会や講演、シンポジウムなどに参加し、『未来をひらく歴史』がどのように受けとめられたのか情報を収集した。また一部ではあるが公共図書館や学校などに寄贈した。

中国では『人民日報』をはじめ主要紙二〇紙と地方紙をあわせて六〇紙程度が報道した。インターネット上では、『未来をひらく歴史』のサブタイトルの一部である、「東アジア3国」というキーワードを検索すると約三万件がヒットするという。その後、『人民日報』主催の二〇〇五年度教育普及最優秀賞を受賞。また『中国読書報』は、二〇〇五年の一〇〇冊のなかで一二位にランクした。編集メンバーも中学校などを訪れ、講演や生徒との意見交換を行い本の普及と活用を呼びかけた。歩平や栄維木など社会科学院に属する研究者たちは、大学院生を指導することはあっても日ごろ中学生の前で歴史教材について話をしたり交流したりすることは極めてまれである。自分たちが作成した教材がどのように活用され、成果や課題が明らかになるのかを自ら教室に赴き確認する、最新の研究成果をどのような教育実践として分かりやすく生徒たちに提示するのか生徒たちの前で模索する、そういったごくあたりまえのようなことが中国であれ日本であれ果たして充分行われているのか考えてみる必要があるだろう。

なお簡体字で書かれた中国語版を繁体字にして香港でも刊行した。この繁体字版は、香港から台湾にも送られ販売されているという。

韓国での『未来をひらく歴史』の普及は、個人の購入だけでなく公共図書館や教育機関への寄贈、購入を中心としており、全国の中学校・高等学校のすべてに寄贈している。出版元がハンギョレ新聞社だったため、他紙がとりあげることは多くなかったものの、既存の歴史教科書の代案を作成したことが概ね評価されたという。なかでも中学校や高校の歴史を担当している教員から大きな反響が寄せられ、『未来をひらく歴史』を読むうえで役立つ参考文献や実際に教室で行った実践例などをまとめた『教育実践事例集』を、六〇〇〇部作成、配布している。また『未来をひらく歴史』の内容を小学生向けの三巻だての漫画にして韓国側編集員会の責任編集で出版するなど、多様なニーズに応えることに努めている。

日本では、刊行後、出版社に読者カードとして届けられた二〇〇通近いメッセージや、執筆メンバーが参加したシンポジウム、研究会、市民学習会などで寄せられた意見には様々なものがあった。とりわけ刊行直後は、年号や生没年、人物名や組織名などの誤記・誤植に関する指摘が少なからず寄せられた。これらの指摘については、修正が必要と認められるものについて出版元である高文研のホームページで一覧を公表し、増刷のたびに随時修正を行った。

刊行前は心無い批判や感情的な意見があるのではと考えていたが、いずれも想定内の反応であったと私は考えている。そうした批判や意見のなかで、もっとも発行部数の多い刊行物に載ったものは、「つくる会」の当時副会長であった藤岡信勝が『正論』(二〇〇五年八月号)に書いた「歴史の『共有作業』という空虚」であろう。サブタイトルの「『日中韓共同教材』『日韓共同研究』で分かった」の『日中韓共同教材』には「噴飯モノ」、『日韓共同研究』には「無意味」とつけられている。本文には「『未来をひらく歴史』を通読すると、ほとんど嘔吐を催すほどの不快感に襲われる」とある(同、一二二頁)。そして「中国人や韓国人とグルになって、自国糾弾のこうした書物を発行することを提案し、主導し、率先して自国を悪のかたまりに仕立て上げて得々としている、日本人著者たちの、日本人離れした、異臭を放つ醜悪さが嘔吐の原因である」と述べ(同)、日本側の執筆人全員の名前と所属を明記している。

●乏しい学界からの反響

一方、『未来をひらく歴史』は「新しい歴史教科書」を批判するだけでなくその代案を提示するため、また既存の歴史教科書にどのような課題があるのかを考える一つの素材として出版されていることもあり、教科書問題や日本の戦争責任を追及する良心的な研究者や歴史教育関係者にとって、『未来をひらく歴史』を真っ向から批判、本格的な論評をすることは「つくる会」を間接的に助けることになりかねない、もしくは本人の意思とは離れたところで利用されかねないため難しかったといえる。

しかし、この点を考慮したとしても日中韓三国で合計二七万部という少なくない部数が流通しているにも関わらず、日本の歴史学会の学術雑誌において、『未来をひらく歴史』の書評や分析については、今日までのところ猪飼隆明「『未来をひらく歴史　東アジア三国の近現代史』を読んで」、森本光展「『未来をひらく歴史　東アジア３国の近現代史』を読んで——学校現場の歴史教育の視点から——」（『歴史科学』、二〇〇六年八月）や、『歴史評論』二〇〇八年三月号に掲載された林雄介「東アジア共通歴史教材を読んで」以外にほぼないことは大変残念なことだと考えている。

こうした研究の世界において、『未来をひらく歴史』がいわばスポッと抜け落ちた存在になっているもう一つの理由は、『未来をひらく歴史』がいわゆる市民運動から、または運動論から生まれた産物であり、学術的な批判や検証に値するレベルにない、という見方があるからだと思われる。実際、研究者から私に寄せられた意見で最も多かったのがこの反応である。

この反応には、ふたつの意見が含まれる。ひとつは、『未来をひらく歴史』の第Ⅲ章２節の「1．日中全面戦争」の本文の冒頭において、「一九三七年七月七日夜、日本軍は北京郊外で盧溝橋事件を起こしました」という文章がある。この文章だけを読むと、読者の多くは盧溝橋事件を日本軍による計画的な先制軍事行動と理解する可能性が高い。しかし、江口圭一や安井三吉などがすでに明らかにしているように、日本の研究成果では盧溝橋事件は偶発的なものであり、偶発であった軍事衝突がなぜ日中の全面戦争にまで拡大していったのかを解明することに研究のポイントが置かれてきた。よって「日本軍が北京郊外で盧溝橋事件を起こしました」という記述は、日本の歴史学の研究成果とは必ずしも合致しないことになる。

●盧溝橋事件の発端をめぐって

盧溝橋事件の発端を『未来をひらく歴史』でどのように記述するかをめぐっては、日本側と中国側で何度も議論がかわされた。日本側は、上述したような日本における研究成果を反映させることを強調した。しかし中国側は、局地的な戦闘が計画的であったか偶発的であったのかよりも、一九三一年の満州事変以降に行われた日本の中国侵略という歴史事実とその経過をふまえると、盧溝橋事件は「日本軍が起こした」といえると主張した。

日本側も日本の中国侵略を歴史事実としてとらえており、それを否定や矮小化するつもりもない。ところがいざ歴史叙述として描こうとすると日・中に大きな隔たりが生まれ、議論は平行線のままであった。この盧溝橋事件に関する節は、日本側が執筆を担当しており、原稿を修正したのは日本側ということになる。これに対して「日本の歴史学を二〇年後退させた」、「研究が運動によって歪められた」と日本の研究者から厳しい批判を受けることもあった。この点に関しては、日本の研究成果として中国や韓国側に提示するのではなく、日本の研究者個人の長年にわたる緻密な研究の成果として提示したうえで、史料の提示や実証の方法、研究者個人の熱意と真摯な姿勢について、時間をかけて丹念に説明、さらに議論する必要があると思う。

日本側は中国側の意見をふまえつつ、盧溝橋事件からわずか半年もたたないうちに南京大虐殺が起ったことについてふれ、第Ⅲ章3節の「2．南京大虐殺」の内容と歴史の流れを結びつけて日中全面戦争が拡大していく経過にポイントをおいてまとめることとした。この盧溝橋事件をめぐる日中の認識の溝は、これまでも同様の議論が長年にわたって行われてきたが、そのギャップを『未来をひらく歴史』が埋めることは難しかったといわざるをえない。

このわずか一文をめぐって行われた議論が明らかにしたことは、研究成果を持ち寄って交流するだけでなく、研究という作業そのものの交流や、研究の手法及び方向性に関する体系的な議論が必要であり、そのプロセスを通じて積み重ねられた各自の自己点検と自己更新の共有が求められることだ。よって市民運動だから、運動論に基づいて作成したから盧溝橋事件をめぐる日中の歴史認識の溝がそのまま反映されたのではなく、日中のこれまでの研究や実践の交流、蓄積やそのあり方を考える機会が不足していたからだといえないだろうか。

このように読者からの意見や批判は、一文から一言一句の細部に至るまでさまざまな課題を明らかにしており、これらに学ぼうとする真摯な姿勢が執筆陣には欠かせないだろう。

●運動論の産物だから？

運動論から生まれたことを問題にするもう一つの理由は、「新しい歴史教科書」のような偏狭なナショナリズムに対抗しようとする際、『未来をひらく歴史』という安易な越境がかえって日本におけるナショナリズムの応酬、連鎖を生み出し、本来の目的とは異なって結局のところ共通教材の作成が編集メンバーの自己満足に終わってしまうのではないか、という批判である。つまり偏狭なナショナリズムを克服するうえで、ナショナルなものから簡単には抜け出せない共通歴史教材という存在から対峙することへの疑念である。

私は『未来をひらく歴史』が運動論の産物だから日本におけるナショナリズムの高揚に利用されて

しまうとは一概にいえないと思う。国境を越えた共通教材の開発、もう少し広げると日本がアジアと向き合う、もしくは連帯しようとするときには、常にそうした危険性にさらされていると理解するのが妥当なのではないだろうか。言い換えれば、対話や連帯といったものの内実を常に問い直そうとしない安易な越境、その具体化としての共通教材は新たなアジアへの誤った視野、認識を生み出しかねない諸刃の剣ともいうべきものであり、それでもなお対話や交流、連帯を模索するときに問われるのは対話の担い手が研究者であるのか、もしくは運動家であるのか、ということではなく、各自の主体性そのものだといえるだろう。この対話や連帯、つまり共通教材のもつ「危うさ」と向き合うことができる者のみが、その使い手、担い手になれるのである。よって偏狭なナショナリズムをどう克服するのか、ということは共通教材の持つ宿命的な課題であり、そのこと自体を批判的にとらえるのではなく、むしろ学びの対象であると位置づけることが求められているだろう。

上述したような意見の他には、教材としては内容が難しい、歴史教育の現場で実際にどのように使えるのか未知数である、といった活用方法に関する具体的な指摘が寄せられた。いずれも的確な指摘だと思う。『未来をひらく歴史』はすでに述べたとおり、中学生から一般までを読者として想定している。これは刊行の目的が、三国の若い世代の歴史認識の対話に役立つことを目標としているからこそ中学生でも分かる内容にする必要があると編集会議で合意したからである。また啓蒙書や学術書ではなく歴史教材として世に出されたということは、活用方法とその学習効果こそが問われることになる。

こうした意見は、いずれも活用方法を模索するうえで大切なものであり、中学生はおろか高校生や大学生であっても難解な部分が少なくないという課題を克服し、三国共通教材としての特性を活かした教室での具体的な活用方法を提案することが求められる。

二　『未来をひらく歴史』を授業でどう活用するか

刊行から三年、『未来をひらく歴史』を中学校や高校、大学の授業で活用する試みが行われている。本節では、三国で行われている授業実践から、『未来をひらく歴史』の可能性と課題についてみてみたい。

1　日本の中学・高校・大学における実践

日本では、東京や京都の中学校・高校で授業のメインテキストに使った通年の実践が試みられている。また大学のゼミナールで日本人学生と中国からの留学生とが日本語版と中国語版を読み比べながら共通教材の意義と日本の戦争責任・戦後責任について討論をしたり、輪読のテキストとして活用した例もある。

●今までの教科書とのちがい——京都の高校で

京都のある私立大学の付属高校では、二年生の世界史の授業で副読本として採用しており、さまざまな活用方法が複数回にわたって継続して試みられている（森口等「教室への足どりが軽くなる授業充実方程式」付録レポート「『未来をひらく歴史』で未来をひらく」報告冊子、一八―一九頁）。

(1)　印象に残った部分を五つ取り上げて、新たな認識と感じた点について感想を記入する。
(2)　『未来をひらく歴史』に関連する新聞記事を切り抜きし、それを要約し感想を述べる。
(3)　定期試験で『未来をひらく歴史』の内容を問う。
(4)　『未来をひらく歴史』のワークシート（内容を整理・確認する穴埋めプリント）を作成して記入する。
(5)　ワークシートの内容に基づいて定期試験に出題する。

生徒たちが『未来をひらく歴史』で強く関心を持ったものは、関東大震災での虐殺、細菌戦、南京大虐殺であったという。また『未来をひらく歴史』の内容に関連する新聞記事には、未来志向の歴史認識の育成のために、「日中韓の友好のための提言」を記入させたり、ワークシートは提出を義務づけなかったものの提出率が六〇％を超えたという（同、一九頁）。

生徒たちは「このようなこと（日本の戦争犯罪）は知らなかった」と感想を書くことがほとんどだという。授業を行った教員によれば、『未来をひらく歴史』が「未知の事実への遭遇が生徒の学習意欲を喚起させるものであること」や「前向きに学習する姿勢を抱かせたことにとどまらず、生徒の生き方への揺さぶりともなる効果」があると『未来をひらく歴史』活用の意義を指摘している（同、二八―二九頁）。また、学習を通じて「日中韓や東アジアの前途を自分なりに考えるようになっていった」とも述べ、「今後の生徒たちの未来への宝物にもなる書籍だと考えている」とまとめている(同、二八頁)。

ある生徒の感想によれば、今まで使用してきた教科書との違いが三つあるという。一つは、「文章の語りが、どこの国の立場にも属していないこと」。二つ目は、既存の教科書よりも「細かな歴史が記されていること」。三つ目は、「記されている歴史と資料を照らし合わせることで、当時の生々しさが伝わってくる」という。そして「自分の知識の浅さに大きな衝撃を受けた」ことや、「ただ歴史上の出来事を知るのではなく、それに至るまでの過程や意図、またその結果やそれが原因となって引き起こされた人々の悲しみや無念の声を知る必要があると思いました」と述べている（同、三〇頁）。無知だと気がついた自分を歴史に向き合わせることが『未来をひらく歴史』にどの程度サポートできるのか問われていることがわかる。また別の生徒は、一番印象に残ったところについて、「慰安婦問題についてかなりくわしく綴られているところ」と指摘している。そして「教科書で習わないことが多すぎて、混乱もするだろう」、「日本を軽蔑する念が生まれるかもしれない」と率直な感想を述べている（同、三二頁）。最後に「無知ほど罪なものはない。知らなければアジア諸国の人々と対等な立場に立ち、話し合うこともできないし、この国際社会を生きていくことも難しいのではないだろうか」とまとめている（同、三二頁）。「日本を軽蔑する念」と「無知ほど罪なものはない」、という意識が表裏一体の関係で存在していることが分かる。そうしたなかで歴史を学ぶことを「国際社会を生きていく」という今を生きるための現実としてとらえていることがうかがえる。ここに共通歴史教材の作成が果たすべき役割があるように思う。共通歴史教材の作成は今日的課題を克服するための作業であり、歴史事実の理解とともに共通教材がなぜ今日必要とされているのかを学ぶことを通じて、若い世代の一人ひとりに残された課題を提示することが可能になるのである。

一方、なかには『未来をひらく歴史』への強い拒絶を示すケースもあったという。その理由は、中国や韓国に歴史問題で譲歩している、偏った歴史認識をおしつけている、などである。これは生徒の素直な反応であり一部の例外的なものではないと思われ、『未来をひらく歴史』が若い世代の歴史認識の現状に充分対応する内容であったのかどうかは大きな課題だと思われる。この点については、第4章二の「『未来をひらく歴史』の課題」で、さらに深く考えてみたい。

●ともにつくりあげるというスタンス——東京の中学校で

東京のある中学校では、週二回、約四〇人が参加する中学三年生の選択授業の通年テキストとして使っている。全三二回から構成される授業は主として日本の加害と被害、そして戦後補償問題を扱い、毎回『未来をひらく歴史』を数ページずつ読みながらワークシートを作成していくスタイルで行われた。また適宜、内容に関わる時事ネタを新聞記事から盛り込んだり、平頂山事件や広島の被爆者の証言を映像資料として活用しながら進められ、最後には執筆メンバーに宛てたメッセージを手紙の形式で書くという取り組みが行われている。メッセージには、「漢字が難しくて読めない」、「字が小さくてびっしりと書かれているので読みにくい」、「写真が少ない」、「内容が難しくてすらすら読めない」など（箱崎作次「『未来をひらく歴史　東アジア三国の近現代史』を活用しての一年間の選択社会授業を終えてのまとめ——執筆の先生方へのメッセージとして」、二〇〇七年）、中学生に提示する読み物としての工夫不足、歴史叙述のつたなさ、といった歴史教材としての不充分さを指摘するものが少なからず存在した。

印象に残ったものとしては、平頂山事件や人体実験、満州事変などがあげられており、なかでも「体験記が載っていて、昔の人の気持ちがよく伝わってきてよかったです。苦しさや辛さがはっきり分かりました」と戦争体験者の声に耳を傾ける生徒や、コラムなどで取り上げた人物が「ほとんど処刑されるのは悲しかった。戦争中は平和を唱えることが悪人だった」と（箱崎作次、同、一六頁）、人物の一生や生き方に共感しているとも、戦争という現実と歴史のなかに消え去っていく人々へのせつなさや虚しさを表現したともとれるメッセージもあった。そして「知りたくなかったこと、認めたくないこともたくさんありました。でも今は知ることができてよかったと思います」、「現在も戦争は終わっていないと思いました」、「人は真実を知らなければ前に進めないということがこの本を読んで分かりました」、「自分にできることは何かあるか探していきたいです」と（同、一五・二二・二九・三五頁）、『未来をひらく歴史』から歴史事実を学ぶだけでなく、何かを自分のものにしようとする姿勢を記す生徒もいた。

これらの授業実践は、教え手の熱意と歴史認識によって支えられている。前者の高校での実践を行った教員は、『未来をひらく歴史』の作成を知ったときに「このような歴史書こそが東アジアの平和と友好の創造にふさわしいものであり、ぜひ生徒に手渡したい」と感じたという（森口等、前掲、一九頁）。さらに『未来をひらく歴史』の作成、刊行を、シンポジウムの運営や翻訳作業、積極的な意見交換などによって支えようとする中・韓の若い世代の「献身的で情熱的な熱い思いや行動」に大きな刺激を受けたという（同、一九頁）。

後者の中学で実践を試みた先生は、「正直にいうと最初にこのテキストを最初から読み始めたときには途中でうとうとすることもあった」という（箱崎作次、前掲、四頁）。そして「一人で読み納得するよりも授業や市民学習会のテキストとして活用するほうがずっと活かされる」と述べている（同）。

共通教材が、国境を越えた無数の人々の支えによって成り立っていることを学ぶことは、そのまま歴史対話を望むアジアの人々の思いを知ることでもある。それは意見の食い違いと批判の応酬といったものではなく、ともにつくりあげる、同じ時代、今を生きるというスタンスから行われる建設的な対話であることを知ることにつながるだろう。そして共通教材という存在は、完成された読み物というよりも、むしろ各自の歴史認識を自己点検・自己更新するための「叩き台」にすることにこそ真価を発揮することがわかる。

このように共通歴史教材は、作成するプロセスも大切だがその活用方法と内容も重要なのである。よってそれらを対象とした分析が定期的に必要であり、とりわけ作成に関わったものによる自己点検が求められる。

●私自身の高校と大学における実践

㋐　高校二年生の世界史の授業において

高校二年生の世界史の授業で満州事変や沖縄戦といった内容を扱う際に、授業の冒頭で学習内容の流れを生徒たちに分かりやすく説明するための導入として使っている。見開き二ページ読みきりのスタイルは、生徒たちが集中して読みこなせる分量として適量だと思われる。また、「満州事変」であれば教科書にあまり書かれていない華北分離工作を説明することが可能であり、「沖縄戦」であれば東アジア各都市の那覇からの距離が一目で分かる地図が載っており、那覇から大阪よりも上海のほうがずっと近いことなどを生徒たちと確認することができる。また歴史教科書だけでは人物像が浮かびにくい金玉均や李鴻章、全琫準といった中国や韓国の歴史上の人物について、コラムを活用して時代背景を含め説明することも可能である。さらに「靖国神社問題」を使って時事問題を扱うこともできる。おそらく『未来をひらく歴史』を歴史の授業で活用する場合、こうした使い方が多いのではないだろうか。

㋑　高校三年・社会学入門「マスコミと現代」

私は高校三年生の選択授業で社会学入門「マスコミと現代」という授業を担当してきた。この授業は、第四の権力としてのマスメディアを、その歴史・現状・課題について学習しながら、メディアリテラシーを身につけるための方法を高校生の視点からまとめ、班発表する内容である。班活動に入る際、まず『未来をひらく歴史』がどのような経緯で編纂されたのかや、作成プロセスを説明する。そして日本とアジアとの間に横たわる歴史認識問題がアジア各地でどのように報道されているのかを班活動で調べ、日本のメディアを批判的にとらえなおす方法を提案する班発表を行う。

ある班は、『未来をひらく歴史』を作成した理由のひとつが、日本とアジアとの歴史認識の溝をうめるためであることに着目し、なかでも小泉首相（当時）の靖国神社参拝がメディアで大きく取り上げられたことや、同首相が二〇〇五年一〇月二五日に「（靖国神社の参拝）を批判しているのは中国と韓国だけだ。どこの国の首相も私の靖国神社参拝に批判したことは一度もない」（『しんぶん赤旗』二〇〇六年二月九日）と発言したことをうけ、なぜ中国と韓国の批判ばかりが日本のメディアで扱われ、他のアジアの国々の報道がほぼ流れないのかに疑問を持つ。その後、生徒たちは中国や韓国以外のアジアの国々で小泉首相の靖国神社参拝がどのように報道されているのかを調べ、シンガポールやマレーシア、ベトナム、タイなどの大衆紙や英字紙が靖国参拝について批判的に扱っていることを知る。そして小泉首相の発言や日本のメディアのあり方に疑問を呈したうえで、日本のメディアの情報を鵜呑みにしないために、アジア各国でどのように報じられているのかにも視野が必要であることを指摘した。

さらに靖国神社の歴史を調べたり、小泉首相の参拝に賛成か反対かをクラスや部活動でアンケート調査を行うなど、自分たちが靖国問題についての発信する立場に立つうえで必要となる情報をまとめたりした。班発表を聞いた生徒たちも、アジアが中国や韓国だけでないことに改めて気がつき、なぜそうした当たり前のことを気に留めてこなかったのか疑問を持ったようである。

メディアリテラシーは受信者と送信者との関係性、サイクルから培われる。これは歴史対話も同じ仕組みだと言えないだろうか。『未来をひらく歴史』の活用例の一つとして記しておきたい。

㋒　大学・比較文化基礎講読

大学ではアジア各国の歴史教科書を原文も合わせて講読しながら、その特徴や日本の歴史教科書との比較などを、学生たちがグループ発表する授業を担当したことがある。まず中国・韓国・シンガポールなどのアジアの歴史教科書を読み比べ、その特徴を学び、その後ドイツ・ポーランド・アメリカなどの歴史教科書も読んだうえで日韓の共通教材や『未来をひらく歴史』などの到達点と課題を考える授業を行った。その際、『未来をひらく歴史』の特徴や作成プロセスなども紹介しながら、歴史対話のあり方や歴史認識問題への向き合い方なども意見交換を行った。

学生たちのなかには、自分が中学や高校で使った歴史教科書が、国定教科書なのかそれとも検定教科書なのかも分からないことも少なくないこと、また家永教科書裁判をまったく知らないということも珍しくなかった。さらに「教科書に記述された内容は絶対的であり疑問を持つという意識がない」、「受験対策のアイテムにすぎない」といった意見もだされた（都留文科大学文学部の主に二年生を対象に開講されている比較文化基礎講読で、毎回学生に配布した質問・意見カードより）。

学生たちは英語で書かれたシンガポールの歴史教科書を読みながら、「日本軍の占領」（the Japanese Occupation）、天皇は「皇帝」（the Japanese Emperor）と書かれていることに驚く。さらにポーランドの歴史教科書に書かれた「米国が対日戦で原子爆弾を使用した意味をめぐる論争について調べ、あなたの意見を述べよ」、「多くの歴史家が広島への原爆投下を世界史における新たな時代の幕開けと見なしているのは、なぜか」といった原爆投下に関する歴史認識を問う内容に対して（ガルリツキ『ポーランドの高校歴史教科書〈現代史〉』二六〇頁）、被爆国で生まれ育ちながら自分たちが学んできたものよりも深く調べ、自らの意見を述べる学習スタイルに戸惑いすら感じたようだ。

共通歴史教材を読み比べた学生たちは、その評価と課題、自らの意見や率直な感想を書き記している。評価できる点は大きく次のようにまとめられる。

⑴　教科書の役割と機能を、中学校や高校の早い段階から授業で学ぶ機会が必要であり、そうすることで教科書を批判的に読んだり、アジアの歴史教科書への偏見や思い込みを生まないと思う。

⑵　国家の教育への介入を意識していく必要がある。

(3) アジアとの歴史対話は今日的課題といえる。

次に課題についても鋭い意見を提起している。

(1) 共通歴史教材を現状の受験システムの中で活用することは現実的に厳しい。歴史教科書だけでなく教育制度そのものを抜本的に変えなければ共通教材としての効果が望めない。

(2) 国家の教育への介入はよくないが、教科書を国家レベルではなく民間レベルで作成することや検定制度を廃止することには全国で使用する教材としての中立性が保てなくなる可能性があるので不安が残る。

(3) 共通歴史教材の作成と活用は、アジアとの歴史認識問題を解決していくうえで良くも悪くも妥協と譲歩ということになりかねないのではないか。

このように、私は『未来をひらく歴史』を歴史学習にだけ使うのではなく、メディアやアジアを学ぶ道具として活用している。なぜなら共通教材が歴史を学ぶ素材に限定されたり、完成された読み物として学び手に提供されるのでは、問いを立てる力を育むという一人ひとりにとっての学習効果が望めないからである。よって共通教材を教える、ということよりも、それをどれだけ批判的に読みこなせるだけの力を総合的につけることができるか、ということを身につけられる班討論やグループ発表に力点を置くように心がけている。

2 韓国の高校における実践

韓国でも作成メンバーが中心となって『未来をひらく歴史』を使った授業が試みられている。韓国側メンバーの朴中鉉は、二〇〇六年六月に良才高校での二年生の世界史の授業を活用して、「帝国主義の二度の大戦」という学習課題のなかで、「沖縄戦と平和の意味」というテーマ学習を行っている。沖縄戦を授業で扱う理由について、以下のようにまとめている（朴中鉉「沖縄戦と平和の意味」発刊一周年・第二版出版記念国際シンポジウム報告冊子、二〇頁）。

⑴ 沖縄戦が東アジアの平和のために必ず記憶にとどめなくてはならない事実であること。
⑵ 韓国のどの世界史や近現代史の教科書にも沖縄戦に関する記述がないこと。
⑶ 今日、日本において沖縄戦は「忘れ去られた戦争」というよりもむしろ「忘れてほしい戦争」として扱われていること。
⑷ 沖縄戦を正しく理解することは、東アジアの人々みんなに必ず教えなければならない。

そして授業目標を次の三点にすえている。

⑴ 沖縄戦の惨状を知る。
⑵ 戦争の背景及び戦後の状況を理解する。
⑶ 被害者たちの苦痛を感じ平和のために努力することを考える。

さらに授業方法として以下のような手順と流れをふんでいる*（同、二一頁）。

⑴ 資料を活用しながら討論の時間を設ける。
⑵ 資料には、『未来をひらく歴史』の沖縄戦のページ、スパイ識別法に関するもの、アブチラガマの写真、読谷の米軍基地と周辺の写真、集団自決に関するもの、ひめゆり部隊の写真などを説

明・活用する。

＊ 朴の報告では、授業を導入、展開、整理の三段階に分けて、生徒と教師の発問や学習内容をまとめる教案が具体的に示されている。

授業は、沖縄戦の経過や背景、民間人が軍人よりも死傷するという特徴などを踏まえたうえで、集団自決やひめゆり部隊のエピソードを織り込みながら展開されている。そして沖縄戦における韓国人犠牲者や、韓国の米軍基地と関連づけながら沖縄で暮らす人々を考える、といった学習を行い、最後に発表・議論した内容について自分の考えをノートにまとめるものである。

朴によれば、生徒たちの多くが沖縄戦の悲劇を初めて知ったこと。ひめゆり部隊が同年代であることへの衝撃、そして天皇に対する意見も多かったという。例えばある女子生徒は、「六〇年が過ぎ去った現在、(ひめゆり部隊の)お姉さんたちの恨みがこびりついたしこりは月日の流れのなかで埋もれてゆき、いや、欲深い大人たちがこの事実を隠そうとばかりしているのです。また、歴史的な痛みをかかえた沖縄は観光地として変貌してしまいました。しかし、あまり心配しないで下さい。私たちがお姉さんたちの死を無駄にしないように、第二の沖縄が生まれないように、これ以上戦争で罪なき人々が傷を負わないように、私たちが努力していくつもりですから。お姉さんたちも天国でたくさん応援してください」と意見を記し(朴中鉉、同、二二五頁)、またある生徒は「私は、となりの国、大韓民国、すなわちあなたたちが侵略して植民地にした国のひとりの学生です。[中略] あなたたちは、外国の植民地だった私たちにだけ傷を与えたのではなかったのですね。自国の国民にまで国家のための犠牲を強要しました」といった感想を「沖縄に送る手紙」という感想文のなかに書いている(同、二二四頁)。

前者の女子生徒は、ひめゆり部隊について学ぶことを通じて加害国である日本の戦場における実相や戦争被害者を思い浮かべ、次の戦争を自分たちが防いでいくという強い意志を書いている。そこには日本への憎しみではなく、「ひめゆり部隊のお姉さんたち」への彼女なりの約束がみえる。

後者の生徒は、その自己紹介から日本への強い意識をみてとれる。そして日本が植民地支配だけでなく自国民への加害行為もあったことを学び、戦争が自国民を決して守らないという本質を鋭く突いている。

朴は、基地問題にふれながらアメリカの存在を充分に授業で取り上げられなかったことを残された課題としながらも、沖縄や過去の問題がまさに現代を生きる私たちの問題であることを分かってもらえたなら、授業目標を達成するきっかけになったのではないかと総括している（朴中鉉、同、一二三頁）。

『未来をひらく歴史』の「沖縄戦」を活用した授業実践は、単に沖縄戦の悲劇を学ぶだけでなく、それを今日的問題として国境を越えて学ぶ機会をつくることができることを示していると思う。朴が「忘れてほしい戦争」として日本で扱われていると表現した沖縄戦に関わって、二〇〇七年、日本軍が住民に集団自決を強要したと書かれた従来の教科書記述から、日本軍の関与を示す内容が削除されたことをうけ、その撤回を求める動きが沖縄県内だけでなく全国で高まりをみせた。まさに朴の指摘が現実として表面化したといえるだろう。沖縄から東アジアを学ぶことが、今、改めて求められており、私たちが「ひめゆり部隊のお姉さんたち」の前で、良才高校の女子生徒と同じ約束を伝えることができるのかが問われている。

3　中国の高校における実践

中国では上海と天津の高校で実践が試みられている。上海では上海中学（日本の高校に相当）の国際部で、高校一年生を対象とした授業で使われている。上海中学は一四〇年余りの歴史を有し、約三〇〇〇人の生徒が在籍する名門校である。国際部は、五〇ほどの国家や地域の生徒から構成され、その多くは韓国や日本を中心とした東アジアの学生と、華僑や帰国子女である。ここで長く教鞭をとり、上海版歴史教科書の編纂や日本の歴史教育とも一九八〇年代から関係を構築してきた孔繁剛が『未来をひらく歴史』の使用を積極的に進めた。

●よくわからない戦争の政策決定プロセス

孔繁剛は、『未来をひらく歴史』を使った授業を通じて、いくつかの重要な指摘を行っている。まず、「日本が戦争を起す戦略の決定メカニズムとプロセスがはっきりせず具体的ではない」と述べ（孔繁剛「歴史の真実をしっかりと書き　美しい未来を創造しよう——三国共通歴史教材『未来をひらく歴史』出版一周年を記念して——」発刊一周年・第二版出版記念国際シンポジウム報告冊子、一三頁）、例えば「昭和天皇の戦争指導を専門的に論じた一段があるものの、実際の政策決定のプロセスにおいて、私たちは天皇の役割についてほとんどよく分からない。御前会議の他に戦争を決定する中枢機関はいったいどこなのか」と指摘している（同）。これは「中国の歴史教師がいつも授業中に説明ができずとまどいを感じる問題でもある」という（同）。また、こうした戦争の政策決定プロセスを授業で扱わないと、「礼儀ただしい（今日の）日本の方々と侵略戦争中の凄惨で残酷な暴力をふるう凶悪なイメージとどうしても結びつかない」としている（同）。つまり日本が行った侵略戦争が偶発的なものではなく、構造的な中身をともないつつ歴史上の数々の選択を経て生み出されたものであり、そのメカニズムを歴史叙述として反映させることができるかどうかが歴史教材として問われており、それは歴史のダイナミズムを表現することができているのかを示す指標になると言及しているのである。

日本国内では、天皇の戦争指導や軍事思想に関する研究が一定の蓄積をみせているが、中国にその成果が充分に伝わっていないことがうかがえる。また、中国の歴史教師が授業中に説明に窮するという政策決定のプロセスは、実は日本の教師にとっても授業で扱うことが難しい内容なのではないだろうか。軍部や陸軍、海軍もしくは日本軍といった主語で説明が行われ、その内部が一枚岩ではなく、相互にかけひきを行いながら戦局が推移していくことにまで授業内容を展開することは簡単ではないと思われる。しかし、満州事変であれ盧溝橋事件であれ、現地の戦闘行為を軍中央や天皇が追認していくという構図が存在しており、日本の侵略戦争を構造的に理解するためには、孔繁剛が指摘しているような日本軍の特質や政策決定の実態を歴史教科書に詳細に盛り込み、教材化していくことが求められているのではないだろうか。これは日本の侵略戦争を支えた総力戦体制をどう理解して生徒たちに提示するか、ということとも無関係ではないと思われる。

孔繁剛は、「盧溝橋事件後、どのように大規模な全面侵略戦争に発展したのだろうか」という内容を例としてあげているが（孔繁剛、前掲、一三頁）、いつから日本軍が北京郊外の盧溝橋に何を目的に駐屯しているのか、なぜ盧溝橋事件からわずか数ヵ月で山西省の太原や内モンゴル、そして山東省の青島へと一〇〇キロ単位の進軍が可能だったのか、そしてどのように上海で上海事件を起こし、またどこから何万人という規模で増援部隊が送られ戦線を拡大していくのかが地理的にも時系列的にも充分に記述されていない現在の歴史教科書では、学び手が戦争の実相をよく理解できないことも無理からぬことではないだろうか。これでは南京大虐殺に至る南京への道も理解が難しいことは容易に想像ができる。

このように日・中の歴史教育における課題は共通している部分も少なくない。それは個別の事例をより大きな歴史の文脈に関連づけていくこと、その実践と歴史叙述への反映が難しいということである。これを克服していくためには、国境を越えて共通教材を使った授業実践の交流を進める以外に方法はないと思う。

孔繁剛は国際部以外の本校の中国人生徒からも『未来をひらく歴史』の感想を集めているが、その内容にはいくつかの特徴がみられる。まず「屈辱」、「残酷」、「壊滅」、「蹂躙」といった表現が示すように、自国が被った戦争被害を改めて呼び覚まされることへの嫌悪感を記す生徒が多いことである。次に「私たちはもしかすると歴史の審判者になることはできないかもしれない。なぜなら根本的にこうした歴史の白黒を判断するような権利がないからである、しかし私たちに一人ひとりの公民は、歴史を客観的に再確認する責任がある」、「自分がすべきことが本当にたくさんあることをただただ感じた。国恥を忘れないという背後に、民族を奮い立たせる歴史的使命を担ぎ、歴史の陰をより深く見た後、心を落ち着かせて不安と怒りをしまい込む。私たちは人々のなかでいたずらにスローガンを叫んではならない。なぜなら私たちは同じように歴史を経験し、同じように歴史を考え、すべての歴史は現代史の一部であるからである」という自分自身への問いかけとその軌跡を記すケースが多いことである（孔繁剛、前掲、一五頁）。

「嫌悪感」と「問いかけ」の交錯。これが中国で『未来をひらく歴史』を学習した生徒の感想の特徴といえよう。交錯した先にどのような歴史認識が形成されるのかまでは追跡することはできないが、『未来をひらく歴史』が自分自身の歴史観や戦争認識と向き合う契機になっていることをうかがわせる。

一方、上海中学で他国や他地域の生徒たちとともに国際部に在籍して同じように『未来をひらく歴史』を学んだ日本人の生徒にも特徴がみられる。それは、「当時の日本は野心が大きすぎた」、「当時の日本は間違っている」、「日本がしっかりと隣国に謝り」と各生徒が日本の責任に言及しながらも（孔繁剛、同、一六―一七頁）、同時にそれぞれ「しかし韓国もあまりに弱すぎた」、「その時代は、強いものが勝ち、弱いものが負ける。だから日本はそうした国家を侵略した」、「中・韓などの国も現在のようにこの問題に固執せず、未来を向いてあまり過去を振り返りすぎないことである」と（同）、「問いかけ」が自分自身ではなく中国や韓国へと他者に向けられる点である。

国際部に在籍する中国人のうち、海外での生活経験のある生徒はドイツとフランス、ポーランドの歴史対話に言及している。例えば「私はかつての歴史を完全に気にかけないわけではない。とりわけここ数年起こっている一連の人々を失望させる事件（政治家の靖国神社参拝や歴史教科書問題など）のあとにはそうである。しかし、心の中の憎しみや敵対心は徐々に少なくなっている。なぜなら私はヨーロッパの状況の中から希望を見つけたからである。日本の特に若い世代は上の世代を突き放し、自ら自分に絡みついている鎖をふりほどき」と記している（孔繁剛、同、一九頁）。この自分自身にからみついている鎖を振りほどくことができるのは自分しかいないことを理解することが、『未来をひらく歴史』を通じて可能になるのか、それが問われているのだと思う。

●生徒自身が調べて学習――実験中学で

上海以外では、天津にある実験中学で『未来をひらく歴史』を使った実践が試みられている。実験中学とは、中国で現在行っている教育制度改革や新カリキュラムを全国にさきがけていち早く導入して授業を行う学校を意味しており、高校一年生一四クラス約六〇〇人を対象に『未来をひらく歴史』を使った授業を行っている（袁訓利「青少年の歴史及び平和意識を向上させ輝かしい東アジアの未来を作ろう――中国天津市実験中学校での実践報告書」、三九三―三九六頁）。この学校では袁訓利をはじめ歴史を担当する教員が、二〇〇六年九月の新学期スタートに合わせて「東アジア三国近現代史教育テーマグループ」をつくり、『未来をひらく歴史』の活用を事前に準備した。

二〇〇六年一〇月～一一月を第一段階と位置づけ、『未来をひらく歴史』に関係する資料収集の時間にあてた。また平和と発展というテーマで討論を行った。その後、二〇〇六年度の授業終了までを第二段階として以下にあげる活動を行った。第一段階で収拾した資料をインターネット上で公開する。高校生や大学生、一般市民などを対象に日中関係に関するアンケートを三〇〇部配付して調査する。研究者や証言者に聞きとりを行いテープに残すなどである。いずれも生徒が動き、調べ、考える学習を行っていることが分かる。袁訓利はさらに「歴史教育と平和教育は学者水準で行ってばかりではだめだ」とも述べ（袁訓利、同、三九六頁）、研究室ではなく教室からの発想、生徒と生徒とを結びつける研究と実践の重要性を指摘している。

なお上述した韓国の良才高校と上海中学での実践については、二〇〇六年七月に行われた刊行一周年記念国際シンポジウムで報告が行われた。また天津での実践については、二〇〇七年九月にソウルで行われた第六回「歴史認識と東アジアの平和」フォーラム・「転換期の歴史と東北アジアの平和」において報告されている。

三　問われる歴史対話のあり方

1　『未来をひらく歴史』の改訂に向けて

二〇〇五年五月の第一版の刊行後、細部の記述のズレや誤記・誤植を三国で確認・修正するために二〇〇六年一月、北京で編集会議がもたれた。その際、『未来をひらく歴史』の続編を作成するかどうかと編集委員会の存続について率直な意見交換が行われた。

編集委員の一部からは三国を定期的に移動しながらの編集会議と、日常的に絶えることなく行われるメールのやりとり、日中韓それぞれの意見調整や膨大な翻訳作業などに、経済的や時間的、そして気力面から考えて、すぐに続編の作成を検討することは難しいとの意見もだされた。これは『未来をひらく歴史』の刊行により、共通教材の刊行という目標は達成されたという達成感と、刊行までのプロセスに費やされた労力への疲労感と考えられる。また続編を作るかどうかを議論する以前に、『未来をひらく歴史』の内容や作成プロセスにどのような成果と課題があるのかを整理したうえで共有することが欠かせない、『未来をひらく歴史』を実際に使っていかなる実践が可能なのかを作成メンバー自身が試みなければ、読者や学習者に対する責任を果たしたことにならない、といった意見がだされた。そこで北京の会議では続編の作成についてはは明確な結論をだざず、その成果と課題を検討したうえで共有することが決められた。

二〇〇六年一一月、第五回「歴史認識と東アジア平和フォーラム」が京都でひらかれた。その際、編集会議も同時開催された。そして『未来をひらく歴史』の成果と課題が三国から報告され、あわせて続編の作成についても話し合われた。当初、日本側は『未来をひらく歴史』を全面的に改定してまったく新しい共通教材を作成することを主張した。一方、中・韓のメンバーは原型をとどめる部分的な改定案を提起した。議論を進め『未来をひらく歴史』の成果と課題を相互把握するにつれて、部分的な改定ではその成果をさらに発展させ、次章で記すような課題を短期間で克服することは困難だという見解が多くだされた。

そうしたなか韓国側は、数年単位で表面的な改定をほどこした新版の作成は避け、研究と実践の交流を進めた成果を学術書として二冊目に出版してから、その延長線上に全面改訂版を第三弾として改めて歴史教材を作成することが望ましいと、五年、一〇年単位の長さで共通教材の開発にあたるべきだという意見を提起した。日本側は、この韓国側の意見に賛成した。中国側はそこまで長期的かつ規模を拡大する共通教材の開発に対応できるか未知数であるとして難色を示す意見を述べたが、その一方でこの会議に歴史教科書を編纂した経験のあるメンバーを新たに参加させるなど、『未来をひらく歴史』を一過性の産物にしたくないという姿勢は明らかであった。

最終的に『未来をひらく歴史』の続編は、二種類三冊以上を刊行することが決定した。まず二〇一〇年ごろを目安に全面改訂版の作成に必要となる研究と実践の蓄積の成果をまとめた本（「新書」）を刊行する。その後、「新書」の成果と課題をふまえた『未来をひらく歴史』の全面改訂版となる「新新書」を、二〇一二年から一三年ごろをめどに出版する。こうした大まかなタイムスケジュールと作成スタイルの一致をみた。

●動き出した「新書」編集

「新書」の作成に向けて、すでに五回の編集会議を行った。第一回は上述した二〇〇六年一一月に京都で行われた会議。第二回は、二〇〇七年四月に北京で各国の代表者が集り「新書」の大まかなスタイルと作成方法が話し合われた。

第三回は、二〇〇七年七月に北京で章立て案が各国から出され、新書の大まかなイメージの共有がはかられた。その結果、「新書」は上下二冊から構成されることとなった。一冊目は国家間の関係史に重点を置き、東アジアの国際秩序がどのように変容していったのかについて一九世紀の中頃から現代までを取り上げる。二冊目は、一冊目と同時期に生きた民衆の視点から歴史を語り、記録することの意味を考えられるものにすることが提案、共有された。

日中韓３国共通歴史教材「新書」編集会議（第５回、2008年１月、東京）

第四回は、ソウルで二〇〇七年九月に行われた第六回「歴史認識と東アジアの平和フォーラム」と平行して行われた編集会議で、章立て案の本格的な討論が行われた。第五回は、二〇〇八年一月に東京で行われた。章立てを暫定的に確定するため、各章のコンセプト案を持ち寄って、各章の論点が何なのかを共有する作業が行われた。下巻についても大まかな章立て案を話し合い、各章で歴史学の研究上、もしくは歴史教育の実践からみて論点となりうる事項について第六回までにコンセプト案として各国でまとめてくることで合意した。

現在までのところ、性急に内容を原稿として具体化していくのではなく、たとえ『未来をひらく歴史』ですでに何度も行われた議論に立ち戻りながらであっても、歴史対話のあり方を問うことに多くの時間を割くことに努めている。

なお次回の第六回編集会議は、二〇〇八年六月下旬に済州島で行われる。第七回は一一月上旬に北京で開催される第七回「歴史認識と東アジアの平和フォーラム」と同時開催する予定になっている。このフォーラムは、ドイツのゲオルク・エッカート教科書研究所主催のアジア五ヵ国による歴史教科書シンポジウムと連続して行われる予定である。

現段階で予定されている「新書」の章立てはおおまかに下記のような内容になっている。

一冊目は、「西洋の衝撃と東アジア伝統秩序の変動」から始まり、「冷戦体制の解体と東アジア」までを八章でまとめ、各章は四つの節から構成される。二冊目は、「人の移動と交流」・「生活」・「文化」といった八つのテーマからなる。「生活」は家族や女性を中心にまとめられ、「文化」は新聞、ラジオ、文学などを扱う予定になっている。今後、各章や各節でどのような内容を重点的に書くのかをサンプル原稿を持ち寄って検討していくことになる。まずは内容を全体的に把握し、何をポイントに歴史を叙述する必要があるのかを共有するため、論点をクリアにしながら、そこを重点的に討議することを通じて、日中韓それぞれの「新書」へのイメージを具体化していくことに力を注ぐ必要がある。またこうしたプロセスを通じて、新しく加わったメンバーを含む全員の信頼関係を構築することを目指している。日本側のメンバーには、早川紀代（明治大学非常勤）・伊香俊哉（都留文科大学文学部）・田中正敬（専修大学文学部）の三名の研究者が新たに加わった。

●市民のネットワーク

さらに日本側は、『未来をひらく歴史』の普及と活用を目的とした市民学習会の講師を募り、二〇〇七年二月四日に編集委員会と講師陣との交流会を行った。講師は地域で歴史認識問題に熱心に取り組んでいる市民や現役教員、元教員などから構成される。『未来をひらく歴史』の成果と課題を整理して「新書」作成に活かしていくためには、三国の編集委員だけでは力不足である。全国各地に『未来をひらく歴史』を活用する、もしくは参考にした学習会組織をつくりネットワークを広げることができれば、共通教材の本来の姿を明らかにし、歴史対話の担い手を育成することになるだろう。

また現在、『未来をひらく歴史』を英訳して英語圏で刊行する準備も進めている。翻訳と編集作業は、ハワイ大学が担当する。このように「新書」作成を具体化させながら、『未来をひらく歴史』の普及と活用に取り組むことで、これまで続けられてきた共通教材の開発や歴史対話を一歩でも前進させるための役割を果たす存在に近づくことができればと思う。

『未来をひらく歴史』刊行後も日中韓三国で共通教材を作成しようとする動きや、歴史対話を進めようとする取り組みが活発化している。たとえば二〇〇七年七月に日本国際理解教育学会と北海道教育大学が主催して行われた日本国際理解教育学会第一七回研究大会では、日中韓の教材共同開発にむけたワークショップが中・韓からの参加者を交えて行われた*（『日本国際理科教育学会会報』二〇〇七年一〇月、一〇頁）。

＊　日中韓の国際理解教育の関係者三六人が参加して二〇〇七年七月三〇、三一日に会議を行っている。「歴史認識」・「移民」・「食」・「人間関係」・「日常文化」の五つのテーマを設定、議論を行っている。「食」をテーマにしたグループは、ラーメンを題材に教材化を試みている。

さらに二〇〇七年六月一四日付の『東京新聞』によれば、二〇〇八年の九月にドイツのゲオルク・エッカート国際教科書研究所で「歴史教育と和解」と題した国際シンポジウムが行われるという。

また共通教材ではないが、日・中の研究者によって共同編集され同時刊行された論文集に、劉傑・三谷博・楊大慶『国境を越える歴史認識　日中対話の試み』（東京大学出版会、二〇〇六年）、さらに日本・中国・韓国・台湾などの研究者が参加してまとめられ日本で刊行された孫歌・白永瑞『ポスト〈東アジア〉』（作品社、二〇〇六年）などがある。

以上のように研究や実践、そして編集や出版の対話と交流が大きく進展しつつあり、『未来をひらく歴史』を今後そうした流れにどのように位置づけなおせるのか、「新書」の作成を含め、編集委員会のメンバー一人ひとりの自己点検と自己更新が問われていくことになるだろう。

2　日中・日韓の政府間共同歴史研究の現状と課題

こうした民間レベルの取り組みと並行して、日本と中国の政府レベルの共同歴史研究が始まり、日本と韓国との間でも二〇〇二年から二〇〇五年まで行われた第一期の共同研究に続く第二期として新たな日韓歴史共同研究委員会が発足したことにも注目する必要がある。

二〇〇六年一二月、北京で日中歴史共同研究の初会合が行われた。各国の研究者一〇名ずつが参加するこの会合は、「古代・中近世史」と「近現代史」の二つの分科会から構成され、二〇〇八年九月頃をめどに共同研究の成果を発表するという。なかでも「近現代史」の分科会は、南京大虐殺など戦争責任問題も議論の対象にしている。日本の「近現代史」担当者は、日本側の座長もつとめる元国連次席大使で日本政治外交史を専門とする北岡伸一（東京大学）、国際政治学を専門とする坂元一哉（大阪大学大学院）、近代日本軍事史・政治外交史を専門分野とする庄司潤一郎（防衛研究所第一戦史研究室）、日本政治外交史が研究テーマの波多野澄雄（筑波大学大学院）、現代中国政治を専門とする小島朋之（慶應義塾大学・二〇〇八年三月死去）の五名である。中国側メンバーは中国社会科学院の七人と北京大学歴史学部の三名から構成される。座長は『未来をひらく歴史』の中国側責任者であった歩平（中国社会科学院近代史研究所）がつとめる。また「近現代」担当の栄維木（中国社会科学研究院・雑誌『抗日戦争研究』編集主幹）も『未来をひらく歴史』の作成にたずさわっている。

日本側メンバーの「近現代史」担当者五名は、主として政治学や外交史、国際関係を専門としており、中国側の全メンバーが歴史学を専門にすることと比較すると、大きな違いといえるだろう。日本政府とすれば、「近現代史」を中国側と共同研究する場合、歴史ではなく政治や外交の力学、判断、処理といった観点からのぞもうとしていることをうかがわせる。

一方、日本と韓国の共同歴史研究は、第一期の共同研究の内容をまとめた報告書を二〇〇五年六月に発表しており、財団法人日韓文化交流基金のホームページからその膨大な資料をダウンロードすることができる。それによると近現代史部分は両国の研究成果の共有ができなかったものについて両論併記のスタイルがとられている。

二〇〇七年から始まった第二期の日本側の座長は、鳥海靖（東京大学名誉教授）がつとめる。「近現代史」のメンバーは、有馬学（九州大学大学院）・石川亮太（佐賀大学）・大西裕神（神戸大学大学院）・原田環（県立広島大学）の四名である。また第二期の特徴は、第一期から存在した「古代」・「中近世」・「近現代」に加え「教科書小グループ」という分科会を設置したことである。この分科会には日韓双方から六名ずつが参加する。「小グループ」と名づけられてはいるものの、人数的には「近現代史」の各四名よりも多く、「古代」と「中近世」を合わせた数と同じであり、日本と韓国の歴史教科書やいわゆる歴史認識問題をめぐって活発な議論が行われると思われる。

「教科書小グループ」の韓国側には、『未来をひらく歴史』作成メンバーの一人であり、「新書」作成にむけた韓国側の責任者でもある辛珠柏（国民大学校）と、『日韓交流の歴史』の韓国側執筆者のひとりである鄭在貞（ソウル市立大学校）、そして『向かい合う日本と韓国・朝鮮の歴史』の翻訳と原稿の検討にあたった玄明喆（京畿高等学校）が含まれる。また「近現代史」の分科会メンバーの一人である河棕文（韓神大学校）も、『未来をひらく歴史』の作成にたずさわっている。

つまり韓国側は、「近現代史」と「教科書小グループ」をあわせた一〇名のうち、四人が民間レベルの共通歴史教材の作成にすでに参加した経験を持っていることになる。第一期の共同歴史研究には、第二期にも参加している鄭在貞と、『未来をひらく歴史』作成メンバーの一人である金聖甫（延世大学校）の二名が参加していた。

このように韓国側は日韓の共同研究に民間レベルの共通歴史教材開発の経験を活かすことのできるメンバーを増員したといえるだろう。中国側も座長を含め二名が民間レベルの共通教材開発に参加した経験を持つ。各自の経験は、民間と国家という交流スタイルの違いのなかで、それぞれによって問い直されていくことになるだろう。また日本側にとっては民間レベルの共通教材作成や国家間の共同歴史研究の成果と課題をどのように研究や実践に活かして行くのかが問われることになっていくに違いない。

第4章　『未来をひらく歴史』の成果と課題

本章では、『未来をひらく歴史』の作成過程と活用状況、読者や学習会、研究会などへの参加者から寄せられた指摘や意見、批判をふまえ、成果と課題をまとめてみたい。

一　成果

『未来をひらく歴史』作成の最大の成果は、国境を越えて積み重ねられた議論や交流のプロセスにある。そこから明らかになった課題こそ、作成の成果であり、歴史対話をさらに前進させる原動力になるだろう。

私は一九九七年から一九九九年までの二年間、中国・黒龍江省ハルビン市にある黒龍江大学という地方大学に長期留学した経験を持つ。当時、中国人大学生や韓国人留学生といわゆる歴史認識問題について話し合った経験と『未来をひらく歴史』の作成を比べると、いくつかの異同を指摘できる。まず、個人の意見が往々にしていつの間にか各自の国を背負って発言しているという状況が生まれることや、他国へのイメージというものはステレオタイプ化されたものをどうしても持ちやすい、ということは類似している。そのためお互いにそういったことを抑制しあう個人と個人の信頼関係の構築が求められる。一方、意見をまとめたり歴史認識に関わる議論に何らかの方向性を導き出したりする必要のない留学時の議論と異なり、共通歴史教材という三国で共通した歴史叙述として共有する以上、いやおうなしに自己点検と自己更新に迫られ、それが個人や議論のなかで同時多発的に起こるという違いがある。また共通歴史教材という教材を作成する以上、戦争の歴史を教わったことがない、教科書に書いていない、戦争を体験していない、といった形での議論からの離脱や逃避が許されないという大きな違いがある。つまり、戦争の歴史を知らないことを自覚してそこで立ち止まっていては歴史認識を深めることができない、ということを共通歴史教材の作成は鋭く問い続け、それを解決できるのは自分だけであることを気がつかせるのである。

それでは、まず成果を五点にまとめてみたい。

(1) 国家との距離のとり方と、その難しさを改めて学んだこと。
(2) 日中韓の歴史学・歴史教育・歴史叙述の相違や課題がクリアになったこと。
(3) 各国における語り、教え、学び、伝え、といったものを把握する重要性と緊急性が明らかになったこと。
(4) 対話の内実とあり方を不断に問い直さない安易な越境は逆効果であること。

(5)　日本を中心とした「東アジア史」の構築や「連帯」という「誘惑」を経験したことと、それにいかに抗していくのか、という課題が明らかになったことである。

私自身にとっては、共通歴史教材の作成における歴史事実の共有という成果が、共通歴史教材が持つ可能性のごく一部に過ぎないことを感じたことをまずあげたい。それは共通歴史教材の作成を通じた歴史対話に、対話の主体が自己点検と自己更新から生み出されるということを共有できる大きな可能性を秘めていること。可能性を模索する訓練の場をどのように実践で確保するのかという、研究者であれ教育者であれ教え手の力量が試されていることを改めて知ったからである。

また、日本の戦争犯罪をアジアとの対話から克服していくためには、それを可能とするアジア観やアジア認識がなければならないことを強く感じたことも付言しておきたい。これは日本の歴史学研究や歴史教育が、日本の戦争犯罪の追及やその実践に力を注いで成果を蓄積してきたにも関わらず、若い世代の歴史認識の深まりに必ずしも結びついていない現状を考えるうえで大きな示唆を与えてくれると思う。なぜなら日本の戦争犯罪と向き合い歴史認識として深められるだけのアジア認識、アジア観がなければ、歴史事実は自己弁護と自己清算への道具として使われてしまう危険性があるからだ。これは、とりわけ戦争非体験世代にあてはまる。つまり今日問われているのは、アジア認識であり、そこで求められる歴史対話の構築力をどのように身につけるか、ということなのである。

❶国家との距離のとり方

国家との距離のとり方や難しさは、すべてのメンバーが学ぶ機会を得たといえるが、なかでも中国側にとって『未来をひらく歴史』の作成プロセスは、メンバーの多くが「官」という立場で参加したからこそ向き合わなければならなかった国家という存在や、自らが生きた時代との対話を意味した。こういった意味において歴史対話とは、他者との対話でもあり、何よりも自分自身との対話でもあるのだ。国家から自由になることは困難を極めるが、その難しさを実感することもまた大切なプロセスといえるだろう。こうしたなかで中国側メンバーの参加は、日・韓の関係史だけでは描けない歴史叙述を可能とするものであり、今後、日・韓や日中韓、そして東アジアへと対話を広げ積み重ね、一国史から関係史、そして地域史、さらにその先へと視野を広げていく可能性を示したと思う。

こういった意味において、中国側の参加は、今後の東アジアにおける歴史対話や共通歴史教材を、戦争という限られたテーマにしないためにも欠かせない要素であると思われる。よって今日、日・韓で活発に行われている共通教材の開発や実践交流に、日・中の対話が学んでいく姿勢、取り組みが欠かせない。

❷各国における研究・実践・叙述の相違

中国側は第Ⅱ章3節（独立・抵抗の運動と社会運動）の「2．五・四運動」のなかで、第一次世界大戦中に日本が中国につきつけた「二一カ条要求」が、第一号から第五号までの二一条から成り立っていることを明記し、なかでも第五条にポイントを置く内容を執筆した。この第五条の一部は、中国政府に日本人の政治や軍事、財政顧問を招聘させようとするもので、実質的に中国の主権を奪う内容が含まれていた。最終的に中国やアメリカなどの反対や牽制によって第五条のほとんどが削除され、残りを最後通牒として日本側が中国側につきつけ承認させせることになる。

日本の歴史教科書では、第一条から第五条までを列記したうえで、なかでも山東半島のドイツ利権の譲渡（第一条）や、南満洲と東部内蒙古への利権確保（第二条）を要求したことにポイントを置いて、その行動が後に満洲への侵略につながる大きな契機になったことを解説する内容が多いように思う。そのため第五条は削除された内容、もしくは一時的な要求にとどまったという印象を学び手に与えかねないが、中国側からすると国家の主権を奪おうとした第五条こそが問題の核心であるとして、「二一カ条要求」のどこに重点を置くかで歴史叙述に差が生じることになった。

当時、日本政府は第五号を希望事項としており、その完全な実現よりも外交上の譲歩を中国側から引き出すための材料として使いたいという側面があった。よって第一条や第二条を現実的な要求として重視していたことは明らかであり、日本の中国への侵略という叙述スタイルからすると、やはり日本の歴史教科書のような内容になるのが一般的と思われる。しかし、一方では第五条をめぐる中国側との交渉は、アメリカやイギリスの反対・牽制に左右されるなど、国際関係のなかで中国の主権に関わる重大な議論が進められたこともまた事実であり、中国側の執筆者がそれを強調しようとすることもうなずける。つまり日本側の要求意図から描くのか、それとも中国をめぐる国際関係下の外交交渉という書き方にするかで、「二一カ条要求」をどのような歴史叙述にするか、また歴史教育のなかで扱うのかに違いが生じることがわかる。こうした違いがあることを通して、歴史を学ぶ際に何に重きを置くのか、歴史を動かしているのはどのような要素なのか、といった歴史との向き合い方を学ぶことができるのではないだろうか。また東アジア史を欧米列強との関係性から明らかにし、えがくことの必要性と、歴史叙述のスタイルを歴史教育で扱うこととも関係しているといえるだろう。

さらに中国側は華北分離工作や第二次上海事変を詳細に取り上げ、日本の中国侵略を一つの歴史の流れとして叙述することを提案した。日本側もそれに異議はなかったものの、日本の歴史教科書では、この二つに関して往々にして充分な説明がなされておらず、盧溝橋事件や南京大虐殺を起こした日本軍が、いつどのようにして北京や上海・南京へと展開したのか分かりにくいものが多いと思われる。これは日本の歴史学において、「十五年戦争」という呼び方が歴史の流れを意識した用語として使われるようになった経緯を有しながらも、歴史教科書では必ずしも歴史の流れとして叙述されていないことを意味している。いうなれば歴史学と歴史教育、歴史叙述のバランスが取れていないのである。共通歴史教材は、そうしたバランスを国境を越えて計る機能があることを三国で共有できたことは成果といえるだろう。

❸歴史を語ることの意味

『未来をひらく歴史』を偶然の産物としてとらえるのではなく、作成を可能とした環境が各国や三国間に積み重ねられてきたことを、さらに研究・調査する必要性が判明したことも成果といえるだろう。今日、検討されるべきは、中・韓の歴史教科書が国定であるのかないのか、ということではなく、国定・検定といった制度の中身や歴史教科書の歴史叙述にみられる地域差や多様性、そして各国の検定制度にみられる国家の教育に対する介入といったものである。これらはアジアにおける「反日」・「嫌日」といったものを愛国主義教育や「反日教育」の産物だと短絡的にとらえるのではなく、その実態と背景を科学的に分析するうえでも欠かせない作業であり、アジアにおいて歴史を語ることの難しさや危うさ、それがどのように人々のなかで扱われてきたのか、研究の余地は大きいといえるだろう。

また私は一九九五年に二〇歳をむかえたいわば「戦後五〇年世代」であり、戦争被害者の生の声を聞くことが日本の戦争責任を追及する研究や実践の進展と平行して可能であった世代といえる。あれから一〇年あまりがたち、現在の高校生や大学生が戦争体験者の証言を聞く機会は明らかに減少している。この「戦後六〇年世代」は、自分が聞いた戦争体験を次世代に伝えられるおそらく最後の世代になるだろう。それは彼らや彼女たち以降の世代が、体験ではなく記録と記憶のなかで歴史事実を継承していくようになることを意味している。『未来をひらく歴史』はそうした戦争非体験世代が向き合うべき今日的諸課題を国境を越えて提示し、共有を試みたこと。そして、今日的課題を解決するためには、一人ひとりの歴史認識を深めることが求められており、その契機となる素材を世に送り出したことは成果のひとつといえるのではないだろうか。

❹安易な越境への警鐘と「連帯」・「共有」の意味

(4)の安易な越境への警鐘と(5)の「連帯」「共有」の意味は相関関係にある。そして『未来をひらく歴史』作成が明らかにした最大の成果だと私は考えている。共有と連帯を模索する過程は、本人ですら無自覚のうちに自国中心的で自己中心的な歴史認識や歴史観を巧妙に他者に押しつけかねない危険性が常に潜んでいる。

中国側や韓国側との議論は、自分の知りうる学説、授業での実践、研究姿勢やこれまで継続してきた取り組み、そして生きてきた時代経験などを総動員して行う。私が用意した原稿は、それらすべてを投影したものになっていることは、本人にとってたとえ無自覚であっても避けることはできない。また主体形成のプロセスまでをも議論、交流の対象とするのであれば、むしろ当然のことだともいえる。

さらに私は、かつての戦争において加害者となった日本という国に生まれ、育ち、教育を受け、さらに今日、歴史教育にたずさわるひとりとして、中国側や韓国側との歴史事実の共有、対話を目的に何度も国境を越えて議論に参加している。議論を重ねれば重ねるほど、対話や交流が深まれば深まるほど、中国側や韓国側との人間的な、学問的な距離が近づいているような感覚にとらわれる。

しかし、それでもなお自分自身の研究を越境してどのように提示し、受けとめられるのか、中国や韓国の教室で授業を行った際、どのような実践が可能で、それに対するいかなる発言が生徒や学生からよせられるのかまでを想定することは難しく、これまでの研究と実践を提示するだけで、言い換えれば、ある程度の自己点検と自己更新によって他者から「反省」と認められれば、どんなに楽なのだろう、歴史認識の共有という目的を達成したことになるのでは、アジアとの新しい関係が構築できるのでは、という「誘惑」に直面して、改めて国境を越えて行われる歴史対話の難しさと経験不足をかみしめることになる。さらに加害者の「反省」というものが、議論を組み立てるためだけに使われるようになると、それは救済されるべき戦争被害者も歴史対話を行う主体も失われ、自己の思想の変化の軌跡を見失い、対話そのものを自分の力で問えなくなってしまう。

そこで成立するように思われる「共有」や「連帯」への「誘惑」に自覚的に向き合い、いわばひとりよがりな歴史認識や歴史像へと「覚醒」する直前で自己点検と自己更新をいかにくりかえせるのか、それが歴史対話といえるだろう。対立や敵対といった場面で対話がそもそも成立しないときよりも、むしろ共有や連帯を模索するなかにこそ他者に点検・更新を求めることを歴史対話とする歪んだ「共有」・「連帯」が生じる危険性がある。

つまり共通歴史教材の作成とは、「覚醒」と「誘惑」との紙一重のところで共有される作業であり危険がともなう。また、国家という存在から一〇〇％離脱することができない国民としてそれぞれが取り組んでいる以上、ある意味においてはすでに「覚醒」しているといってもいいだろう。よってその取り組みにはおのずと限界があり、万能ではないことを自覚しておかなければならないのである。それでもなお対話を構築しようとするところに新たな視野が開けてくると私は考えている。これは共通歴史教材の作成が、可能か不可能か、成立するかしないのか、といった単純な二元論から成り立っているのではなく、そもそも両義的に存在しており、そこで問われているのは作成者や使用者一人ひとりの点検と更新のプロセス＝人としての成長ということになる。そういった意味において共通歴史教材の作成は極めて人間的な取り組みといえ、刊行される共通歴史教材は、その内容の共有でとどまらず、各自の主体形成のプロセスを相互認識することまで到達しなければならない。

二　課題

『未来をひらく歴史』の課題を明らかにすることは、国境を越えた議論を、より生産的かつ信頼関係の構築に結びつけるために欠かせないといえる。三国の編集メンバーは、国境を越えて寄せられる意見や批判と真摯に向き合い、対話の輪を広げていくことが求められる。そこで本節では、以下にあげる四点の課題についてまとめておきたい。①作成上の課題。②構造上の課題。③歴史研究と歴史叙述の関係。④歴史教育と歴史叙述の関係。

1　作成上の課題

『未来をひらく歴史』が各国の歴史教科書の内容を超えることができたのか、各国史のよせあつめになっていないか、それをまず問う必要がある。これは各国のメンバー構成や執筆方法、叙述スタイルとも関わるだろう。

『未来をひらく歴史』は、原則として節ごとに各国で分担執筆しており、その内容をもとに議論を重ねる方法を採ってきた。それぞれが執筆した原稿は、いずれも原型をとどめないほど何度も修正が行われたが、それでも担当した国の歴史学や歴史教育、そして歴史叙述を土台としていることを読み取れる部分は存在する。例えば中国側が執筆した原稿には中国人民と「人民」を主語にする原稿があるが、今日、日本の歴史教科書や一般書などで「人民」と表現することはまずない。中国側が書いた「人民」と日本側の民衆という表現がそのままイコールで結びつくとは必ずしもいえないことをふまえると、各国の歴史叙述のスタイルがそのまま『未来をひらく歴史』に持ち込まれてしまっているといえるだろう。これはアジアにおいて民衆とはいったいどのような存在として定義することができるのか、という疑問とも関わってくる重要な課題だと思われる。

また一方では、各国の歴史教科書にこれまで書かれてこなかった、もしくは書くことが困難であった内容が組み込まれている部分もある。中国側や韓国側にとっては日本の戦争被害について、そして往々にして自国を中心に描いてきた抗日運動が、アジア各地で行われていたことについてふれた。とりわけ韓国側にとって、第Ⅲ章1節「4．東北人民の反満抗日闘争」の項目で、現在の中朝国境付近で行われた反満抗日闘争についてふれることは、北朝鮮が抗日戦争において果たした役割を積極的にとらえる内容になるため、これまで歴史教科書に記述されることはなかった。中国側も第Ⅲ章6節「1．中国の抗日戦争」において従来のような中国共産党を中心にした歴史叙述ではなく、抗日戦争で国民党が果たした役割についてもふれるなど、各国の歴史教科書の内容を超えようとする試みが充分とはいえないものの行われたといえるだろう。

しかし総合的に判断すると、「各項目執筆分担」に担当執筆国を明記したことが示すように、基本的には国家を単位とした原稿執筆体制であり、作成の方法としては課題が残ったと思う。また歴史叙述も、たとえば、第Ⅰ章1節「欧米列強の圧力と三国の対応」では、「1．中国――アヘン戦争と洋務運動」（執筆・中国）、「2．日本――開国と明治維新」（日本）、「3．朝鮮――門戸開放をめぐる葛藤」（韓国）と、日・中・韓を並列で叙述するスタイルを繰り返すことで構成されている。複雑に絡み合う三国の関係を、こうしたいわば図式化した歴史叙述でまとめることには無理があるだけでなく、激動の歴史を生きた人々を描ききれない面があるだろう。それは民衆からみた歴史を三国で共有するという『未来をひらく歴史』のコンセプトにはそぐわないものであり、読み手に三国の歴史が淡々と進んでいった印象を与えかねず、歴史のダイナミズムの乏しい歴史叙述になってしまったことは課題といわざるをえない。

●共通歴史教材は必要か

次に、そもそも共通歴史教材というものが必要なのか、という根本的な問いについても検討しておく必要がある。例えば一九八二年からこれまで一貫して自国史と他国史の統一的把握や、自国中心的な歴史学・歴史教育を批判的にとらえ、国境を越えた歴史対話を牽引する役割を担ってきた「比較史・比較歴史教育研究会」によれば、「共通の歴史教科書の作成は急ぐべきではなく、各国民・各民族の歴史認識の違いを寛容に認め合い、見解の一致を急ぐよりは相互の理解を深めることこそ重要である」としている(比較史・比較歴史教育研究会編『帝国主義の時代と現代』、三五六頁)。『未来をひらく歴史』は共通歴史教科書というスタイルをとらないまでも、共通歴史教材として編まれている。一冊の共通教材としてまとめることが、時期的に、そして相互理解の深まりに見合っているのかどうか、先行研究に照らし合わせながら改めて検討する必要があるだろう。

私は共通歴史教材を完成されたものとして位置づけるか、それともむしろ完全にならざる議論の不一致を確認するための道具として扱うかによって導き出される結論はまったく異なると考えている。不一致を不一致として理解するためには、何がどういかなる理由で異なるのかを把握するだけの総合的な力が問われることになる。ここでいう総合力とは、アジア認識やアジア観ということになるだろう。この総合力の有無をチェックする機能を共有するために共通教材を活用したい。作成上の相違点については、最終的に両論併記というスタイルを採ることも一つの方法だろう。見解の不一致を性急に、強引に一致させることは避けなければならない。しかし、一致させることとはどのようなことを意味するのか、一致させるうえで何が各国や各自に求められるのか、一致の先に何が見えてくるのかについては見定めておく必要もあると思う。そのためには共通教材の会議において、ひとつの歴史事実に関する一致せざるそれぞれの見解を、いかに自国中心的に他者へ押しつけかねないのか、ということを経験しておくことが大切だと思われる。

よって最初から両論併記、もしくは不一致の部分はそのまま対立点として取り残していく、あるいは日・韓や日・中の政府間で行われている共同研究のような、対立点を明らかにすることを主たる目的にすえるという手法には賛成できない。共通歴史教材の真価は、歴史と向き合い他者と対話するときに生じる「危うさ」を経験、学習することを通じて、各自の歴史観を広め、鍛えることに他ならないからである。

いずれにしても多くの人々の手によって『未来をひらく歴史』を含む共通教材そのものが持つ意義について、共通歴史教材の刊行が相次いでいる今だからこそ積極的に再検証される必要性がある。

2　構造上の課題

構造上の課題を顕著に示しているのが時代区分の基準と方法だと思われる。時代区分は各国で異なっており、それは各国の歴史学の研究成果や政治的・歴史的背景から生じている。よって日本で一般的に古代史や近世史、近代や現代と呼ばれる時代区分をそのまま中国や韓国にあてはめることはできない。

●時代区分という難問

『未来をひらく歴史』では、「日本帝国主義の膨張と中韓両国の抵抗」・「侵略戦争と民衆の被害」・「第二次大戦後の東アジア」といった章タイトルが示すように、三国に共通する時代区分の方法として戦争を扱っており、それらを侵略と抵抗、加害と被害から描くことで時代像を構成している。この時代区分には大きく二つの課題があると思われる。

まず第一に、時代区分の基準が戦争に置かれている点だ。この区分によれば東アジアの歴史像や時代像は戦争によって連関していることになる。これは否定できない事実だが、そうであるならば戦争が東アジアにどのような変化や動揺をもたらしたのかという国際関係の連動性にポイントを置いた区分や章のタイトルを用意する必要があっただろう。

二つ目は、日中韓三国の歴史を戦争という基準によって区分、叙述することは、日本を中心とした歴史理解を避けられず、戦争が国家間で行われてきた以上、国家史を超える歴史叙述はできないことにならざるをえない。この点に関しては、韓国側から批判的な意見がたびたび出された。現状の構成では、日本の戦争責任・戦後責任を問ううえでは一定の役割を果たすと考えられるが、日本側にとって自国中心的な歴史理解を生みかねず、なによりも国境を越えた歴史対話という趣旨からはなれてしまうという危険性が潜んでいる。また、そこで描かれる民衆像や兵士像は、国家の政策に翻弄される国民や顔の見えない日本軍兵士として存在しており、日本の戦争責任を考えるうえで問われるべき一兵士の戦争に対する内面や、戦時下における個人の主体的な選択といったものが見えにくくなってしまう。これでは戦場の諸相や日本の戦争責任を多面的に明らかにする作業とは背反する性格のものだといえる。

さらに『未来をひらく歴史』の時代区分をめぐる構造上の課題は、一冊の本が抱える問題として検討、改善しなければならないとともに、日本の歴史学や歴史教育の抱える今日的課題が背景としてあるように私は思う。それは、大学の学部や学科、専攻がいまだに東洋史・西洋史・日本史という三区分で分けられていたり、歴史教科書や大学入試センター試験も日本史や世界史といった教科、試験科目として存在していることも事実である。さらに私も所属している歴史学の学会は、上述したような課題に意識的に取り組み、研究を積み重ねようと努めているにも関わらず、学会誌の編集体制は古代史、中世史、近世史や現代史と基本的に日本の歴史学の研究状況によって区分され、例会も同じような区分けによって構成されているという現状がある。

いわば国境を越えた歴史対話を具体化していくための基礎的環境が、歴史学や歴史教育の研究、実践に充分整っているといえるのか、『未来をひらく歴史』が抱える課題をクリアにしながら、ともに考える機会にする必要があるように思う。いいかえればこうした現状を根本的に変えていかなければ、今後刊行されるであろう共通歴史教材の受け皿となる科目や研究会が存在しないということにもなりかねない。共通歴史教材の存在と意義を問うことから日本の歴史学や歴史教育が抱える根本的課題に向き合う機会をつくれるのではないだろうか。

●「東アジア」をどうえがくか

『未来をひらく歴史』は、すでに記したとおり基本的に見開き二ページで一つのテーマについて扱う構成になっている。相互に連関する三国の近現代史を同時代史的に描くということは、時系列という時間の縦軸と国境を越えた東アジアという地域の横軸とで立体的に叙述することが求められる。しかし、時系列で歴史を叙述すれば、何年ころの中国では、韓国の場合、といったように、往々にして主語は国家となり地域の連動性は見えにくくなってしまう。逆に地域の視野を中心にまとめると、例えばロシア革命がどのようにアジアにおける民族運動に影響を与えたかは説明できるものの、その過程で人々にどのような思想が生まれ伝播して行動をともなっていったのか、という個人レベルの思想の変遷を追うことは難しくなり平板な歴史叙述になりかねない。こうした構造上の難しさを最も露呈していると思われるのは、「第Ⅱ章　日本帝国主義の膨張と中韓両国の抵抗」の「1節　第一次大戦前後の三国」と「2節　日本の朝鮮支配の強化」の内容である。

例えば第Ⅱ章「1節　第一次世界大戦前後の三国」の「2．日本の台湾に対する植民地支配」では、日本が台湾をほぼ占領した一八九五年から台湾で徴兵制がしかれた一九四四年までの約半世紀を扱う内容となっており、時系列的な内容が叙述の中心となっていることがわかる。ところが一枚ページめくると「3．辛亥革命と中華民国の成立」となって、辛亥革命（一九一一年）前後の内容が書かれているため、主語となる国家や地域が変わると何度も時代を行ったり来たりすることになる。また第Ⅱ

章「2節　日本の朝鮮支配の強化」の「2.〈文化政治〉の実像」の冒頭で「朝鮮人の激しい抵抗（三・一運動）を経験した日本は、武力だけでは朝鮮を支配できないことを悟りました」と三・一運動についてふれているが（『未来をひらく歴史』、六八頁）、この三・一運動そのものについては次の3節で説明が行われるという構成になっており、2節に日本の朝鮮支配の実態というテーマを与えたがために時系列の歴史叙述が難しくなるという課題が生じている。読み手にとっては不親切なだけでなく、歴史叙述として大きな問題を含んでいるといえよう。

こうした問題の根本的原因は、第Ⅱ章が「日本帝国主義の膨張と中韓両国の抵抗」という膨張と抵抗の二項対立の歴史叙述を基軸に成立しており、その中心に日本が置かれているからである。よって日本と対抗する存在としての中・韓を描かざるをえなくなり、時系列・地域性ともに不充分な構造になってしまうのである。これらは単に『未来をひらく歴史』が抱える構造的な問題だけにとどまらず、一国史から関係史へ、関係史から地域史へという歴史叙述や歴史へのアプローチ方法そのものに課題があることを示唆している。つまり歴史叙述は、それを描く人によって歴史への視野や道筋が定められており、必ずその視界からこぼれ落ちていくヒトやモノがあるのである。今後の共通教材の作成は、こうした課題に意識的に向き合う必要がある。

また『未来をひらく歴史』のサブタイトルにある「東アジア3国」とは歴史を語るうえでいったい何を意味しており、そう地域を区分することにどのような意図があるのか再検討する必要があるだろう。私は『未来をひらく歴史』の作成過程について、とある学習会で紹介した際、「三国の編集委員のなかで東アジアといえば何を意味したのか、メンバーで共有された東アジアとは何なのか」という質問を受けた経験がある。当時、私はこの質問に充分答えることができなかった。なぜなら明確な東アジア像、もしくは東アジア史像をイメージすることが極めて難しかったからである。いったい東アジアとは何なのか。どうすればそれを表現することができるのか、共通歴史教材の構造上の課題を考えさせられる。

そもそもサブタイトルからも分かるように、日中韓の三国をメインとして扱っており、北朝鮮やロシア、モンゴル、そして東南アジアから環太平洋（太平洋の島々を含む）への言及は乏しいといわざるをえない。『未来をひらく歴史』が多くのページを割いて叙述した日本による侵略戦争は、日中韓の三国だけにおさまるはずもなく、国境を越えた歴史認識の対話が、むしろ三国と他のアジアとの間に新たな境界を作るという、所期の目標とまったく相反する結果が生じている。これは共通歴史教材をまとめる難しさとともに構造上の課題を露呈している。

同様の課題について『東アジアの歴史教科書はどう書かれているか　日・中・韓・台の歴史教科書比較から』（日本評論社、二〇〇四年）の編者である中村哲は、台湾を国家として扱い、さらに日本史と世界史に東北アジア史を加えて歴史教育を行うことを提起している。また、浅倉有子・上越教育大学東アジア研究会編『歴史表象としての東アジア　歴史研究と歴史教育との対話』（清文堂、二〇〇二年）においてもロシアの存在に言及しており、東アジアというものを問い直す、考える手がかりを歴史叙述や構造的なかに提示しておくことの重要性を指摘している。『未来をひらく歴史』にそうした手がかりが充分に盛り込まれているのかには疑問符がつく。

このように『未来をひらく歴史』の構造上の課題は、今後、東アジアにおける歴史対話において、どのような歴史叙述が可能か、それを保障する歴史学・歴史教育の研究・実践の蓄積が充分であるのか、ということを問い直す根本的な課題を明らかにしているのである。

3　歴史叙述と歴史研究の関係

●植民地下の人々をどう描くか

「第Ⅰ章　開港と近代化」と「第Ⅱ章　日本帝国主義の膨張と中韓両国の抵抗」には、それぞれ「4節　三国の民衆生活と文化」・「4節　変わりゆく社会と文化」という三国の社会や民衆の様子をまとめた節がある。いずれも前節までの国家間の関係や戦争の様子から見えてこない、その当時の民衆の生活や社会の変化をまとめている。ところが構造上の課題とも関わるが、例えばⅡ章4節の場合、一九二〇～一九三〇年代の朝鮮の様子を、「見違えるほどに変わるソウル」、「人気を集めた映画と大衆歌謡」といった項目でまとめており、中国についても「商工業の発展と都市の成長」、「文化事業の発展」などのように、前節まで日本の植民地支配を受けている朝鮮や、第一次世界大戦後の二一カ条要求によって著しく主権を侵害されている中国の様子を描いたにも関わらず、そうした干渉や支配、占領が解放・発展・成長・普及などを推し進めたという誤解を生みかねない歴史叙述になっている。もちろん全体を読めば随所に日本の支配についてふれており、『未来をひらく歴史』にそのような意図がないことは分かるのだが、こうしたいわゆる植民地近代化論につながる論点にどう向き合えばよいのか、という歴史研究の今日的課題を、読者に丸投げする観のある歴史叙述には改善が求められると思う。

第Ⅰ章であれ第Ⅱ章であれ1節から3節までの支配と抵抗、加害と被害といった歴史叙述の構図からずらして、その関係性そのものについてみようとすると、本書のような共通歴史教材に限らずこうした課題が常につきまとうように思う。それは侵略と抵抗や支配と従属の関係性を問い直すことなしには解決できないものであり、あくまでも個人の視点から見た歴史を叙述することが必要になってくる。その際、支配と従属のもとでの一定の発展という関係を、植民地下や占領下に置かれた人々にとってぬきさしならない矛盾としてみるのか、それとも表裏一体であったと描くのかによって、歴史叙述の内容は大きく変わってくることになる。

植民地支配下の人々をどのように描くのかについては、『未来をひらく歴史』の作成段階において中・韓から共通して意見が出された。それは日本の侵略戦争の本質が、植民地支配や占領地支配にある、という指摘である。この議論は、今日の歴史認識問題や教科書問題、そして南京大虐殺や「慰安婦」問題といった日本の侵略戦争を象徴するような戦争犯罪だけでなく、日本による支配そのものが家族を奪い、生活を根底から破壊し、夢や希望を奪ったのであり、そうした苦しみが戦後も続いた連続性や仕組みこそが核心であることを考えさせる。今日、それらがどのような形で現れているのか、日本が行った支配とはいったいどのようなものだったのか、植民地をもつ「帝国」日本とはどのような存在であったのか、こういった点をさらに歴史叙述に反映させるという課題が残された。

●アジア侵略一直線か？

日本の植民地支配や占領地支配の実態と関わって中・韓からだされた意見に（とりわけ中国側から）、日本の大陸への侵略は明治維新以降一貫しており、当初からアジア全域を支配下に置こうとする性格を有していたことを歴史叙述に反映すべきだとするものがあった。この指摘をめぐってはかなりの議論が行われたと記憶している。また明確な方向性や歴史叙述への反映方法などが、三国で完全に一致をみたともいいきれない面があったように思う。

こうした議論を日本の歴史研究から受け止めると、日清・日露戦争と日中戦争やアジア太平洋戦争にどのような相違や共通点、連続性があり、それらを歴史叙述に反映することがどのような意味をもつのか、ということになるだろう。

中国や朝鮮半島の人々にとって日本の侵略を一貫したものとしてとらえることは無理からぬことであり、日本側も朝鮮半島から大陸へと膨張する日本の政治的・外交的・軍事的行動が連続した面を持つことについて否定することはできないだろう。そのため一見すると中・韓と日本側の意見に大きな隔たりはないようにも思えるのだが、歴史叙述に具体化すると小さくない違いがみえてくる。日本側は日本の侵略を一直線で描くことによって失われるもの、見えなくなってしまう歴史があるのではないかと中・韓に提起したが、『未来をひらく歴史』は、先にも述べたとおり日本の侵略戦争の推移にそって時代区分され、日本と中・韓という加害と被害の二項対立によって歴史が叙述されているため、中・韓側は日本側の指摘に一定の理解を示しながらも、本の構成を大幅に変更してまで日本側の意見を歴史叙述に盛り込むことには、構造そのものに根本的なむずかしさがあった。

私も、かつての日本の膨張政策を、明治維新以来の一貫したものとして一直線に、そして一元的に叙述すべきではないと考えている。それは脱亜論のように日本をアジアの一部と考えないことが膨張路線を加速させた要因である一方、日本をアジアとの連帯や共同といったなかに位置づけながら、結局は日本の膨張を肯定、支えていったアジア主義などの思潮のなかで、どのようなアジア認識の交錯があったのか、具体的な説明ができなくなるからである。総体としては膨張路線をとったかつての日本において、アジアとはどのような存在であったのかを、個人の思想の変遷や時代像などから多面的にえがくことができなければ、今日、日本の侵略戦争をアジアという存在から問い直すことはむずかしいと思うのである。

●伝統的な東アジア秩序の解体

『未来をひらく歴史』のように、日本の戦争責任・戦後責任について共に向き合おうとする三国のメンバーにとって、侵略と抵抗という日本とアジアの歴史上における対立軸が明確になればなるほど、言い換えれば日本のアジア侵略が進めば進むほど歴史叙述のスタイルは明快になると思われる。その一方で、そうした対立軸が形成される以前、もしくは形成過程の時期にあたる序章や第I章において、伝統的な東アジア秩序が動揺・解体していく様子をいかに描くのかについては大きな課題が残されたように思う。

例えば朝貢関係を基本とする清と朝鮮の伝統的な関係は、それぞれが欧米列強の圧力に対応していくなかで連動、変化していく。清は自己を中心に成立している伝統的な東アジア秩序が動揺するなかで朝鮮に対する影響力の確保、強化を図ろうとしたと理解するのが日本の歴史学では一般的である。しかし中国側は、清の朝鮮への内政干渉について日本と韓国側から出された意見に理解を示しながらも、歴史叙述の中心は欧米列強や日本の侵略に置くべきであると強調した。一方、韓国側は清の影響力強化に言及したうえで、各国の欧米列強や日本への対応が連動していくなかで東アジアという地域が変容していく結びつきを歴史叙述に反映させるべきだと主張した。

このように『未来をひらく歴史』作成の趣旨と構成上、各国の開港以前と以後との連続性や変化について詳細に叙述することが難しく、国際関係下における国家や地域の連動性、そして歴史を動かしていく主体が何であるのかをダイナミックに描くことは取り残さざるをえなかった部分もあるように思う。もちろん第Ⅰ章2節の「1．三国の争い」には「朝鮮をめぐる日本と清の葛藤」という項目がつくられ、朝鮮をめぐって日本と清との対立が深まったことや清の朝鮮政府への内政干渉があったことなどについて分かりやすくまとめている。しかし、各国別に欧米列強への対応をまとめる章構成とその内容は、一見、一様ではなかった各国の欧米列強への対応を充分に叙述できるように思えるが、そのなかで日本がどのように膨張路線へ進むのかに関わる三国の関係性が歴史叙述に不足しているため、『未来をひらく歴史』の本来の目的である日本の戦争責任・戦後責任を問うという面から考えると、かえって分かりにくい内容になってしまっているといえるだろう。

以上のように、日本の戦争責任・戦後責任に関する歴史叙述を三国で共有すれば、それがそのまま東アジア史を構成することと同じではないことを認識しておかなければならないだろう。また東アジア史像が歴史叙述に反映されずに日本の戦争責任を表面的にしるしたとしても、問うべき戦争責任の根幹にはたどり着けない可能性があるだろう。

4　歴史叙述と歴史教育の関係

『未来をひらく歴史』の歴史教育における課題については、第3章でまとめた活用方法のなかでも既述したとおりだが、ここではさらに歴史叙述と歴史教育の関係性から考えてみたい。

『未来をひらく歴史』は歴史教科書ではないものの、歴史教材としての普及を目指しており、生徒や学生を読者対象の一部として編集を試みている。よって読みやすさを考え、全編を「です・ます」調で統一、難しい漢字にはルビをふり、史料についても現代語訳にするなど工夫をほどこしている。また、見開き二ページを一五〇〇字以内でまとめ、可能な限り平易な文章で書くことにも意識的に取り組んでいる。限られた文字数に内容をおさめ、さらに読みやすさと歴史のダイナミズムを盛り込むという目標を掲げたが、難しい表現を易しく嚙み砕こうとすると文字数が増加し、かといって難しい歴史用語を多用してしまうと簡潔になるどころか、むしろ内容が難しくなるばかりでなく歴史叙述としての面白みが損なわれるなど困難を極めた。こうしたジレンマは歴史教科書を編纂する作業に通ずるものがあると思う。

例えば日本の高校で最も使用されている世界史教科書、『詳説　世界史B』（山川出版社）では、「東アジア国際秩序の再編」という項目に、下記のような段落がある。

西洋列強の進出と日本の勢力の伸張によって、清朝を中心とする東アジアの国際関係はくずれてきた。朝貢体制のもとでは、外国を対等の存在ではなく国内の延長のようにみなしていたため、特別に外交を扱う役所は設けられていなかったが、一八六一年にはじめて、外務省にあたる総理各国事務衙門が設置された。従来清朝の支配が名目的・間接的にしかおよんでいなかった地域に諸外国が手をのばし、一九世紀の後半にこれらの地域はつぎつぎと清朝の影響圏から分離していった。七九年の日本の琉球領有につづき、南方では八四年の清仏戦争により、ベトナムがフランスの支配下にはいった（『詳説　世界史』、二五七頁）。

冒頭の一文をみると、国際関係が「くずれた」もしくは「くずされた」とするのではなく、「くずれてきた」となっている。そのため清からみた歴史叙述なのか、それとも西洋列強や日本からみた歴史を書いているのかがよく分からない。また次の一文には主語がなく、「みなしていた」と「設置された」という能動態と受動態が混在する文章になっている。いずれも平易な記述を心がけた結果かもしれないが、一読した程度では文章の主語が明確になっていないため、総理各国事務衙門《がもん》がどこに設置されたのか、高校生にはよく分からない可能性がある。また「従来清朝の支配が名目的・間接的にしかおよんでいなかった地域」がどこを指すのか、琉球・ベトナムをさすのか、どこまでを範囲として含むのかを知ることはできない。さらにいえば「清朝の支配が名目的・間接的におよ」ぶとはどのような状態、もしくはシステムを意味するのかについても表現は簡単だが歴史叙述としては難解だと思われる。

　このように今日の歴史教科書には、さらに改善と工夫を重ねる必要がある歴史叙述も散見される。その原因のひとつは、歴史と向き合う主体性を歴史叙述から読み取ることが難しいことを指摘できる。現状では歴史をどういった角度から見ればよいのか、歴史と向き合うということはそもそもいかなることなのか、ということに読者や学習者がなかなかたどり着けないということも少なくないだろう。『未来をひらく歴史』は日中韓三国で共同編集された共通教材としてさらに難しい課題を抱えている。つまり三国から歴史を見るという場合、どのような歴史叙述が可能なのか、または三国という枠組みをふりほどき、国境を越えた歴史叙述とはどのようなものなのか、そこで歴史と向き合う主体は何者なのか。こうした、単純に同一の歴史叙述を共有すればよいという方向性とは異なる本質について、さらなる検討が必要だという課題が明らかになった。

　次に『未来をひらく歴史』刊行の目的の一つは、日本の戦争責任・戦後責任をめぐる国境をこえた若い世代の歴史対話を可能にするアイテムを作成する、ということだが、はたして当初の目的が達成できる内容に仕上がっているのかについても検討する必要がある。例えば日本の平成生まれの生徒や学生にとって、日本の戦争責任・戦後責任を考えるうえで最も大きな障壁となるのが、自分が生まれていない半世紀以上前の「昭和の歴史」に直接関係がない、という認識である。はたしてこうした若い世代の状況にマッチした歴史叙述に『未来をひらく歴史』はなっているだろうか。その判断材料となるのが、以下の二点ということになるだろう。

⑴　アジアのなかで日本がかつて植民地を有した「帝国」であったということを理解できる歴史叙

述になっているか。

(2)「帝国」日本が残した今日的課題に歴史の連続性という視点から自らを関係づける仕組みが用意されているか。

❶「帝国」日本をどう学ぶか

『未来をひらく歴史』に日本の植民地支配の構造と実態をどこまで歴史叙述として反映できたのかをまず考える必要がある。それは「帝国」日本の支配とはどのようなものであったのか、支配と従属の関係性をそのはざまから迫ることが可能か、ということになるだろう。

まず『未来をひらく歴史』のなかで、日本がかつて植民地にした国や地域のうち、おもに扱っているのは朝鮮についてであり、台湾についても第Ⅱ章1節で「2. 日本の台湾に対する植民地支配」と一項目を割いてはいるものの、朝鮮よりも長い半世紀にわたる植民地支配を受けた地域の内容としては不充分といわざるをえないだろう。また、朝鮮であれば「憲兵警察統治」・「経済政策と収奪」、台湾であれば「経済の略奪」・「差別教育と同化政策の強制」と各節や項にあるように、経済政策や統治機構、教育といった制度面や国家としての損失に内容の多くが割かれ、いわば「やった」・「やられた」という歴史叙述の構図になっている。そのため日本人と「日本人」（植民地下に置かれた朝鮮や台湾の人々）との間にどのような同時代史がつくられていったのか、または「日本人」が支配と従属、差別と同化が複雑に絡み合うなかでどのような時代感覚や生活観をもっていたのかなどには充分にふれられていない。そのため『未来をひらく歴史』の作成目的の一つでもある戦争被害者個人の尊厳回復というときの個人が歴史叙述のどこにいるのか、言い換えれば若い世代が向き合うべき戦争被害者がなかなか見えてこないという課題がある。

こうした点に関して、三国で議論がまったく無かったわけではない。ではなぜ議論を歴史叙述に充分反映できなかったのか。その大きな要因は、「帝国」を語ることを可能とする歴史事実の共有が三国の若い世代にはいまだ乏しく（とりわけ日本の若い世代）、例えば日本であれば韓国併合とは何なのか、中国にとっても朝鮮で行われた創氏改名とはいったいどのようなものなのか、といった歴史対話を底辺で支える歴史事実の土台が脆弱で、現段階ではそうした最も基礎的な内容を確認することからはじめざるをえないという現実が横たわっているからである。

しかしこうした状況は、なにも三国の若い世代だけの問題ではないように私は思う。昨今、日本の歴史研究では、「帝国」や「帝国」意識を問い直す研究が大きく進展を見せている。こうした研究は、歴史対話を深めていくうえで欠かせないテーマであり、共通歴史教材にも意識的に盛り込むべき内容だと考えられる。しかし一方では、そうした研究と、歴史教育や各国の若い世代の歴史認識の実態とには予想をはるかに超える距離が存在しており、最新研究をそのまま歴史教育の実践に反映させれば歴史対話を推し進めるとは必ずしもいえないことにも配慮が必要だろう。これは共通歴史教材の歴史叙述が必ずしも最新研究の結晶とは呼べないという課題を示しているとともに、歴史対話の底辺を支える基礎が堅固にならぬまま研究成果を積み重ねることで、はたして日本国内における歴史研究の成果という枠組みを乗り越えていくことができるのか、さらにいえば研究や実践にアジアという存在が本当にあるといえるのか、その課題の大きさと難しさの一端を知る契機になるだろう。

❷歴史の連続性をどうとらえるか

これは、❶との関係性のなかから検討する必要がある。『未来をひらく歴史』の戦後史部分は、「第Ⅳ章　第二次大戦後の東アジア」と「終章　二一世紀の東アジアの平和のための課題」の二章から構成されており、各国の戦後直後の様子や国交回復までの道筋をコンパクトにまとめている。また「歴史教科書問題」や「靖国神社問題」といった三国間で歴史認識問題として取り上げられやすい内容を意識的に取り上げ、分かりやすく解説している。ところが歴史叙述の中心は第二次世界大戦終結直後から一九五〇年代までと一九九〇年代以降に集中しており、六〇年代や七〇年代の三国の様子や関係性についてはあまりふれられていないため、時代像がつかみにくい内容になってしまっている。

この年代にあたる世代は、戦争体験は無いものの両親が戦争を体験しており、その戦争体験を直接聞いて育った人々である。また中国であれば大躍進政策や文化大革命、韓国であれば軍事政権の時代を生きた世代であり、日本が各国に残した戦争の傷跡に日々向き合いながらも、国内事情や冷戦下のアジア情勢によって個人の声が発信できない時代であったといえるだろう。こうした世代が親の世代の歴史をどうとらえてきたのか、そして語り継いできたのかがはっきりしないため、世代による歴史観や歴史認識の違い、語られ方も見えにくい内容になっている。そのため戦後補償問題や歴史認識問題という日本の戦争責任・戦後責任が突如として浮上してくる構成になっており、若い世代に今日的課題を分かりやすくテーマごとに提起するつもりが、むしろ大きな宿題や重荷として映ってしまう可能性を否定できないだろう。

このように歴史対話の土台を形作る要素の一つが、各国の各世代が生きてきた戦後史をどのように相互把握するか、ということになる。さらに今日、三国の歴史教科書に共通して戦後史記述が少なく、またこれだけインターネットなどの情報化社会が三国で整備されてきているにもかかわらず、各国の教室で同じ戦争というテーマを勉強していることに想像力を働かせることができない状況があるように思われる。これらを改善していくために、同時代史的な歴史理解を育む内容が『未来をひらく歴史』に用意されているかどうかも考えてみなければならない。

例えば終章に「1．残された個人補償問題」という項目がある。ここでは在外被爆者の補償問題をはじめ、劉連仁強制連行訴訟などについて説明がなされている。その大半は、戦後補償裁判が今日行われている意義や日本の裁判所によって戦争被害者の訴えがどのように退けられているのか、という内容にポイントが置かれている。ここでふれられている在外被爆者の問題とは、二〇〇三年までたとえ日本国籍を有していたとしても日本の国境の外に出てしまうと、健康管理手当ての支給を受けられないという厳しい現実であった。つまり国境という見えないラインの内と外によって線引きが行われ、たとえ同じ日本人であっても明確な違いがあり、日本人という立場から被爆体験や戦後の補償問題に向き合うだけでは国内被爆者と在外被爆者の両者を救済することはできないことになる。

では、どのような存在、立場から在外被爆者の問題に接近することが求められているのか。それは国境の「内」、「外」がもつ意味と、その国境というラインそのものを問う力であろう。そのための手がかりや仕組みをこの項目には施しておく必要があったと思われる。そうでなければ戦後補償裁判の内容や今日的課題を理解することはできても、若い世代が国境を越えて歴史の連続性を意識しながら過去の戦争の歴史に向き合い、歴史対話を行う意味を学ぶところまで自らの力で到達できないと思われる。よって現状の内容と歴史叙述では、日本において関心の低い戦後補償裁判の存在を提起するにとどまっており、それを歴史教育でどのように扱うのか、というところまでは充分に扱いきれていないといえるだろう。

第5章　ヨーロッパとアジアで進む共通歴史教材の開発と活用

『未来をひらく歴史』は必然的に生み出されたものであり、あくまでも今日まで積み重ねられてきた歴史対話の延長線上にあるものにすぎない。では今日、『未来をひらく歴史』以外にどのような共通歴史教材が世界に存在するのだろうか。そしてそれらはどのような特徴を持ち、可能性を秘め、課題と向き合っているのだろうか。『未来をひらく歴史』を批判的にとらえなおし、内容を改善していくために、他地域の共通歴史教材と比較・検討してみたい。

一　ヨーロッパにおける共通歴史教材の開発と活用

ヨーロッパにおける共通歴史教材の試みとして、以下の四つをあげておきたい。

㋐『ヨーロッパの歴史』

一九九二年にフランス・ドイツ・デンマーク・イタリア・オランダ・ベルギー・イギリス・アイルランド・ギリシア・スペイン・ポルトガル・チェコスロヴァキアから一名ずつ一二人の歴史研究者が作成に参加して第一版が刊行されている。この本は五年後の一九九七年にポーランドの研究者を新たなメンバーとしてむかえて一五人のメンバーで新版をだしている。日本では、初版・第二版ともにフレデリック・ドルーシュ総合編集・木村尚三郎監修・花上克己訳『ヨーロッパの歴史　欧州共通教科書』として翻訳されている。

㋑　バルカン一一カ国共通歴史副教材

東ヨーロッパ、バルカン半島周辺に位置するアルバニア・ボスニア＝ヘルツェゴヴィナ・ブルガリア・クロアチア・キプロス・マケドニア・ギリシア・ルーマニア・スロヴェニア・トルコ・ユーゴスラヴィア（現セルビア＝モンテネグロ）の計一一カ国の研究者が参加して編集した高校用歴史教材、歴史教育委員会編（南東欧の民主主義と和解のためのセンター）『南東欧近現代史を教えること――教育用副教材』（二〇〇五年）がある。さらにこの共通教材を作成するにあたり、ベオグラード大学社会史協会編『過去における子ども――一九、二〇世紀』（二〇〇一年）、ブラゴエフラード南東大学バルカン学国際セミナー編『過去における女性と男性――一九、二〇世紀』（二〇〇二年）、グラーツ大学バルカン社会文化研究センター編『過去における家族』（二〇〇三年）、の三冊を事前に積み重ねている。

㋒　独・仏共通歴史教科書

今日、世界でもっとも共通歴史教材の開発、活用が進んでいるのは、ドイツとフランスとの間で行われている取り組みである。二〇〇七年から副読本や補助教材などではなく高校用の共通歴史教科書が登場している。この歴史教科書は、全体の四分の三が両国共通分として同じ内容であり、残りの四分の一が自国裁量分としてそれぞれ異なる内容が書かれている。

ドイツとフランスの歴史教科書をめぐる対話は、一九三五年から始まっている。この試みは第二次世界大戦によって頓挫するが、一九五〇年に改めて開始される。二度の世界大戦を経験したドイツでは、歴史教育や歴史教科書が戦争を続けるためのナショナリズムの高揚に果たした役割は大きいとして、それらの改善を二国間対話や多国間対話を通じて行うことにしたのである。その中心的存在となってきたのが一九五一年にドイツのブラウンシュヴァイクに設立されたゲオルク・エッカート国際教科書研究所であり、教科書の改善点を相互勧告するというものであった。

これまでドイツが行った歴史や地理などの教科書をめぐる対話は、イギリス・オランダ・ソ連・ルーマニア・ハンガリーといった東西ヨーロッパだけでなく、アメリカ・南アフリカ・中国・日本など世界各地の三〇近い国々と行われており、こうした取り組みが日本と韓国の歴史教科書をめぐる対話やバルカン一一カ国によって作成された共通歴史副教材の先駆的役割を果たしたといえる。また第二次世界大戦によって途中頓挫したとはいえ、ドイツとフランスの歴史教科書をめぐる対話は、七〇年あまりの歴史を持つ。一度うまくいかなった対話にもう一度チャレンジする熱意と、そこに積み重ねられた対話の成果が、二〇〇七年から始まった共通歴史教科書の使用という共通歴史教材としては最も進んだ実践が試みられるに至った要因として考えられる。

㊣　ドイツとポーランドの歴史教科書をめぐる相互勧告

ドイツとポーランドの間にも歴史教科書をめぐる対話が一九七二年以来行われており、一九九一年からは一、二年おきに教師用ハンドブックの継続的刊行が今日まで行われている。

ドイツとポーランドとの場合、三五年を超える対話が教師用ハンドブックの作成であったことが示すように、教室で歴史を学ぶ学生の歴史認識を変えることから始めるのではなく、生徒と向き合う教え手の教師の歴史認識をまず自己点検する素材を共有しようとしてきたところに特徴がある。

今日、戦争非体験世代である教師が自分と同じ非体験世代に歴史を教える難しさに直面している。日本では若い世代の歴史認識をどのように深めるのかということが話題になることが多いが、ドイツとポーランドの取り組みは、戦争を知らない非体験世代だからこそ教え手である教師の歴史認識を検討課題にしているのである。この姿勢は、私たちに教師の歴史認識を自己点検・自己更新する準備が充分なのかを鋭く問いかけている。


ドイツとバルカンに共通するのは、戦争や紛争の当事者であり、その歴史を克服するために和解と共生が求められていたこと。そして争いの一因を自国中心的な歴史教育やそれを体現した歴史教科書に求めたことである。ドイツは第二次世界大戦後も冷戦下で東西に分裂した状態が長く続いた。またバルカンにいたっては両大戦から今日に至るまで数々の紛争を抱えてきた歴史を持つ。とりわけ旧ユーゴスラビア解体後の一九九二年から始まったボスニア＝ヘルツェゴビナ紛争には、国連決議なしのＮＡＴＯ軍による空爆が行われるなど、二〇〇〇年に沈静化に向かうまで内戦状態が続いた。こうした過酷な対立の歴史と現実に向き合いながら対話が積み重ねられてきたことになる。歴史対話という過去の克服は、まさに今日的課題に対する取り組みなのである。

日本と韓国、そして中国との間で歴史教科書をめぐる対話が始まったのは、一九八二年に起こった、いわゆる教科書問題をきっかけにしてである。それから二〇年余りたった二〇〇五年に日本と韓国との間で作成された最初の共通教材が刊行されている。ヨーロッパにおける取り組みと比べてみると、その歴史や共通教材刊行後の時間を含め、まだまだ試行錯誤の段階にあるといえるだろう。

なお、ヨーロッパにおける歴史教科書をめぐって行われてきた対話については、近藤孝弘『歴史教育と教科書――ドイツ、オーストリア、そして日本』（岩波ブックレット、二〇〇一年）、同『国際歴史教科書対話　ヨーロッパにおける「過去」の再編』（中公新書、一九九八年）や柴宜弘「地域史とナショナル・ヒストリー――バルカン諸国共通歴史副教材の『戦略』」（高橋秀寿・西成彦編『東欧の二〇世紀』人文書院、二〇〇六年、所収）などが詳しい。

二　東アジアにおける共通歴史教材の開発と活用

私は共通歴史教材の価値が下記の五点から決まると考えている。また、以下に述べる五点の大前提として、歴史事実を尊重し、そこからともに学び合う姿勢が求められることはいうまでもない。

(1)　歴史教材として成立しているか。若い世代が興味をもつ歴史叙述が用意され、自らの力で問題意識を深められることを可能とする内容であるか。

(2)　歴史対話が他者を鏡とした自己点検と自己更新であることを作成メンバーで共有できているか。

またその点検・更新の過程と履歴を明らかにして次の対話を導く議論の場を提供しているか。

(3)　国家史という枠組みを超えてどのような新しい視座を提起しているか。

(4)　自国中心的な歴史認識・歴史観・世界観などをそのまま他国や他地域にあてはめる、もしくは応用するといった安易な越境、「連帯」という共通教材の作成が陥りやすく、また宿命ともいうべき危険性への視野が確保され、そうした「誘惑」に抗することが可能な内容か。

(5)　学びの対象となる過去に生きた人々や、そこから派生した今日的課題に向き合う人間が描かれているのか。

これらを基準にして、日本と韓国との間で作成された、下記の㋐から㋓までの四種類と『未来をひらく歴史』を比較・検討してみたいと思う。

㋐　日韓共通歴史教材制作チーム編『日韓共通歴史教材　朝鮮通信使　豊臣秀吉の朝鮮侵略から友好へ』明石書店、二〇〇五年（以下、『朝鮮通信使』と略）

㋑　日韓「女性」共同歴史教材編纂委員会編『ジェンダーの視点からみる日韓近現代史』梨の木舎、二〇〇五年（以下、『ジェンダーの視点』と略）

㋒　歴史教育者協議会・全国歴史教師の会編『向かい合う日本と韓国の歴史　前近代編　上・下』青木書店、二〇〇六年（以下、『向かい合う日本と韓国の歴史』と略）

㋓　歴史教育研究会（日本）・歴史教科書研究会（韓国）『日韓歴史共通教材　日韓交流の歴史　先史から現代まで』明石書店、二〇〇七年（以下、『日韓交流の歴史』と略）

1　若い世代が活用できる教材として成立しているか

『未来をひらく歴史』を含めいずれの共通教材も若い世代を読者対象としているが、その内容は大学生でも難しいものが少なくない。例えばタイトルをとってみても、『朝鮮通信使』の朝鮮通信使とはいつの時代のどのようなものなのか、『ジェンダーの視点』の「ジェンダーの視点」とはいかなる視点なのか、『日韓交流の歴史』の「先史」が日本や韓国の歴史でいつのころをさすのか、いずれも言葉や歴史用語を聞いたことや見たことがあっても必ずしも理解しているとは限らず、それぞれの本の特徴を示そうとする作成者の意図とはうらはらに、むしろ読者には難しく受けとめられる可能性も否定できないのではないだろうか。

この四種類と『未来をひらく歴史』の中で若い世代が最も読みやすく興味をもつ歴史叙述になっているのは、『朝鮮通信使』だと思う。それ以外の共通教材とは異なり、時代とテーマをしぼって朝鮮通信使の移動ルートにそった内容が展開されており、分かりやすいストーリーとして成立しているからである。また豊富な図説やカラー写真を活用しながら視覚的な効果も望め、若い世代に受け入れやすいスタイルと内容になっていると思う。

『向かい合う日本と韓国の歴史』は、授業で実践できる内容とスタイルを追求したことが特徴であり、問いかけや本文と資料とを対応させて読み手に考える作業の時間を設ける工夫が盛り込まれている。そのため読者は自然と読み進める歴史叙述になっているといえるだろう。

『日韓交流の歴史』は、既刊の四種類の日韓共通歴史教材と『未来をひらく歴史』を含めた五種類のうち、唯一、前近代から近現代にいたるまでのすべてを通史として叙述しているところに大きな特徴がある。また参考文献一覧、索引、年表のすべてを完備しているのもこれだけであり、教材としての完成度は最も高いと思われる。

歴史叙述にも他の教材にはない特徴がある。それは前近代史の章立てが「一〇〜一二世紀の東アジア国際秩序と日本・高麗」といったように時代区分が何世紀かによってなされていることだ。このように世紀によって時代を区分する場合、その要因、もしくは関係史上にどのような転換期があったのかをクリアに歴史叙述に反映するためには、かなりの難しさがともなうように思われる。また、通史的叙述として各章に設けられた「このころの日本」と「このころの韓国」は、読者の理解を深めるのに役立つと考えられるが、上述した時代区分の難しさと関連して、第二章の「このころの日本（B・C二世紀〜A・D七世紀）」と七世紀まで扱っているが、同じ第二章にも関わらず「このころの韓国（B・C二世紀〜A・D六世紀）」では六世紀までしか書かれていない。また双方に関わる年表も七世紀の部分がまったくないなど、なぜズレが生じるのか読者には理由が分からず難解な歴史叙述になっている。これは関係史を歴史叙述として反映する際に、時代区分が最も難しいことを示す一例と考えられる。

関係史を通史として叙述するためには、各国史の寄せ集めにならないような工夫が求められる。その際、活用されるのがコラムだと思われる。このコラムに最もページを割いているのは『未来をひらく歴史』である。ある人物から三国の関係や事件を考えるためのものや、本文を補足することを目的としたものなど多様な内容が含まれる。これは関係史を意識した工夫といえるが、それだけ三国の関係史を通史として歴史叙述に反映することが現状では困難であることの表れともいえる。よって各国史の寄せ集めにならないための手立ては講じたが、その効果が充分であるかは検討、改善の余地があるだろう。

2　歴史対話の深まりと作成過程の公表が充分か

共通歴史教材の作成過程を最も広く公表しているのは『日韓交流の歴史』である。一〇年間にわたって積み重ねられた対話は、歴史教育研究会編『日本と韓国の歴史教科書を読む視点　先史時代から現代までの日韓関係史』や同『日本と韓国の歴史共通教材をつくる視点　先史時代から現代までの日韓関係史』などからうかがい知ることができる。また、日本側メンバーが東京学芸大学の教員を中心に作成されたこともあり、東京学芸大学の図書館には共通教材を作るうえで論点になった内容や経過をまとめた『日韓の共通歴史教科書作成のための総合的研究』（全七巻、二〇〇五年度）などが収められている。これらは今後の共通教材作成に欠かせない資料となるに違いない。また作成メンバーの共通教材に対する真摯な取り組み姿勢の表れともいえるだろう。

『朝鮮通信使』・『日韓交流の歴史』と『未来をひらく歴史』は、各章もしくは各節の執筆者が誰なのか明記されていない。『日韓交流の歴史』は、一〇年の議論をへた作成メンバー全員による合作であることを示すためにそのようになっているのだと思う。また既存の共通教材のなかで、最も議論が共有された内容として提示されていることも間違いないと思う。しかし、二〇〇五年一月の一五回目の最終シンポジウム後に最終原稿が集約され、それから編集委員会が作られ、編集作業に一年を要したという（君島和彦「『日韓交流の歴史』の日本における役割」報告冊子、一一八頁）。編集委員会の仕事は、論文調であった原稿を教材として活用できるものにすることと、全体的な文章スタイルの統一であったとしている。編集委員会が全体的な文章の統一や編集作業を行うことは必要だが、論文調の原稿を教材として活用できるように修正することは、執筆者個人に、もしくは執筆者が特定できないほど議論が深められた原稿であれば、メンバー全員で行われるべきではなかっただろうか。なぜなら執筆者本人にとって難しい作業だからこそ、自己点検と自己更新が必要であり、そのプロセスまでをメンバーで共有することが望ましいと考えるからである。何よりも教材は研究論文とは異なるはずだ。これは難しい注文とも思われるが、歴史対話の根幹に関わることであり他の共通教材を含め検討に値すると思う。

『未来をひらく歴史』は、現時点で作成経過や三国で議論となった論点を白書のようなかたちで刊行していないため、読者は執筆者がどのように原稿を修正したのかについてや、三国でどのような議論が行われたのかをうかがい知ることができない。また項目ごとに担当国を決めての分担執筆となっており、執筆者それぞれがどこまで国家という存在を乗り越えようと努めたのか、作成メンバー以外分からないという限界がある。よって今後、これまで編集メンバーが執筆や講演などをしてきた内容をまとめるなどして、作成プロセスを公表していくことが必要であろう。

一方、『ジェンダーの視点』と『向かい合う日本と韓国の歴史』は、誰がどこの章や節を執筆したのかが明確に示されている。『ジェンダーの視点』は日本側六〇名、韓国側一四名の七四人が執筆及び編集に参加しており、共通教材の中で最もメンバーが多い。このうち日本側の五名と韓国側八名によって編纂委員会が構成され編集作業が行われている。日本側の場合、編纂委員会の委員を除く五五人がどのように韓国側の編纂委員八名もしくは執筆メンバー一四名と原稿の内容について議論を行ったのか知ることは、作成プロセスが分かる白書のようなものが出されていないため分からないが、日本側と韓国側の執筆人数のアンバランスぶりや韓国側が原則として編集委員の一人で一章を担当していることからも分かるように、日・韓ともに原稿の修正や編集に関しては執筆者個人よりも編集委員会の裁量が大きかったと考えられる（もしくは各執筆者の原稿にまったく手が加えられていないかのいずれか）。また日本版にはあって韓国版にはないコラムが一四個。韓国版にあって日本版にない写真やコラムなどが六個あることがすでに指摘されている（河かおる「『一国史』『男性史』も、『足し算』も越えて　朝鮮史／女性史の立場から」報告冊子、二〇〇六年、河レジメ四頁）。これが編集上の問題なのか、意図的につくられた差異なのか不明だが、共通教材の看板を掲げる以上、読者に対する何らかの説明が必要だったのではないだろうか。

このように執筆者を明記している、していないに関わらず、共通教材を作成するという作業の中で執筆者個人の自己点検と自己更新の機会がどの程度あったのかは教材ごとに違いがある。

3　国家史という枠組みをどのように乗り越えようとしているか

国家史という枠組みを乗り越える方法を、最も明確に提起しているのは『ジェンダーの視点』だと思われる。『ジェンダーの視点』は、国家史という枠組みをどのように超えるのか、その方法を模索しようとする貴重な試みといえる。「ジェンダーの視点」という超え方は、単に日中韓の既存の歴史教科書が往々にして男性中心の歴史を描いていることへ新しい視座を提供することにとどまらず、女性史によって問い直される歴史が男性史や女性史といった枠組みではなく、社会や人間そのものを描き出すことによって国家史を超えることにつながることを提示していると考えられるからである。まさに今日、誰に向かって、もしくはどこに向かって歴史を叙述することが求められているのかを考えさせる一冊だと思う。

『朝鮮通信使』も、豊臣秀吉の朝鮮侵略と朝鮮通信使を取り上げることで、関係史を侵略と被害という単純な二分法でまとめるのではなく、戦争や物の移動といった関係性のなかに人間を描くように工夫されている。これは国家やその歴史を相対化する視野を養う第一歩として、共通教材に求められる役割を果たしていると思う。

『未来をひらく歴史』が他の共通教材にない枠組みを提示しているのは、中国の存在を正面から取り上げようと努めたことである。もちろん『未来をひらく歴史』以外の本も中国の存在に言及している。例えば『朝鮮通信使』の序章は、「一五世紀の東アジア――日本・朝鮮・中国」と題され、「冊封と朝貢」というコラムが設けられて伝統的な東アジア秩序について簡潔にまとめている。『向かい合う日本と韓国の歴史』も上巻の「一三　高麗人が見たモンゴル帝国と世界」で、元と高麗が講和後に人的交流が活発化したことを具体的な例をあげながら説明している。またモンゴル帝国の世界一体化についてもふれ東西貿易がイスラム商人やヨーロッパ人などを中心に盛んに行われたこと、そして大都《だいと》がその中心地であったことが書かれているなど、単純な日韓関係史に陥らない内容になっている。

『日韓交流の歴史』も、「三・一独立運動と文化統治」のなかで、三・一独立運動後に「満洲や沿海州一帯に住んでいる一〇〇余万人の同胞の協助を得て、独立武装闘争を本格的に推進した」と三・一独立運動が武装独立闘争というかたちで今日の国境線を越えて中国でも展開されていったことについて地図を載せて詳しく解説している（『日韓交流の歴史』、二三三頁）。これは日本の歴史教科書において三・一独立運動の影響が越境して広がっていくことに具体的に言及していることは稀であることをふまえると、独立運動という人々の行動が日・韓の国家史におさまらないことを意識した共通教材としての特徴が充分に現れていると思う。

しかしそうであるならば、なぜ三・一運動と五・四運動との関係性にふれないのか、民族自決の世界的な流れのなかに三・一運動を位置づけなおさないのか疑問も残る。また、「朝鮮の自治を主張した吉野作造」のなかで「吉野は三・一独立運動の衝撃と独立をめざす在日朝鮮人留学生との交流を通じて同化政策を否定する見解へと大きく転換した」と書かれている（歴史教育研究会（日本）・歴史教科書研究会（韓国）編『日韓交流の歴史』、二四一頁）。たしかにその通りだが、吉野は三・一独立運動以前から中国の知識人とも交流しており、それを通じて、かつては日本の中国に対する二一カ条要求について「だいたいにおいて最小限度の要求」と述べていた中国観や朝鮮観、アジア観が変化していったことも事実である。つまり、ある人物の思想的変遷を追う、もしくはそれを歴史の文脈からひもとく際に、日・韓という枠組みだけでは対応できない場合が少なくないように思う。またそれが当時の東アジアの特徴でもあるのではないだろうか。まして共通教材はアジア観やアジア認識を相互に問い直すための道具でもある。よって中国という存在と、そこで暮らしていた人々との関係性にふれる必要があるように思う。

『未来をひらく歴史』は、吉野と交流があった中国の李大釗らが創刊した『毎週評論』についてわずかに記したが、そのなかで吉野の民本主義やその普及活動組織である黎明会を紹介していることにはふれていないなど不十分さを指摘できる。また三・一独立運動が五・四運動に与えた影響についても、「中国の知識人や学生は、朝鮮で起こった三・一運動の情報を伝えながら中国人に反日闘争を訴えました」とまとめたものの（『未来をひらく歴史』、七七頁）、その詳細については充分にふれられていない。

このように国家史という枠組みを越える試み、またそこから何らかの新しい視座を提起するためには、どうしても中国という存在を重視せざるをえないと私は思う。つまり中国をどう扱い、いかに描くかは共通教材の視野の広さ、奥行きを測るひとつの指標になるといえるだろう。

4　安易な越境に抗することが可能か

共通歴史教材が安易な越境や「連帯」に陥らない策が講じられているか、その「誘惑」に抗する重要性が読者に伝わっているのかを判断することは簡単ではない。教材の内容も大切だが、その活用がどのように行われ、成果と課題について作成メンバーが共有していることも大切なポイントである。既刊の共通教材のなかで、実際に使いながら国境を越えた授業交流を積極的に行っているのは『向かい合う日本と韓国の歴史』だと思う。例えば二〇〇六年八月一〇日には、ソウルの中央高校で韓国の高校生を対象に日・韓の作成メンバーが公開授業を行っており、その内容は、『第五回日韓歴史教育者交流シンポジウム記録集』としてまとめられている。その様子を『歴史地理教育』（二〇〇七年一月号）で紹介しているが、高校生たちが食い入るように黒板や提示された共通教材の資料を見入る姿が印象的である。

『未来をひらく歴史』は、二〇〇六年七月八日、刊行から一年と第二版の出版を記念して、「『未来をひらく歴史』――日・中・韓でどう教えたか」という実践報告シンポジウムを行っている。このシンポジウムには日中韓それぞれで『未来をひらく歴史』を実際に授業で活用している高校の教員が参加し、報告した。また授業を受けた日本の高校生たちも発言に立った。

共通教材がどのように使われているのかに関する情報を収集したうえで、教材を使う側にたって内容を検討することは、作成メンバーが安易な越境に陥いることを防ぐチェック機能をはたすといえるだろう。そのため共通教材作成後に継続的な授業実践の交流を行うことが欠かせない。

5　人間がえがかれているか

共通歴史教材に人間がえがかれているのかは、読者や学習者の生活や地域にどの程度身近な素材を盛り込めているのか、一国史を超えて同時代史的な歴史叙述を意識しているか、ということになるだろう。例えば『日韓交流の歴史』の場合、第一章「先史時代の文化と交流」から日本の第二次世界大戦の敗戦までと、敗戦後から現在までの分量比率は、ほぼ三対一となっており、戦後史にかなりの紙面を割いていることになる。なかでも「日本の朝鮮・韓国人（日韓条約締結まで）」や「日本の朝鮮・韓国人（日韓条約締結後）」といった節を設け、すべての年代で在日韓国・朝鮮人に関する記述がある。その分量は、「このころの日本」や「このころの韓国」といった通史解説部分を除いて計算すると戦後史部分の三〇％を超えており大きな特徴といえるだろう。

ここまで在日韓国・朝鮮人から見た歴史にウエイトを置いて授業することは、一般的に日本であれ韓国であれ多くないと思われる。ここには、はたして同時代史を生きてきた人々との関係性に充分な視野が日本の歴史教育に確保されてきたのか、ということについて国境を越えて問いかけ、点検することを可能にする内容が用意されていると思う。

『未来をひらく歴史』の戦後史部分は、終章では「3．歴史教科書問題」・「4．靖国神社問題」といった歴史認識問題に関わる内容を中心に扱ったため、同時代史的な理解を深めることが難しい構成になっている。しかし、既存の共通教材の中で唯一、若い世代の交流について「5．東アジア三国の若者の交流」として項目を立ててまとめている。そこには「本当の謝罪は口先ではなく、心でするものです。その心を開く最初のきっかけが若者の交流にあります」とあり（『未来をひらく歴史』、二一三頁）、「若者は、新しい東アジアをつくる夢であり、希望だからです」と若い世代の対話と交流の必要性でしめくくられている（『未来をひらく歴史』、二一三頁）。国境と世代をどのように超えて歴史から何を引き継ぎ、未来へと活かしていくのか、その問いかけを行い共通教材の役割を提起していることに特徴がある。

なお日本版のカバーにある、東アジア三国の地図の上に書かれた「ＪＡＰＡＮ」・「ＣＨＩＮＡ」・「ＫＯＲＥＡ」を「ＨＩＳＴＯＲＹ」で結びつけ「ＡＳＩＡ」と表記している図柄は、二〇〇四年八月にソウル近郊のアニャン（安養）で行われた日中韓三国の青少年による歴史キャンプに参加した中高生のなかから発案されたものである。言うまでもなく「ＡＳＩＡ」は日中韓の三国からだけ構成されるものではないが、アジアの一員としてともに歴史に向き合い、そこから未来をひらいていこうとする若き彼らや彼女たちの意気込みを感じ取れる名案だと私は思う。

第Ⅱ部　中国の歴史教科書の変遷とその方向性

今日、中国では日本の人口とほぼ同じ約一億二千万人の小学生が毎日小学校に通っている。これに中学生が約六〇〇〇万人、高校生が約二五〇〇万人おり、すべてを合わせると、初等教育と中等教育だけで、約二億人ということになる（国家統計局編『中国統計摘要』、一八六頁）。彼らや彼女たちが各教科の教科書を使うことになる。

二〇〇五年の統計によると、小学校の入学率は一〇六％、中学校が九五％、高校が約五〇％である（同、一八九頁）。小学校の入学率が一〇〇％を超えているのは、貧困などを理由に中途退学した生徒が後に復学していることを意味する。二〇〇六年の教育部の発表によると、全国で年間二三〇万人の小中学生が貧困を理由に中途退学しているという。私は北京や上海、銀川などで中学校や高校の授業を見学したことがあり、いずれもインターネットやパワーポイント、各種視聴覚教材を使った実践だったが、こうした設備の整った学校は重点学校と呼ばれる名門校に限られる。小学校や中学校の八割以上は農村に存在しており、今日でも地域によっては、教科書をリサイクルして同じものを何年も使いまわすということが行われている。

中国の学校では、教室や図書館など以外でも、校舎や校地内を歩きながら熱心に教科書を音読して内容を暗記している生徒や学生の光景を見かけることも珍しくない。これは教科書の内容が定期試験や高考（日本の大学入試センター試験に相当）の試験範囲であること。授業で教師が行う質問に、生徒は教科書の中から答えを探して答える、という授業形態が多いため、予習と復習は教科書が基本になること。そして農村部では教科書以外に教材がまったくない、ということもある。いずれにしろ日本よりも教科書が授業や生徒の学習にとって大きなウエイトを占めていることは明らかである。

第II部では、こうした中国における教科書事情をふまえたうえで、今日、中国で歴史教科書がどのように執筆、検定、採択、供給されているのかや、記述内容にどのような特徴があるのか、自国史の問い直しは行われているのか、といったことを検討したうえで、歴史対話を導く変化や方向性の現状と課題について考えてみたい。

第1章　現代中国の課題と歴史叙述

各国の歴史教科書における自国史叙述は、国民国家の記録と記憶を司る装置としての役割を持つ。そのため往々にして国家の統一と安定を目的に、自国やその国で暮す国民にとって都合のよい自国中心的な歴史を叙述する傾向が強いといえる。そこで自国史叙述に分析を加え、その変化を追うことで、中国の歴史教科書が何をどのように叙述して、いかなる歴史像や歴史認識を導き出そうとしているのかを明らかにすることができると思われる。さらに、その変化や特徴が現れる原因と目的にも言及することで、中国における歴史教科書の今日的役割や位置を論じてみたい。

なお、本章で分析対象とする歴史教科書は、人民教育出版社から中学の歴史教科書として刊行された一九八〇年代の国定教科書『初級中学課本　中国歴史』（人教版）と、一九九〇年代の検定教科書の自国史教科書、『初級中学課本（実験本）　中国歴史』（人教版）とする。* 中国では中学校卒業後の進路として、普通高等学校以外に中等専門学校や技術学校、職業高等学校などがあり、より統一的な議論を可能とするため、全国で最も使われている中学の歴史教科書を分析対象とした。また、カリキュラム面においても高校では一般的に中国史の近現代史部分（アヘン戦争以後）しか学習しないことを考慮すると（アヘン戦争以前の古代史は選択授業の扱いとなる）、古代史部分に関する歴史叙述を検討するためには、中学の教科書を活用することが最適であると考えられるからである。

＊「初中」・「初級中学」は中学校を、「高中」・「高級中学」は高校を意味する。中国では一九八六年に義務教育法が制定され、それ以降は小学校六年、中学校三年の六・三制（九年制義務教育）がほぼ採られている。よって「七年級」は中学一年生を指す。義務教育法制定以前には、六・四制（一〇年制）が採られたこともある。また今日でも地方では財政的な理由から小学校を短縮した五・四制の場合もある。

一　動揺する国民統合の理論――八〇年代から九〇年代にかけて

中国の歴史教科書は、八〇年代から九〇年代にかけて、その編纂方法から叙述内容に至るまで、従来とは異なる変化が生まれている。そこでまず歴史教科書にどのような変化が、なぜこの時期に生じたのかについて考えてみたい。

●階級闘争史観から愛国主義教育へ

歴史教科書の編纂理念が書かれた一九八〇年の歴史教学大綱によれば、以下のように「教学目的（学習目的）と要求」をまとめている（国家教育委員会『一九八〇年全日制十年制学校中学歴史教学大綱』「教学目的と要求」）。

歴史教材と歴史教学（歴史学習）は、必ずマルクス＝レーニン主義・毛沢東思想によって指導する。無産階級革命の指導者の歴史科学に関する理論を、完全かつ正確に理解することによって、歴史に対する正確な叙述と分析、革命性と科学性、観点と教材を統一することができる。そして様々な観念論的歴史観を必ず排除する。

このように階級闘争史観で貫かれ、中国共産党の革命理論とその歴史における必然性や正当性を学ぶことが自国史叙述の基軸になっていた。

ところが、一九九二年に編纂された歴史教科書になると、新たな役割が付加されるようになる。その特色を執筆者は以下のように説明している（「九年制義務教育初中歴史教材『中国歴史』（人教版）学科検定委員会検定結論と意見」、『歴史教学』一九九二年六月号、一四頁）。

新教材は学生に対して政治思想教育（国情教育を含む）を行う。主要なものとしては、一．愛国主義教育と社会主義教育。新教材では歴史上の豊富な文化内容を叙述し、学生に愛国主義教育を行う。第一冊・第二冊における文化史の内容は、約三〇％を占めている。これらの内容が、学生の民族の誇りと自尊心を高めるのに有効である。［略］二．祖国統一の維持と民族団結教育を増進する。新教材では、学生に対して国家統一・民族団結の維持を教育することに注意を払っている。教材は、中華民族の歴史は各民族共同の歴史であり、各民族が中華文明に傑出した貢献をしたという観点で終始貫かれている。

九〇年代になると国情という観点が歴史教科書を編纂するうえで前面に押し出されるようになり、従来と比較して自国史を民族や国家という視点から学ぶことが重要視されるようになっていった。いうなれば、それまでの愛党主義教育から愛国主義教育へと自国史叙述のスタイルを変化させることで、ナショナル・アイデンティティを強化することに主眼が置かれるようになったのである。

こうした変化は歴史教科書だけにとどまらず、カリキュラムにもみられる。一九八〇年の歴史教学大綱によれば、古代史と近現代史の記述比率を一対一に規定していた（国家教育委員会『一九八〇年全日制十年制学校中学歴史教学大綱』「教学カリキュラム」）。ところが一九八八年の歴史教学大綱になると、その比率は一対二となり（教育部『一九八八年九年制義務教育全日制初級中学歴史教学大綱（初審稿）』「教学カリキュラム」）、もともと重視されていた近現代史の比重がさらに引き上げられた。一九九〇年には、国家教育委員会（現教育部）の通知によって、それまで中学で中国史を、高校では世界史を扱う中高一貫の系統学習カリキュラムを採用してきたにもかかわらず、高校でも中国史（近現代史部分）を再度学ぶ中高反復学習カリキュラムへと切り替わっている（国家教育委員会「現行普通中高教材カリキュラムの調整意見」、『中国教育年鑑1991』三四九頁）。これら一連の変更は、いずれも自国史における近現代史学習の徹底が図られるようになったことを示しており、以下にあげる歴史教学大綱の近現代史に関わる「教学目的と要求」の変化がそれを裏付けている。

一九八〇年の歴史教学大綱によれば、以下のように書かれている（国家教育委員会『一九八〇年全

日制十年制学校中学歴史教学大綱』「教学目的と要求」)。

古い世代の無産階級革命家と革命英雄の高貴な品格を学び「四化[*]」に献身する自覚を向上させ、社会主義共産主義事業のために奮闘する自信と決意を確立する。

＊　一九七五年一月に開かれた第四期全人代第一回会議において周恩来が政府の活動方針を報告した。その際、農業・工業・国防・科学技術の四つの近代化(「四化」)の実現を目標として提示した。

ところが一九九〇年のものになると、同じ箇所は「歴史上の優秀人物の高貴な品格を学び社会主義現代化建設に献身するための精神を確立する」と変化している(国家教育委員会『一九九〇年全日制中学歴史教学大綱(修訂版)』「教学目的と要求」)。

これは近現代史学習の役割が、ごく限られた英雄たち、つまり英雄伝や偉人伝を学ぶことによって神聖化された革命を学び、社会主義体制の偉大さとその維持に結びつける目的であった内容から、国家の成立に関わった人物やその貢献ぶりを、今日における国家建設と重ね合わせることで、学生一人ひとりに国家体制の維持を自覚させる学習に移行したと考えられる。

以上のように、中国の歴史教科書における自国史叙述は、八〇年代から九〇年代にかけてカリキュラムの変容を伴いながら叙述スタイルを変化させたことがうかがえる。変化の詳細はポイントをしぼって後述するが、その特徴を簡潔にまとめるならば以下のようになる。

(1)　人民の歴史から国民の歴史へ。

(2)　共産党成立史から国家成立史へ。

(3)　受動性から自発性の歴史教育へ。

これらに共通するのが、中国的社会主義の再創出であり、いいかえればナショナル・アイデンティティの再構築ということになるだろう。

●ソ連崩壊、天安門事件、改革・開放

では、なぜこの時期に上述したような自国史叙述の変化が起こったのだろうか。いくつかの理由が考えられる。まず社会主義陣営の崩壊と冷戦の終結という世界情勢。そして一九八九年に起こった民主化運動である天安門事件。さらに改革・開放路線が軌道に乗りはじめ、都市と地方との経済格差が顕在化し、教育格差に結びつき始めていたという国内の事情が考えられる。また世代間の歴史認識や歴史観の統一が困難になっていたことも大きな要因として指摘できる。そもそも従来の歴史教科書は、戦争体験世代とその子どもたちの世代に対して、戦争体験という同時代史的な歴史理解と時代体験を媒介として歴史叙述に説得力を与え、歴史認識の統合に大きな役割をもたせてきた。ところが、改革・開放期に豊かさを享受しながら育ち、戦争体験をもたない青年層にとって、かつての戦争と自己とに同一性を見出すことは避けがたい難しさが存在しており、それはまさに抗日戦争を自らの正当性の根拠とする中国共産党にとって大きな悩みの種となっていたのである。まして、冷戦の終結や社会主義陣営の動揺が、社会主義を堅持する中国にとって、国民統合の理論を根底から覆す可能性を秘めていたことはいうまでもない。

こうして八〇年代から九〇年代にかけての時期は、中国における従来の中国共産党を中心としたアイデンティティが内外から激しく突き動かされた時期であったといえ、それは歴史教育において党史を中心にすえた紋切型の歴史叙述が説得力を低下させていったことを意味していた。つまり従来の歴史教科書の自国史叙述に組み込まれていた、国民国家の記録と記憶を司る装置としての役割が有効に働かなくなってしまったのである。

そこで自国史叙述にどのような変化が見られるのかを、①五・四運動、②抗日戦争、③民族史の三つを例にとりながら具体的に検討してみたい。これら三つの歴史叙述は、いずれも党史教育や発展段階論といった歴史の必然性や法則性を学ぶ重要なポイントとしてこれまで位置づけられてきており、また同時に中国共産党の政権担当の正当性を証明する役割を担うなど、従来の歴史教科書や歴史教育におけるまさに根幹といえるものである。

二　五・四運動——現代史の始まりをどうえがくか

第一次世界大戦終結後のパリ講和会議において、日本の二一カ条要求に対する中国側の撤回要求が拒絶されると、一九一九年五月四日、排日・反帝国主義・反封建を掲げた北京の学生による抗議行動が発生、またたく間に中国全土に波及した（五・四運動）。その後、中国政府はパリ講和条約調印を拒否するに至る。この五・四運動をめぐる歴史評価は、建国後の中国にとって特別な意味を有してきた。八〇年代までの歴代の歴史教科書では、五・四運動を近代と現代とを区分する契機として扱い、アヘン戦争から五・四運動までを近代史、五・四運動から中華人民共和国の成立までを現代史として位置づけ、現代史の起点としての役割を果してきた。また、それは単に時代区分の契機というだけでなく、中国共産党が成立、拡大していく終着点としての中華人民共和国建国までを中国現代史として叙述することにより、自らの存在と政権担当の正当性に歴史的な説得力を持たせる重要な意味を持ってきたからである。

八〇年代の歴史教科書『中国歴史』によれば、五・四運動は、第四冊の第五編「半植民地半封建社会(下)」という全体タイトルのなかの「中国共産党の成立と第一次国内戦争」に収められており、第一章の「五四愛国運動と中国新民主主義革命の開始」から、第二章の「中国共産党の成立」へと展開していく章立てになっている。

一方、九〇年代『中国歴史』では、第四冊「中国近現代史部分」という全体タイトルの第二四課「新文化運動と五四愛国運動」のなかに収められている。そして五・四運動の担い手について、八〇年代では「初歩的な共産主義思想を持った知識人が指導的役割を担った」と記しているが(人教版『中国歴史　第四冊』、一九八四年、七頁)、九〇年代になると「中国の先進的な知識人が重要な役割を担った」と指摘している(人教版『中国歴史　第三冊』、一九九五年、一四六頁)。これらによれば、八〇年代は五・四運動と中国共産党の成立を結びつけ、その担い手を共産主義思想の持ち主とすることによって中国共産党の成立こそが近代から現代へと歴史を導いたことを強調することで、その歴史的必然性を説く構図になっていることが分かる。さらに新文化運動については、八〇年代『中国歴史　第三冊』「半植民地半封建社会」（上）の最後に「中国近代の文化と科学」とあり、そのなかの第二章「科学技術と新文化運動の起こり」に記されているため、「半植民地半封建社会」の前半部分をしめくくる役割を担っていることが章立てから読みとれる。

これに対し、九〇年代になると「中国近現代史」という大きな流れを意識した章立てのなかで五・四運動と新文化運動とを結びつけ、その担い手を知識人と広くすることにより国難を憂える人々による国民的文化運動こそが五・四運動を支え、国家としての危機を救ったとする描き方になっていることが分かる。

両年代とも中国共産党の成立に至る歴史の流れに違いは無いものの、その叙述スタイルは変化していることが分かる。それは、列強各国に侵略され、さらに国内の政治腐敗も進むという弱く遅れた国家像を描くことで中国共産党の登場を際立たせる八〇年代から、国民が一丸となって国難を救うという力強い国家像を描くことで国家と国民という存在に焦点を合わせた九〇年代というレトリックの相違である。こうした叙述スタイルとレトリックの変化を最も象徴的に示しているのが五・四運動の記述である。九〇年代になると五・四運動は近代史の一部分に組み込まれるようになり、近代史と現代史は、一九四九年の中華人民共和国の成立によって時代区分されている。つまり、五・四運動を新文化運動と結びつけ国家成立史のなかに組み込み近代史の一部とすることで、中華人民共和国という国家の成立こそが、現代史の幕開けであるとする歴史叙述に変化しているのである。

上述してきたように、八〇年代から九〇年代にかけて、五・四運動に関わる歴史叙述は、中国共産党成立史から国家成立史へと時代区分の移行を伴いながら変容しており、国家史としての連続性が強調されるようになったことが分かる。一方、こうしたなかで相対的に歴史教科書における党史叙述という性格は弱まり、同時に五・四運動の担い手を共産主義者に代表させるような階級闘争史観に基づいた歴史叙述のスタイルも色合いが薄れていったといえるだろう。

三　抗日戦争――中国共産党史から中国史へ

●存在理由としての抗日戦争

抗日戦争を歴史教科書においてどのように叙述し教えるのか、ということは、中国において極めて大きな意味を持ってきた。それは、抗日戦争の勝利こそが中国共産党の存在意義と価値を裏付けてきたからであり、また同時に抗日戦争という時代体験こそが、人々にその時代を生きた証を与え、歴史認識を統合させる役割を担ってきたからでもある。まさに中国における歴史認識形成の根幹といえよう。

抗日戦争の歴史叙述は、加害と被害という枠組みを維持しながらも、八〇年代から九〇年代にかけて叙述スタイルとそのレトリックに変化が見られ、内部構造は大きく変容している。

八〇年代の歴史教科書『中国歴史』において、抗日戦争の章は、以下のように配置されている。

「中国共産党の創立と第一次国内革命戦争」
「第二次国内革命戦争」
「抗日戦争」
「第三次国内革命戦争」

「抗日戦争」の章は、「全国抗日戦争の開始」、「中国共産党の抗戦を堅持し投降に反対する闘争」、「抗日戦争の勝利」の三節から構成されている。

この章立てによれば、一九一九年の五・四運動をへて中国共産党が誕生してから、一九二七年に蒋介石が中国共産党の勢力を排除するために起した上海クーデタ（反共クーデタ）で第一次国共合作が崩壊するまでを第一次国内革命戦争、一九二七年八月一日に中国共産党が国民党こそ革命の進展を妨げているとして対決姿勢を明確に示した南昌蜂起から、一九三七年の西安事件を経て第二次国共合作に至るまでを、第二次革命戦争としている。そして一九四五年の国共内戦の再燃から一九四九年の中華人民共和国の成立までが第三次国内革命戦争となっている。よって、抗日戦争は一九三七年の盧溝橋事件から、日本の降伏までを指す。

こうした区分方法は、いずれも中国共産党と国民党との対抗関係を軸として成り立っており、中国共産党が抗日戦争の表舞台に登場してこない一九三一年の柳条湖事件から一九三七年の第二次国共合作までの期間は、「抗日戦争」に含まれないことが、その分かりやすい例といえるだろう。そのため日本による侵略戦争を描きながらも中国共産党の対抗軸として国民党を据え、その消極的な抵抗姿勢や中国共産党への弾圧に記述の重点が置かれており、いわば数々の困難に悪戦苦闘しながらも勝利をおさめていく中国共産党を描くことで、抗日戦争における中国共産党の主導性と戦後における政権担当の正当性が明確になる効果があったと考えられる。

●国民党の再評価へ

ところが、九〇年代の歴史教科書になると、章立てや記述内容から第一次革命戦争や第二次革命戦争といった表現は消えている。また、「国民党の消極的な抗日戦争と積極的な反共政策」といった国民党を批判する章立てを残しながらも、例えば八〇年代までの「国民党の片面抗戦の失敗」という項目のなかに南京大虐殺を位置づけ、国民党の抗日戦争の失敗と南京大虐殺を結び付けてきた叙述スタイルを改め、日本の戦争犯罪を取り上げた「南京大虐殺」という独立した項目を設けたことが示すように、日本を対抗軸に据えた内容に変化している。

さらに国民党の正規軍である国民政府軍（国民党軍）が日本と戦っている戦区を指す「正面戦場」と題された項目を新たに設け、「国民政府は正面戦場において何回もの戦役を組織し日本の侵略に抵抗した」（人教版『中国歴史　第四冊』、一九九五年、五〇頁）と述べ、さらに次のように国民党の抗日戦争における戦果について具体的に記述している（同、五三頁）。

翌春（一九三八年）、日本軍は山東から二手に分かれて徐州に侵攻した。国民政府は徐州会戦を組織した。第五戦区司令長官・李宗仁は中国軍を指揮して山東の臨沂と台児荘で日本軍を阻止した。中日両軍は台児荘で激戦を繰り広げた。最後には日本軍が壊滅して敗走した。台児荘の戦役で日本軍一万人あまりを殲滅した。これは抗日戦争以来、国民政府が大きな勝利を勝ち取ったといえるものである。

このように一九二七年に蒋介石とともに上海クーデタを実質的に指揮した李宗仁*についても部分的ではあれ肯定的に叙述するなど、八〇年代までの各年代にみられた国民党への全面的な批判や否定は、九〇年代になると大幅に減少している。これは、国民党を批判的にとらえるだけでなく、必要に応じて従来とは異なる歴史評価を加えながら日本の侵略に抵抗する一部分に組み込むことによって、中国対日本という国家対国家の戦争像を描こうとする傾向が強まっていることを示唆している。こうした国家という枠組を重視して歴史を叙述する傾向は、国民党記述だけにとどまらず、抗日戦争の勝利の描き方にもみてとれる。

＊　李宗仁（一八九〇～一九六九年）は、国民革命軍の第五戦区総司令として抗日戦争を戦った。第二次世界大戦後の国共内戦では、一九四八年に国民政府副総統、翌四九年には総統になるも同年アメリカへ亡命。一九六五年に大陸にもどり、四年後の一九六九年に北京で没した。中国の歴史教科書に李宗仁が記述される理由のひとつは、蒋介石と行動をともにせず台湾に逃れなかったこと。そして晩年を大陸にもどって過ごしたことなどが、今日、国民党関係者の中で歴史教科書に記述しやすい人物になっていると思われる。

八〇年代の場合、抗日戦争勝利の意義について次のような評価を記している（人教版『中国歴史第四冊』、一九八四年、一二九―一三〇頁）。

八年間の抗日戦争を通じて、人民の軍隊は合計で日本軍の五二万人以上、傀儡軍一一八万人以上を殲滅したのであった。この時、人民の軍隊はすでに一二〇万人以上に発展し、解放した人口は一億人以上、解放区の面積は一〇四万平方キロメートルに達していた。抗日戦争の勝利は、植民地半植民地の人民が残虐な帝国主義国家を打ち破る道を初めて開き、反侵略戦争の徹底的勝利を勝ち取る凱歌をあげたのである。

このように抗日戦争が中国共産党の指導する人民によって行われた反帝国主義戦争であることにポイントを置いていることが分かる。

一方、九〇年代になると、これにかわって次のような新しい歴史叙述が加えられている（人教版『中国歴史　第四冊』、一九九五年、七二頁）。

一九四二年一月、米・英・中など、二六カ国が、独・伊・日の侵略に反対する「連合国共同宣言」に調印して世界反ファシズム統一戦線をつくりあげた。一九四二年、中国戦場は日本侵略軍の六〇パーセント以上を牽制し、世界ファシズム戦争に巨大な貢献をした。

一九四二年初頭、日本軍はタイからビルマへ侵攻した。援蒋ルートという国際交通線を守るため、中国政府はイギリス政府の要請を受け、ビルマに軍隊を派遣して日本軍と戦った。一九四五年初頭、英・米の軍隊の協力下、中国軍はビルマを侵略した日本軍を打ち破ったのである。

これによると世界のなかので外交をリードする中国、連合国軍の戦力の一翼を担う中国、といった第二次世界大戦における国際的な役割に重点が置かれており、八〇年代までの人民を主体とした歴史叙述は大きく薄れている。そして、抗日戦争についても次のような歴史評価を記している(同、八九頁)。

抗日戦争の勝利は、一〇〇年余りの外国による侵略に対する中国人民の度重なる敗北という状況を転換させ、近代以来の民族の屈辱を払拭して、中華民族が衰退から復興へと向う転換点となった。中国人民は世界反ファシズム戦争の勝利に重要な貢献を行い、また巨大な民族的犠牲も払ったのである。

以上のように抗日戦争の勝利は、民族の屈辱・民族の復興・民族の犠牲という言葉からまとめられているように、歴史叙述の主体が人民から民族に置き換わっていることがわかる。いうなれば自分を困難のなかに置いて弱く設定することで、抵抗の難しさと相手の強大さを強調して勝利の偉大さを描く八〇年代から、自分を世界に位置づけることで勝利における役割と強さをより大きくみせる九〇年代へと歴史叙述のレトリックの変化をともなっているといえるだろう。それは国民党を批判することで自らの正当性を証明することよりも、むしろ日本の侵略戦争から中国という国家と中華民族という民族を解放したということに自らの存在価値と根拠を与えるようになったのである。

さらに特筆すべきは、九〇年代になるとそれまでまったくなかった下記のような台湾の帰属に関わる記述が初めて書き加えられたことである（同、八八頁）。

（一九四五年）一〇月二五日、日本の台湾総督府の総督は中国政府代表に降伏文書を渡した。こうして日本の統治が五〇年にも及んだ台湾は、ついに祖国に復帰したのである。

このように抗日戦争の勝利が国家の統一とイコールであることを明確に示しており、勝利と統一とを結びつけ、台湾を国家史の連続性の一部に組みこむことで、今日の大陸と台湾との関係を念頭に置いた記述を行うようになったことがうかがえる。

上述してきたように抗日戦争に関わる歴史叙述は、そのレトリックを変化させ、対抗軸を設定することによって自らの存在価値や正当性を証明するという基本的スタイルを残しながらも、八〇年代までの「屈辱史・抵抗史・混迷史」といった描き方から、「勝利史・対抗史・統一史」といったものへと大きく変容していったことが分かる。

四　民族史――変化する民族統合の理論

抗日戦争に関わる歴史叙述が、八〇年代から九〇年代にかけて民族や国家という枠組から描く傾向が強まったことはすでに述べた。それでは、民族というものをそもそもどのように歴史教科書で叙述してきたのだろうか。ここでは歴史教科書における民族史の扱いについて考えてみたい。

歴史教科書における民族史の扱いは、五六の民族から構成される多民族国家・中国の安定と統一にとって重要なポイントであることはいうまでもない。また、八〇年代後半から九〇年代前半にかけては、中国の少数民族が多く暮らす地域において民族問題が武力抗争をともなって再燃したこともあり、その扱いに政府は敏感な対応を迫られていた時期でもあった。

歴史教学大綱の民族史に関わる教学内容の原則は、八〇年代から九〇年代にかけても下記のように基本的に大きな変化はみられない（国家教育委員会『一九九〇年全日制中学歴史教学大綱（修訂版）』「教学内容の若干の原則」）。

我が国は、歴史上、長期にわたって形成された漢民族を主体とする多民族統一国家である。各民族は祖国に対して貢献をしてきた。中国歴史は漢民族の歴史を叙述する以外に、少数民族の歴史を叙述することで、祖国の歴史が各民族によって創造されたことを体現する。

このように漢民族を中心とした民族融和と国家統合がベースになっている。また、金、元、清など今日の中国の国境線内に位置していたかつての異民族統治国家を、すべて中国史の一部として描くレトリックも変化していない。こうした融和と統合を従来から説きながらも、八〇年代と九〇年代の歴史教科書には、大きな違いがみられる。それは、これまで以上に民族融和・民族統一を強調するようになったこと。そして、民族の危機をどのように描き、それを克服するのか、という叙述スタイルの変化である。

例えば八〇年代の歴史教科書では、漢と匈奴の関係について下記のように記述している（人教版『中国歴史　第一冊』、一九八五年、七五頁）。

高祖は、匈奴との緊張関係を緩和するため、「和親」政策をとり、宮女を匈奴の単于に嫁がせ、毎年大量の絹織物や穀物を送った。しかし、匈奴はなお、しばしば漢の北部地方を襲撃し、その地の人民の生命と財産に大きな損害を与えた。

これによれば漢と匈奴との関係が、必ずしも友好的でないことを指摘している。ところが九〇年代になると以下のような記述が登場する（人教版『中国歴史　第一冊』、一九九二年、一二一頁）。

漢の元帝のとき、呼漢耶単于（匈奴の王）は漢に和親を願い出た。後宮の王昭君は自ら匈奴に赴くことを望んだ。元帝は王昭君を呼漢耶単于に嫁がせた。呼漢耶単于と王昭君は、漢と匈奴という二大民族の友好的な付き合いと文化交流のために多大な貢献をした。

ここでは漢と匈奴との関係が、あたかも家族であるかのような友好的イメージを描き出しており、それも少数民族側からの自発的な要請により実現したことを最初に述べるなど、八〇年代とは大きな違いがみられる。

また、唐の中央政府と少数民族国家との関係を叙述する際にも、八〇年代には中央政府が西突厥や回紇を冊封体制に位置づけたという記述や、渤海・南詔などの支配権を中央政府が与えたといった内容を叙述して、中央政府の支配力が古代から各地域にまで及んでいたことを叙述することで少数民族国家を中国史の一部に取り込もうとしていた。

ところが、九〇年代になるとこういった中央政府を上位、少数民族国家を下位に位置づけると受け取られるような記述は大きく減少し、それに変わって「唐太宗は、進歩的な民族政策を行い、各民族から支持された。北方の各民族は彼を君主と呼んだ」と記述し（人教版『中国歴史　第二冊』、一九九三年、二四頁）、さらに「漢民族を重視してこれまで少数民族を見下してきたが私は同じく大切にする」という唐太宗の言葉を紹介するなど（同）、古代から各民族間の矛盾や衝突が平和的に解決され、各民族から支持を受けた漢族を中心とした一つの大きな民族が形成していき、その過程がそのまま国家史であるとする内容に移り変わっていることが分かる。それは漢代や唐代といった時代の違いとは関係なく共通していることが示すように、各民族の融和と統合を、国家成立史における古代史部分を強化する内容へと位置付けているのである。

●後退する階級闘争史観

こうした少数民族の国家史への回収と同時に、もうひとつ大きな変化の特徴として指摘できるのが、八〇年代の民族史記述にみられた階級闘争史観が、九〇年代になると大きく後退していることである。八〇年代の「清朝前期各民族人民の反抗闘争」という節では、清朝が封建的な専制政治を強化したため各地で反乱が起こったとして、下記のようにその様子をまとめている（人教版『中国歴史　第二冊』、一九八五年、一四五頁）。

貴州と湖南の西部一帯には多くのミャオ族が住んでいた。満州族と漢族の地主はたえずミャオ族の土地を占拠して、しだいにミャオ族をやせている山間地帯に追いつめて耕作させ、ミャオ族に飢えと寒さに脅かされる生活を送らせた。

としたうえで、ミャオ族が起した蜂起の場所について地図を載せて詳しく示すなど、土地を奪われた人民が地主を打ち破るという階級闘争史観に基づいた歴史叙述がなされていた。しかし、九〇年代の歴史教科書では、この部分はすべて削除されている。また、こうした少数民族が政府や政権に対して蜂起するといった歴史叙述は、時代を問わず大幅に減少している。

さらに、八〇年代の「太平天国運動」という章のなかでは、「捻軍と少数民族人民の蜂起」という項目を設け、少数民族が各地の農民反乱軍（捻軍）とともに太平天国の乱とほぼ同時期に清朝の支配に抵抗して蜂起したことを取り上げている。これは、列強による侵略と内部からの腐敗によって衰退する清朝という存在に遅れた封建社会を象徴させ、少数民族を含む各民族がそれを打ち倒すことによって民族的危機を克服するという歴史像を描いていることになる。つまり、少数民族を例外なく階級闘争史観に組み込み、単線的な発展史観に位置づけることで遅れた社会を変革したというあるべき姿を提示することが歴史教科書における民族史叙述の基本ラインであり、受動的な歴史教育であったといえるだろう。ところがこの部分も九〇年代の歴史教科書ではまったく見当たらない。

●加えられた「回族」の二文字

このように八〇年代から九〇年代にかけて民族史に関わる記述が減少、もしくは削除されたものを述べたが、その一方で、増加した部分も存在する。

例えば、日清戦争の際に日本軍に抵抗して犠牲となった左宝貴に関わる記述が、八〇年代と九〇年代を比較すると語句の増加以上に大きな意味を持つ変化を確認できる。

もともと、いずれの年代にも左宝貴に関わる記述は存在する。しかし九〇年代の歴史教科書では、左宝貴が回族であることが本文中に明記されるようになった。この変化は、左宝貴が少数民族であることを学ばせるというよりも、むしろ少数民族の彼が日本の侵略によって生じた民族的危機に自ら犠牲となって立ち向かったことを学ばせることに真の目的があると思われる。わずか二文字、「回族」と付記されただけだが（人教版『中国歴史　第三冊』、一九九四年、六九頁）、国家の危機を民族の危機とイコールで結びつけることで、少数民族が国家の危機を救ったことを今日における国家建設にそのまま投影し、少数民族が国家の統一と安定のために自発的な行動をとることを学ぶ仕組みになっていると考えられる。

上述してきたように、八〇年代から九〇年代にかけて、民族史に関する叙述は民族的危機の描き方を変えることによって、解体・分裂といった要素は極力抑えられ、統一・統合といったスタイルが重視されていることが読み取れる。また同じ歴史事実を描きながらも、階級闘争史観に基づく受動的な叙述は薄れ、国家史の一部としての少数民族の自発的な役割や行動が強調されるようになっている。八〇年代まで人民という大きな枠組みにもれなく組み込まれてきた少数民族は、階級闘争史観のなかで闘争の主体となることで存在を示したが、九〇年代になると国家史に組み込まれていく過程で、闘争の主体からはずされ、自発的に国民として融合する存在へと変化している。いずれの目的も民族という結集軸として位置づけようとするものと考えられ、まさに民族史がそのまま国家史に相当するようになっていったのもこの時期なのである。

第2章　歴代の歴史教科書における記述内容の変化

前章では、八〇年代から九〇年代にかけて、歴史教科書の歴史叙述がそのスタイルとレトリックを変化させることによって、従来の中国共産党を中心としたものから国家や民族を主体としたものに変容していったことを述べた。その間、各少数民族や個人という存在は国家へ回収される傾向が強まり、また自発的な国民化をうながす愛国主義教育が行われたことについてもふれた。では、そうした歴史叙述を構成する歴史事実は、そもそもこれまでどのように記述され、扱われてきたのだろうか。

そこで本章では、まず一九五〇年代から六〇・七〇・八〇・九〇・二〇〇〇年代までの各年代四冊一セット、合計六セット・二四冊の人民教育出版社版（人教版）・中学歴史教科書『中国歴史』を分析対象の中心にすえ、適宜その他の歴史教科書も参考にしながら、歴史事実の記述の変化について時系列的にみていきたい。こうすることによって歴史教科書における歴史事実への点検や更新がどの程度自らの手で行われているのかを把握することができ、この自己点検と更新の内容や方向性こそが、自国中心的な歴史教科書を克服するうえでの指標といえ、日本側が同様の作業に積極的に取り組むことで歴史認識の対話を導く空間が生まれると考えられる。また、日本のマスコミなどで中国の歴史教科書や歴史教育を形容する際に、往々にして愛国主義教育とワンセットで頻繁に使われる「反日」教育が、はたして実際に行われているのかについても、中国で暮す各世代が学んだ歴史教科書を手がかりに考えてみたい。

一　国民党記述の変化――否定から部分的肯定へ

1　『氷点週刊』の停刊処分

二〇〇六年一月二四日、共産主義青年団（共青）中央指導部書記処が管轄する機関紙、『中国青年報』の付属紙『氷点週刊』が、共青中央宣伝部によって停刊処分となった。『中国青年報』は、中国でも著名な日刊紙のひとつである。『氷点週刊』はその付属紙で、一九九五年一月から始まった特別紙面である。同紙は、人々の暮しに身近なところにある今日的課題を取り上げ、鋭く論じることから多くの読者を獲得しており、翌九六年には中国共産党中央宣伝部の行った評議会で、「中央主要ニュースメディア優秀記事コラム」と評され、その後も二〇〇三年に中華全国報道関係者協会による第三回「中国報道優秀記事コラム」に選ばれるなど、多方面からの高い評価と幅広い読者を有してきた。そして二〇〇四年六月からは毎週水曜日に一面九〇〇〇字で四ページから構成されるようになった。

ところが中山大学の袁偉時が中国の歴史教科書について論じた「近代化と中国の歴史教科書問題」

という論文が掲載されると、『氷点週刊』は停刊処分へ追い込まれ、さらに『中国青年報』の総編集長の李而亮と『氷点週刊』編集主幹の李大同はその役職を解かれた。処分の理由は、一月二四日に共青中央宣伝部から出された文書によれば、以下のようになっている（袁偉時『中国の歴史教科書問題『氷点』事件の記録と反省』武吉次朗訳、九頁）。

「近代化と中国の歴史教科書問題」を掲載し、帝国主義列強が中国を侵略した罪を覆そうと手を尽くし、歴史的事実に甚だしく背き、報道宣伝規律に反するという重大な違反を犯し、中国人民の感情と中国青年報のイメージを著しく傷つけ、社会に極めて悪い影響を与えた。

これは袁の論文によれば、日本の「つくる会」が編纂した『新しい歴史教科書』を引き合いに出しながら今日の中国の歴史教科書を下記のように評したことが直接的な原因という（袁偉時、前掲書、五一頁）。

一九七〇年代末、反右派闘争、大躍進、文化大革命など、史上空前の大災難を経て、人々は痛みの中で、これらの災厄の根源の一つは、「我々が狼の乳で育った」（政府の誤った思想教育を受けて育った）ことであると気づいた。それから二〇年以上が過ぎたある日、私はふとした機会に中学の歴史教科書をめくってみて驚いた。今も青少年が狼の乳を飲みつづけているとは！　このことは、近代中国と外国・外国人との関係の記述において、まるで反省の姿勢が無いという点で突出している。

このように自国史への問い直しが進まない歴史教科書を厳しく批判する個人の意見が、中国共産党のまさに足元というべき機関紙から発せられたことも大きな意味を持つと考えられるが、さらに特筆すべきは編集主幹である李大同が、「歴史教科書が『氷点（週刊）』の第二目標となり得た理由は、その政治的リスクが〈政治学科〉に比べてかなり小さいことである」と述べているように（李大同『氷点』停刊の舞台裏』三潴正道監訳・而立会訳、一〇頁）、歴史教科書への批判論文掲載が計画的なものであり、ある連続するライン上に位置付けていることである。

李大同によれば、「第一次攻撃（目標）」は国語の教科書へのものだったという。これは『氷点週刊』の一九九八年一月六日付けの「国語だけではない」という記事で、小・中・高・大の国語の教科書やその教えかたに対する鋭い批判を行ったことを指す（同）。その記事の中で、北京の有名高校の一年生に国語を教えているという王麗は、「中学の国語教育はまさに改革しなければならない状況である」というタイトルで以下のような批判を展開している（『中国青年報』一九九八年一月六日）。

聞くところによれば、この種の出題形式（四択問題）は、マークシートが使われるようになって出現したという。その目的は、点数化するうえで「正確性」や「科学性」を追求することのようだが、マークシートは、「偶然性」を避けることはできない。しかしほぼすべての人が常識的に考える事実として、国語という教科はそもそも多くの曖昧さや多義性を持つものであり、教科書の一つの課から一文、一字に至るまで、一人ひとりの見方は異なるものであり、こうした最も単純な判断形式をまったくとれないということである。

王は、国語という教科が、多義性や曖昧さを一人ひとりが自らの感覚で学びとるものであり、それは誰しもが知っていることであるにも関わらず、現在は画一的で一義的なものとして国語を学ぶ意味が教えられていると批判している。

こうした意見を載せたうえで、李大同は編者として以下のようなコメントを載せている(李大同『氷点』停刊の舞台裏』、一一〇頁)。

人によっては国語だけの問題ではなく、どの教科も同じようなことを書くことができるうえに、教科によってはさらにひどいという。教育は民族、そして国家の未来を示すゆりかごである。このゆりかごを動かすことのできる人間は、どのように「揺らす」ことで民族の未来があるのかを考えてみる必要があるだろう。

ここで言及したさらにひどいという教科が、歴史や政治科目であることは、李の「歴史教科書が第二目標」という表現からもわかるだろう。つまり李は、歴史教科書を批判する意識をかなり以前から持っており、記事掲載のための伏線を、時間をかけて用意していたことになる。さらに二〇〇五年六月一日に載った「平型関の戦役と平型関の大勝利」という論文もそのひとつと考えられる。この論文は、抗日戦争勝利六〇周年を前に、徐臨江（上海交通大学）の書いたものを載せたもので、従来中国では否定されてきた抗日戦争における国民党軍の役割を以下のように肯定的に叙述したものである（徐臨江「平型関の戦いと平型関の大勝利」、『中国青年報　氷点特稿』第五四五期、二〇〇五年六月一日）。

平型関の戦役は、日本軍の侵攻を遅らせ、敵の中国侵略の計画を混乱させた。戦役中、国共軍はお互いに力を合わせることで、平型関の大勝利のような輝かしい戦いの先例をつくりだしたのである。国民党軍には、程継賢や梁鑑堂、姜玉貞のような、いくつかの称賛に値する英雄部隊が現れ、我々中国による外国への抵抗史において、勇壮な輝かしい一章となったのである。

この評価によれば、抗日戦争において国民党軍が中国共産党軍と同じように苦楽をともにしながら戦い、そのなかから英雄が生まれ、抗日戦争がまさに国・共の合作によって成立したということになる。共青の機関紙として抗日戦争における国民党の役割を再評価することは敏感なテーマであったことは間違いなく、党中央宣伝部報道検閲班が『氷点週刊』の停刊処分にむけて一月二〇日に出した報道評論第三四期の最後も、下記のように厳しいコメントでしめくくられている（袁偉時『中国の歴史教科書問題　『氷点』事件の記録と反省』、一三頁）。

ある時期から、中国青年報の『氷点週刊』特集は、わが国の主流のイデオロギーと相反する論文をたえず掲載して、党の思想陣営に一度ならず誤った観点を撒き散らし、人民による厳しい批判には聞く耳をまったくもっていない。彼らは、われわれの若い読者を何処へ導こうとしているのか。

2　歴史教科書における変化

このように『氷点週刊』の停刊処分が突発的なものではなく、編集部（とりわけ李大同）と当局との間で長年にわたって水面下で政治的かけひきが行われてきたものが、袁偉時論文を契機にいっきに表面化したといえるだろう。しかし、前章ですでに論じたように、八〇年代から九〇年代にかけて歴史教科書における国民党記述は大きく変化しており、抗日戦争における役割は全面否定から必要に応じた限定評価へ、という傾向がみられる。こうした方向性は、九〇年代と二〇〇〇年以降の最新版歴史教科書を比べてみても、①国民党による虐殺など、その残虐性を強調する内容の大幅な減少、②国民党による政治・経済・軍事支配に関する記述の減少、③国共対立記述の簡素化、として現れている。例えば、九〇年代には下記のように具体的な人名や犠牲者数をあげて国民党の残虐性を指摘した部分があった（人教版『中国歴史　第四冊』、一九九五年、三頁）。

南京国民政府成立後、「秘字（秘密文書）第一号令」が出され、各地で共産党員と革命的大衆を厳しく取り締まった。最初の逮捕者名簿の中には、陳独秀、呉玉章、林祖涵らの共産党員と徐謙、鄧演達ら国民党左派、合わせて一九〇人以上が含まれていた。一九二七年から一九三一年にかけて、国民党反動派が殺害した共産党員と革命民衆は、一〇〇万人以上にのぼる。

さらに、九〇年代までの各年代の歴史教科書では、一九四一年一月に起こった国民党軍の新四軍襲撃事件である「皖南事変」を必ず取り上げて下記のように記してきた（同、九〇頁）。

皖南の新四軍九〇〇〇人あまりは、安徽省涇県雲嶺を出発し、長江を渡って北上しようとしていた。［中略］待ち伏せしていた国民党軍に包囲され襲撃された。新四軍の兵士は血を浴びつつ奮戦すること七日、多勢に無勢で弾丸も食糧も尽きてしまい、大部分が壮絶な最期をとげた。

こうした記述はいずれも二〇〇〇年代に入ってからは見あたらない。また、九〇年代には「国民政府統治の強化」や「国民党の暗黒統治」といったタイトルで節が設けられており、国民党による財政・金融支配の強化や蒋介石・宋子文・孔祥熙・陳果夫の四大家族による政治・経済・軍事の独占支配などが記述されていた。節の冒頭に記された学習目標にも、「国民党政権の性質と統治についてより深く知ることができる」とされてきたが（『中国歴史　第四冊』、一九九五年、七頁）、すべてなくなっている。さらに九〇年代では国民党第六回全国代表大会をとりあげて、下記のように国共対立の枠組が抗日戦争を通じて一貫して維持されたことを述べていたが、これも削除された（同、八七頁）。

抗日戦争の最終的勝利を勝ち取る前に、国民党は積極的に内戦の準備をしていたのである。国民党の「六大」（中国国民党第六回全国大会）は、反共産党・反人民の大会であり、中国を暗黒へ導こうとするものだった。

上述してきたように、国民党記述は分量そのものや否定的な叙述スタイルを含め、全体的に大幅に減少、低下しており、国共対立記述の簡素化は明らかに進んでいる。またこれと平行してすでに言及したような国民党を国家史の一部に組み込む形での限定評価が具体的な歴史叙述として増加していることが分かる。こうした流れは、二〇〇五年九月三日に胡錦涛国家主席が抗日戦争勝利記念日に行った「中国人民の抗日戦争及び世界反ファシズム戦争勝利六〇周年を記念する大会演説」にも現れているといえるだろう。演説によれば、下記のように歴代の国家主席のなかで初めて抗日戦争における国民党の役割を肯定的に述べている（胡錦涛「中国人民の抗日戦争及び世界反ファシズム戦争勝利六〇周年を記念する大会演説」二〇〇五年、五頁）。

中国国民党と中国共産党が指導する抗日軍は、正面戦場と後方戦場の作戦任務をそれぞれ担いながら、共同して日本侵略者と抗戦する戦略態勢を成立させた。国民党軍を主体とする正面戦場では、一連の大きな戦闘、とりわけ全国的な抗日戦争の初期に行われた、淞滬、忻口、徐州、武漢などの戦役で、日本軍に多大な打撃を与えた。

これらのことから国民党記述における今日的状況は、政府の許可する範囲内での、言い換えれば国家史を強化する目的での限定的な評価や、昨今の大陸と台湾との関係を反映した政治的な意図をもつ部分的活用は可能といえるが、『氷点週刊』のように自国史を問い直す入り口の一つとして歴史教科書における国民党記述を機能させることは難しいといえるだろう。しかし、個人による歴史事実への接近要求や自国史の問い直しを準備する動きが、党機関紙という国家の主張を代弁するところから発せられるようになったこともまた事実であり、『氷点週刊』の停刊が決まってから内外のメディアがその動向を取り上げ、一般読者や一部の知識人から抗議の声が起こり、最終的には停刊から二ヵ月弱の二〇〇六年三月一日、共産党中央宣伝部は停刊処分を解いて復刊されたことにもふれておきたい。

以上のように国民党記述は、今日、中国における自国史叙述の問い直しがどの程度行われているのかを推し量る、ものさしの役割を持っているといえるだろう。

３「田中上奏文」をめぐって

なお、李大同と袁偉時との最初の接触は、「田中上奏文」が実在したのかに関して李が袁に取材したのが最初という。「田中上奏文」は、一九二七年に田中義一首相が満蒙侵略の手順について昭和天皇に上奏したとされる機密文書で、日本の歴史学研究では、その存在はすでに否定されている。しかし中国では今日でもその存在が広く一般に認められているという。袁は、「私の見るところ、『田中上奏文』は極めて疑わしく、これ以上宣伝すべきではありません」と李に伝えている（袁偉時『中国の歴史教科書問題　『氷点』事件の記録と反省』、四頁）。

「田中上奏文」について中国の歴史教科書に登場するのは、管見の限り九〇年代に入ってからである。高校生が使う『世界近現代史』の「二〇世紀二〇年代の主要な資本主義国家」という章にある「二〇年代のアメリカ、日本」という節に書かれている。それによると下記のように「田中上奏文」の一部が本文脇にコラム的に記述され史料として扱われている（人教版『世界近現代史　下冊』、一九九六年、三〇頁）。

一九二九年、中国の新聞に「東方会議」に関する秘密文書が掲載された。これが「田中上奏文」である。そのなかには、支那を征服せんと欲せば、先ず満蒙を征服せざるべからず。世界を征服せんと欲せば、必ず先ず支那を征服せざるべからず。［後略］

さらに「田中上奏文」という箇所には脚注がつけられ、その真偽について以下のようにふれている（同、三〇頁）。

多くの内外の歴史家が「田中上奏文」の真偽について様々な疑問を提起してきた。なぜなら当時の日本政府はあくまでもこれを頑なに否定し、戦後の日本政府も探すことができないと言ってきたからである。しかし、第二次世界大戦中の日本の外相であり、戦犯である重光葵も「その後に発生した東亜の事態と、これに伴う日本の行動とは、あたかも田中覚書を教科書として進められたような状態となったので、この文書に対する外国の疑惑は拭い去ることが困難となった」と認めざるをえなかった。

これは『昭和の動乱　上巻』（中央公論社、一九五二年）に書かれた重光の回想を、そのまま翻訳したものである。このように九〇年代の歴史教科書では日本側の回想録に言及することで「田中上奏文」が本物であることに説得力を持たせようとしていることがわかる。

二〇〇〇年以降の歴史教科書では、九〇年代の史料部分が本文に組み込まれ、九〇年代同様、脚注が付されている。その内容は、九〇年代の内容の文頭に、「一九二九年、中国の新聞がこの秘密文書を掲載した。当時から今日に至るまで」という一文が加えられている（人教版『世界近現代史　下冊』、二〇〇四年、二七頁）。また、二〇〇〇年以降の教師用指導書には、「田中上奏文」の真偽について論争があることについて以下のようにふれている（人教版『世界近現代史　下冊　教師教学用書』、二〇〇四年、六六頁）。

日本の侵略の野心を明らかにするため、一九二八年六月、祖国を愛し、中日の平和を願う日本籍の台湾人である蔡智堪は、機密文書の上奏文の全文を書き写した。一九二九年、中国の『時事月報』が、上奏文を翻訳して世に送り出した。これは国際的に大きな衝撃を引き起こした（ただし、今日、内外の歴史学界には上奏文の真偽に対する論争がある）。

このように二〇〇〇年代に入ってからも歴史教科書における「田中上奏文」の扱いに大きな変化は

ない。その真偽に論争があることに言及しながらも、日本の中国侵略における計画性を裏付ける史料として扱っていることが分かる。

一方、二〇〇六年三月一日付の『産経新聞』によれば、二〇〇五年一二月に「つくる会」の八木秀次会長（当時）らに、中国政府直属の国家研究機関である社会科学院の日本研究を担当する日本研究所所長の蔣立峰が、「実は今、中国では『田中上奏文』は存在しなかったという見方がだんだんと主流になりつつある。そうした中国の研究成果を日本側は知っているのか」と話したという。この蔣立峰が参加する政府レベルで行われている「日中共同歴史研究」においても、二〇〇八年一月一日付の『東京新聞』の報道によれば、中国側が「田中上奏文」について存在しなかったと認める見解を示しているという。記事によれば「共同研究の複数の中国側関係者は、本紙に対し『田中上奏文』は信頼性が低く、中国の専門家の間でも本物ではないという考えが主流になりつつある」と指摘している。この議論が最終的にどのような形で日中双方の報告書に反映されるかは現時点で分からないが、中国側の研究状況や日本側との対話姿勢をうかがい知ることはできるだろう。

以上のように、歴代の歴史教科書や最新版の教師用指導書の記述内容から、「田中上奏文」の真偽に関しては論争があること、またその論争が国外だけでなく中国国内においても行われていることが明記されている。これをどのように学校の授業で実際に教えているのか、という歴史教育の実態を日本側が知ろうと努めることも必要ではないだろうか。蔣立峰の発言や「日中共同歴史研究」に関する情報などをふまえると、袁偉時だけが例外的な提起をしているのではないことが分かる。またこうした今日的動向を李大同が記事にできないかと模索していたと考えられる。つまり歴史事実の扱いとその叙述をめぐって中国国内で行われている論争が、どのように歴史教科書に反映され、これまで記述内容をめぐって議論されてきたのかを明らかにすることは、彼ら自身の手によって自国史の問い直しがどのように行われているのかうかがい知る一つの指標となるだろう。

現段階では、「田中上奏文」を歴史教科書の中で完全に否定することは困難だが、今後、研究者と教科書執筆者の間に生まれるであろう歴史認識のズレにどのような議論が行われ、乗り越えようと試み、記述内容に反映されていくのか、そして研究成果と歴史教科書の記述にどのような距離があるのかを分析することは、歴史教科書に「田中上奏文」が載っていることをことさらにとりあげて批判するのではなく、彼らの論争の行方と中身を知るうえで欠かせない作業と位置づけられるだろう。

二　教科書に書かれてこなかった日本の戦争

1　貧弱な戦争記述

本書の読者のなかには、中国の歴史教科書に日本の戦争犯罪が詳細に記述され、今日、その傾向が強まっており、いわゆる「反日」教育が行われていると考える人も少なくないのではないだろうか。また、「戦争を知らない日本人」と「日本の蛮行をあまなすことなく教えられている中国や韓国、アジアの人々」という構図を持ちがちではないだろうか。はたしてそうした単純な構図にあてはまる歴史叙述が歴史教科書でなされてきたのかについて本節では考えてみたい。

今日、中国で最も使用されている人教版の中学校歴史教科書『中国歴史』に書かれている満州事変から日本の敗戦までの分量は、九〇年代の同時期の内容と比較すると約三分の一にまで大きく減少しており、それに比例して授業時間数も減少している（表3）。九〇年代まで載っていた何人もの抗日烈士の記述は、わずかに残るだけである。また、九〇年代の歴史教科書に存在した「抗日に消極的で反共に積極的な国民党」・「共産党が堅持した敵後方の抗戦」といった節タイトルは削除され、前節ですでにふれたように国民党と共産党との対抗関係によって構成される歴史叙述は大きく変容している。さらに、「満洲国傀儡政権の扶植」・「日本侵略者の残忍な統治」といった日本の侵略戦争を詳しく扱った章が消え、満洲国の建国は短く三行で、日本の戦争犯罪についても南京大虐殺以外は三光作戦や満洲における奴隷的使役にわずかにふれる程度にまで減少している。このように中国の歴史教科書における日本の戦争犯罪に関する記述内容は、むしろ減少傾向にあるのである（表4）。

そこで、五〇年代から最新版まで、各年代の『中国歴史』のうち日本の侵略戦争に関わる部分が書かれた六冊を対象に、盧溝橋事件などの歴史事実の解説部分を除いた日本の戦争犯罪について具体的に扱った内容を、満州事変から日本の敗戦までの範囲でみてみたい。

●日本の戦争犯罪記述の実際

まず指摘できることは、五〇年代から最新版まで六冊すべてに記述されている日本の戦争犯罪は、満洲における奴隷的使役、掃蕩、三光作戦のわずか三つしかないことだ。六冊のうち五冊に書かれて

表3　1990年代と2000年代の歴史教科書（人教版）における抗日戦争記述の比較

①1990年代『中国歴史　第四冊』（1995）*の目次から

第5课　日本侵略中国的九一八事变（日本が中国に侵略した満州事変）32
第6课　抗日救亡运动的新高潮（抗日救国運動の新たな高揚）41
第7课　神圣抗战的开始（神聖な抗日戦争の開始）48
第8课　到敌人后方去（敵の後方へ）56
第9课　日本侵略者的残暴统治（日本侵略者の残虐な統治）64
第10课　国民党消极抗日积极反共（国民党の消極的な抗日戦争と積極的な反共）70
第11课　共产党坚持敌后抗战（共産党の堅持する敵後方における抗戦）76
第12课　抗日战争的胜利（抗日戦争の勝利）84
第13课　全面内战的爆发（全面内戦の開始）91

*『中国歴史　第4冊』人民教育出版社歴史室編著、人民教育出版社、1995

②2000年代『中国歴史　八年級　上冊』（2003）*の目次から

第四单元　中华民族的抗日战争（中華民族の抗日戦争）68
第14课　难忘九一八（忘れがたい満州事変）68
第15课　宁为战死鬼 不作亡国奴（亡国の奴隷になるよりは戦死を選ぶ）73
第16课　血肉筑长城（血と肉で長城を築く）79
活动课四　写给日本中学生的一封信 南京大屠杀不能忘记！
（日本の中学生に手紙を書こう　南京大虐殺を忘れない！）85
第五单元　人民解放战争的胜利(人民解放戦争の勝利)88

*『義務教育課程標準実験教科書　中国歴史　8年級　上冊』課程教材研究所・歴史課程教材研究開発中心編著、人民教育出版社、2003

③『中国歴史 第4冊』（1995）と『中国歴史 8年級 上冊』（2003）の比較

	1995年版	2003年版
抗日戦争記述*の頁数	59	20
中国近現代史**に占める抗日戦争記述の割合	22.6%	16.5%

*抗日戦争記述――満州事変（1931年）から抗日戦争勝利（1945年）まで
**中国近現代史――アヘン戦争（1840年）から中華人民共和国建国（1949年）まで

表４　日本の戦争犯罪についての中国歴史教科書の記述の変化

日本の戦争犯罪	50年代	60年代	70年代	80年代	90年代	2000年代
満洲における奴隷的使役	○	○	○	○	○	○
満洲における資源の略奪	○	○	○	○	○	
満洲における土地の占拠	○	○	○	○		
満洲における兵役の強要	○	○			○	
満州国の行政制度		○			○	
満洲への移住	○				○	
満洲における虐殺など	○	○				
華北における自治運動	○	○	○	○	○	
学校における奴隷化教育	○	○			○	
日本語の強要		○			○	
保甲制度*	○	○	○	○	○	
汪兆銘政権	○	○	○	○	○	
掃蕩	○	○	○	○	○	○
三光作戦	○	○	○	○	○	○
南京大虐殺		○	○	○	○	○
憲兵	○	○	○	○	○	
清郷区*・蚕食*	○	○	○	○		
良民証*	○	○	○		○	
抗日嫌疑による生埋め、四肢切断など		○				
アヘンの栽培・吸引		○				
無人区					○	
731部隊					○	
生体実験					○	
細菌戦・細菌兵器					○	
毒ガス戦					○	
文化・伝統の破壊					○	
銀行の占領・現金の強奪・紙幣の乱発					○	
万人坑*・強制労働					○	
強制連行					○	
劉連仁					○	
食料の略奪・餓死					○	
拷問					○	
100人斬り					○	○
レイプ					○	○

いた、南京大虐殺、満洲における資源の略奪、憲兵、保甲制度、南京傀儡政権（汪兆銘政権）樹立、華北における自治運動の六つを合わせても、その数は限られている（表4）。

一方、「慰安婦」、無差別爆撃、平頂山事件、偽札の製造と使用などに関して、これまで人教版の歴史教科書に記述されたことはなく、強制連行や七三一部隊が行った細菌戦や生体実験なども九〇年代に一度登場しただけで最新版からは消えている。これらを見る限り、中国において歴史教科書を使った「反日」教育を強化してきたとは必ずしもいえないだろう。また、日本の戦争犯罪に関わって記述される地域は、満洲（東北部）や華北、上海や南京などに集中しており、国民党が首都を移した重慶やその影響下にあった華南などについては分量が明らかに少ない。そのため日中戦争で最大の無差別・戦略爆撃である重慶爆撃について記述されたことはこれまで一度もなく、国民党の影響下にあった地域でどのような日本軍の戦争犯罪が行われたのかや、抗日戦争の一翼を国民党がいかに担ったのか、ということについて充分な記述はなされてこなかったといってよいだろう。また、日本が一九四一年一

◇表4の用語の意味（＊印）

保甲制度	1村を1保、10戸を1甲として市民を組織して相互監視と警備を強化した。
清郷区	住民を木や鉄条網で囲われた地域に住まわせて外部の抗日勢力との接触を遮断した。
蚕食	日本軍は、蚕が桑の葉を食べるように抗日根拠地の面積を小さくしようとした。
良民証	「清郷区」の人々に登記を行わせ抗日勢力を調べだすために良民証を持たせた。
万人坑	強制労働に従事して死亡した人々の遺体が集団で遺棄された場所。

◇表4の参照した各年代の歴史教科書

50年代	『中国歴史 第4冊』人民教育出版社、1956
60年代	『全訳 世界の歴史教科書シリーズ 29 中国II』人民教育出版社歴史編輯室編、帝国書院、1983
70年代	『中国歴史 第4冊』人民教育出版社、1979
80年代	『中国歴史 第4冊』人民教育出版社、1984
90年代	『中国歴史 第4冊』人民教育出版社、1995
2000年代	『中国歴史 8年級 上冊』人民教育出版社、2003

二月から敗戦まで占領支配した香港に関しても、人教版『中国歴史』・『世界歴史』の双方ともふれられておらず、日本軍の支配や今日も補償を求めて運動を続けている軍票問題に関する記述はまったくみられない。

時期的にみてみても、日中十五年戦争のなかで日本の戦争犯罪についてとりあげる傾向が高いのは、一九三七年の盧溝橋事件前後までであり、それ以降は、日本の戦争犯罪よりもむしろ抗日戦争の経過や内容に歴史叙述の重点が置かれている。さらに、日本の戦争犯罪として扱われる内容の多くが、資源の略奪や傀儡政権の樹立、日本軍の残虐性を象徴する内容に偏っており、国家として受けた損害や、その歴史からどのような教訓を導き出すのか、といったことに目的があると考えられる。そのため戦争被害者個人が歴史叙述のなかに登場することは乏しく、登場する個人といえば、九〇年代までに見られたように、抗日烈士と呼ばれる国家のために犠牲になった人間、という歴史叙述のスタイルになる。

●太平洋戦争の全貌が示されない

さらに中学三年生が一年間かけて勉強する『世界歴史』に記述された日本の戦争と戦争犯罪についてもみておこう。九〇年代と二〇〇〇年代に満州事変から日本の敗戦までの時期で日本を扱った内容が記述されているのは、両年代とも三箇所で変わらない。一つは、満州事変から盧溝橋事件までの流れを簡潔にまとめた部分。もう一つは真珠湾攻撃からミッドウェー海戦までの戦局の推移や日米の戦力比較にふれた箇所。そして日本の敗戦についてである。

この構成を見る限り、一九三七年の盧溝橋事件から一九四一年の真珠湾攻撃までと、一九四二年のミッドウェー海戦後から日本の敗戦までの日本の侵略戦争に関する記述がなく、その間はヨーロッパ戦線が中心に記述されている。よって援蒋ルートの遮断を目的とした北部仏印進駐（一九三八年）や、対米英戦を念頭に行われ、米英との対立が決定的となった南部仏印進駐（一九四一年）、日本軍の太平洋戦争における戦局の転換となったガダルカナルからの撤退（一九四三年）、そして日本が掲げた大東亜共栄圏の正当性を主張するために開かれた大東亜会議（一九四三年）などに関する記述は一切なく、アジア太平洋戦争の全体像を概観できるような内容は用意されていない。

日本の戦争犯罪に関わっても、九〇年代には「ファシズム国家の暴行」という節に、「日本侵略軍は中国の南京で、この世のものとは思えないほどの大虐殺を行った」と南京大虐殺があるだけで（人教版『世界歴史　第二冊』、一九九四年、一〇〇頁）、これも二〇〇〇年代からはなくなっている。また、九〇年代は「日本侵略軍」や「日本侵略者」という主語が多用されていたが、二〇〇〇年代に入ると、「日本」・「日本軍部」・「日本ファシズム」といったものへ変化しており、九〇年代と比べると日本に対する厳しい表現が大幅に減少していることがわかる。

このように『世界歴史』においても、日本の戦争犯罪についてことさらとりあげるような内容にはなっていないことがわかる。『中国歴史』と『世界歴史』の関係性をみてみると、満州事変から盧溝橋事件までは『中国歴史』と『世界歴史』の両方で、盧溝橋事件から日本の敗戦までの中国国内の状況については『中国歴史』で扱っている。また、アジア太平洋戦争に関しては、真珠湾攻撃やミッドウェー海戦などを日本の敗戦と結びつけて、戦局の推移について『世界歴史』が受け持っていることになる。いずれも東南アジアや太平洋地域における皇民化政策や占領支配といった日本軍の戦争犯罪、それらに抵抗する各地の抗日組織に関する記述はまったくみられない。さらに第1章一でも述べたように、中国の歴史教科書は中学校と高校の反復学習を基本としており、高校の歴史教科書でもこうした『中国近現代史』（自国史）と『世界近現代史』（他国史）との関係性やそれぞれの構成、内容についてもさほど変わりはない。

よって中国の中学生や高校生が歴史教科書から学ぶことが可能な日本の侵略戦争は、本節の冒頭に書いたような日本で一般的にイメージされるであろう日本軍による残虐行為のオンパレードといった代物ではないことが分かる。いずれも断片的な自国中心の歴史叙述によって構成されており、よほど歴史教科書を離れて教え手が戦争の全体像や背景を教えない限り、学び手である生徒にとっては系統的な学習は難しく、歴史教科書から日本の侵略戦争に関する歴史認識を深めることは容易ではないと思われる。これは各世代が歴史教科書より、むしろ他の情報源から日本や日本の侵略戦争に関する内容を入手して歴史認識の形成に関係している割合が小さくないことを意味しているといえるだろう。

さらに、抗日戦争をどこでどのように戦ったのか、といった戦史的な要素や国家として受けた損害という角度から歴史叙述が行われる傾向が強いため、戦争被害者という個人からみた戦争の歴史がこれまで書かれてきたわけではないことを指摘する必要がある。つまり中国が日本の侵略を受けた国だからといって、その国の歴史教科書や歴史教育に一個人から見た日本の戦争が書かれ、反映されてきたとは必ずしもいえず、むしろ戦争被害者個人はそうした歴史叙述や教育から削ぎ落とされてきた存在といえるのである。

2　歴史の記憶はどのように伝えられているか

　ではいったい中国の各世代は、どのように日本の侵略戦争や戦争犯罪を知りえたのだろうか。また、今日、いわゆる歴史認識問題や歴史教科書問題などの日本の戦争責任・戦後責任をめぐる両国間の議論は、どこから生まれてくるのだろうか。歴史教科書に書かれた日本の戦争犯罪に関する内容が限られている以上、それにすべての答えを求めることは難しく、他にも理由があると考える必要がないだろうか。

　そうであるならば、中国において戦争の歴史が受け継がれてきたルートと方法を解明する必要がある。例えば各家庭で世代をこえてどのように受け継がれてきたのか、または歴史教科書に記述がなくても授業実践のなかで扱われてきたのか、それとも小説や映画、新聞や雑誌といった芸術作品やメディアによって語られ、伝えられてきたのか調査や分析する対象は多い。さらに地域によって抗日戦争の様子や日本の占領、支配の実態は大きく異なるため、各地域で調べる必要があることになる。こうした中国における戦争の記録と記憶の継承ルートと方法について、日本での研究や調査は充分行われてきただろうか。

　南京大虐殺の体験者をたずね、「被害者の『その時』の体験だけでなく、その生涯、とくに事件以後の生涯も聞き取って記録した」、笠原十九司『体験者二七人が語る　南京事件　虐殺の「その時」とその後の人生』（高文研、二〇〇六年）の「おわりに」に、以下のような一節がある（三二六頁）。

農村部で夫を日本軍に殺害された妻が、革命後の土地改革で、自分で耕作をせずに小作人に耕作させていたので、「地主」・「富農」と判定され、迫害された話も、「革命における悲劇の再生産」としてやりきれない話である。文化大革命中にもこれに類した「悲劇の再生産」があったと思われるが、本書の聞き取りではその事実を語ってもらうのは困難で無理だった。

これは南京大虐殺の体験者にとって当時の様子を語ることも難しいが、それ以上にその人間にとって今日までの道のりを他者に伝えること、そしてそれを受けとめることの難しさを率直に指摘するものであり、「悲劇の再生産」を体験者や遺族たちが歴史の連続性のなかにどう位置づけてきたのかまでを把握する日本側の研究は、体験者が減っていくなかで不充分どころか、むしろこれから、といっても過言ではないのではないだろうか。

中国の歴史教科書に「慰安婦」に関する記述が登場するのは、二〇〇一年からで上海版歴史教科書においてである。また「慰安婦」問題について本格的な調査を行う研究機関が国内に設置されたのも、一九九九年と戦後半世紀以上たってからである。これは中国で「慰安婦」問題について研究、教育、叙述することの難しさを物語っており、「慰安婦」とされた女性たちが戦後の歴史や社会に組み込まれることなく、人間としての尊厳が回復されないまま戦争中の肉体的・精神的被害の連続のなかで生きてきたことを意味している。こうした状況は韓国にもあてはまる。韓国の歴史教科書に「慰安婦」問題の記述が小中高を問わず具体化してくるのは「第六次教育課程」（一九九二年告示・一九九九五年施行）以降である（石渡延男監訳・三橋広夫共訳『入門韓国の歴史〈新装版〉国定韓国中学校国史教科書』、あとがき）。両国における性に対する伝統的な考え方や、両国がたどった戦後史の苦難の道のりなどにより、歴史教科書に記述されるのが遅れたとも考えられるが、そもそも日本の戦争責任の追及と被害者に対する謝罪と補償を怠ってきたことが根本原因といえる。

3 「反日」教育なのか

中国の歴史教科書に日本の戦争犯罪が余すことなく記述されており、「反日」教育の温床となっていると短絡的に考えることは、戦争被害者やその遺族たちの回復されないまま過ごしてきた戦後史に、私たちが向き合う道筋を遠ざけてしまう危険性がある。それは加害者だけが戦争の歴史と向き合う難しさに直面しているのではなく、むしろ被害者が自分自身の生きてきた歴史と時代、そして現実を突きつけられる苦痛のなかで毎日を過ごしていることへの視野を狭めてしまいかねない。よって、中国をはじめアジアの歴史教科書に日本の戦争がどのように書かれてきたのか、ということを知ることも大切だが、書かれてこなかった、もしくは書くことのできなかった日本の戦争の歴史にも眼を向け、その原因を歴史の連続性という面から考えてみる必要があるだろう。そこには戦争を知らない若い世代が日本の戦争責任・戦後責任に対する問題意識を持つきっかけやとっかかりがあるように思う。

上述してきたように、戦争の記録と記憶を継承するルートと方法を我々が知ろうと努めない限り、日中間の歴史認識問題は、歴史教科書の記述や内容といったレベルの議論でとどまり、人と人との間で行われる歴史対話としての入り口になりえないのである。

『未来をひらく歴史』の刊行後、その内容はアジアの人々なら誰でも知っている、中国や韓国の歴史教科書には書かれているのにどのような学習効果が望めるのか、という意見が少なからず寄せられた。こうした意見は、自国中心的な歴史認識やアジアへの視野の乏しさを反映したものであると私は思う。また国境を越える歴史認識とは、それぞれの国家において民衆がどう位置づけられてきたのか、ということを相互把握する必要性を私たちに提起しているといえるだろう。

三　からみあう日中韓のナショナリズムと歴史教科書

●九〇年代歴史教科書

前節で、中国の歴代の歴史教科書に記述された日本の戦争犯罪が必ずしも多くないという特徴を指摘したが、もう一つの特徴について本節で考えてみたい。それは九〇年代の歴史教科書だけが歴代の歴史教科書のなかで際だって日本の戦争犯罪についてとりあげており、そのとりあげ方が他の年代とまったくことなること。そしていずれも八〇年代も記述されていた南京大虐殺を含め、七三一部隊、細菌戦、毒ガス戦、強制連行、劉連仁、一〇〇人斬りなど、九〇年代から二〇〇〇年代にかけて日中間で歴史認識問題として話題にのぼったものや、日本の戦後補償裁判で事実認定と補償が求められるようになった内容に集中している点である。

中国では八〇年代後半から民間レベルによる戦後補償を求める動きが起こり、一九九一年の全人代（全国人民代表大会）において、戦争被害者の対日民間賠償を求める意見書が署名簿とともに初めて提出されるなど、戦争被害者個人の補償を求める動きは国政レベルにまで到達する。一九九五年には、中国人戦争被害者が日本政府に対して、南京大虐殺・七三一部隊・無差別爆撃損害賠償請求訴訟にふみきる。さらに同年、強制連行に関わって、鹿島花岡鉱山中国人強制連行損害賠償請求事件も提訴。翌一九九六年にも強制連行の被害者である劉連仁が、中国人強制連行・強制労働損害賠償請求訴訟を起こしている。このように一九八〇年代後半から日本の戦後補償問題が日中間で議論されるようになっていった。

この時期の中国国内に眼を向けてみると、一九八七年にチベットの独立を求めるデモが発生、八九年にはラサに戒厳令がしかれるなど、民族運動が高まりをみせていた。おりしも同年は東欧の共産党政権崩壊が相次ぎ、ベルリンの壁が崩れるなど、社会主義陣営の衰退が加速した年でもあった。こうした状況のなかで発生した天安門事件は、たんに中国共産党が指導する政権の安定と団結に危機的状況をもたらしただけでなく、中国共産党の政権担当の正当性を裏付ける抗日戦争勝利という歴史事実の継承と、人々の感情の記憶という結集軸を揺るがし、国家を分裂させかねない極めて重大な意味をもった。

事件直後に開かれた中共第一三期第四中全会では、鄧小平が「この一〇年の最大の失敗は教育であり、国民全体の失敗である」と述べ（中国教育年鑑編集部編『中国教育年鑑１９９０』、一二一頁）、これ以降、愛国主義教育の強化が推し進められていくことになる。

一九九〇年には「中華人民共和国国旗法」が制定され、国旗掲揚と愛国主義の発揚が法的に義務付けられた。一九九四年、中国共産党中央宣伝部が「愛国主義教育実施要綱」を公布し、博物館・記念館・戦争遺跡・歴史遺産などを活用しての、愛国主義教育が行われるようになった。一九九五年三月には、国家教育委員会（現・教育部）から「抗日戦争・世界反ファシズム戦争勝利五〇周年を利用して愛国主義教育を深める通知」がだされ、全国規模の愛国主義教育強化が図られた。翌九六年には、国家教育委員会・民政部・文化部国家文物局・共産主義青年団・人民解放軍政治部の五部門が合同で、「全国の小中学生に推薦する一〇〇の愛国主義教育基地とその命名に関する通知」が通達された。それによれば、愛国主義教育基地一〇〇カ所*・愛国主義優秀映画一〇〇篇・愛国主義歌曲一〇〇曲・愛国主義図書一〇〇冊の「四つの一〇〇」が選定されている（『中国教育年鑑1997』、一四八頁）。

＊　愛国主義教育基地には、万里の長城（北京市）や河姆渡遺跡（浙江省）といった古代遺跡、井岡山革命記念館（江西省）・延安革命記念館（陝西省）などの革命関連施設、そして侵華日軍七三一部隊罪証陳列館（黒龍江省）・南京大虐殺記念館（南京市）のような日中戦争に関係する場所が選ばれている。

いずれも二〇〇〇年版の全日制普通高級中学歴史教学大綱に「歴史博物館や記念館、及び愛国主義教育基地を見学する」と盛り込まれており（教育部『二〇〇〇年全日制普通高級中学歴史教学大綱』）、授業での積極的な校外活動が提唱されている。このように天安門事件以降、中国共産党による安定した政権運営と国家の統一のために、求められる国家像や国民像が愛国主義教育を通じて浸透していったといえる。

この間、日本の戦争犯罪をめぐる中国国内の研究状況は、大きく変容していくことになる。例えば、南京大虐殺に関する中国国内の研究が本格化するのは、一九八二年の日本の教科書問題以降で、それまでは充分な研究や調査が行われてこなかったという（張連紅「負の遺産を克服するために　中国における南京事件研究の到達と課題」、『世界』二〇〇八年一月号、二二三頁）。その理由として、「南京大虐殺があまりに明白な事実」であることと、「政治的問題に直結する研究には携わらないようにする傾向があった」ことだという（同）。また、南京大虐殺が、「個々の歴史事実をはるかに超え、ある意味において、中国の民衆は、日本政府の南京大虐殺に対する態度を、戦争に対する反省度を測る基準としている」というように（同、二二六頁）、一九八〇年代から一九九〇年代にかけて、一九八五年の侵華日軍南京大屠殺遇難同胞記念館（南京大虐殺記念館）開設や、三〇万人という犠牲者数を政府公式見解として発表するなど、国家による犠牲者の顕彰と国民の戦争の記憶の統一作業が行われた結果、南京大虐殺は日中間の歴史認識問題を象徴する存在として意識されるようになっていった。

またこうした国家レベルの動きが進むなかで、民間レベルによる調査・研究も本格化していく。一九九八年に南京師範大学に南京大虐殺研究センターが設立されると、その成果は二〇〇七年までに刊行された五五巻にも及ぶ資料集と、「一部の学者は被害者としての感情の壁を乗り越えて、より高い視点から研究できるようになっている」という研究姿勢の変化へつながっていく（同、二二六頁）。

●日本における九〇年代バックラッシュ

一方、日本では一九八〇年代から一九九〇年代にかけて、一九八二年の教科書問題を契機に、改めてアジアの存在を意識的にとらえようとする姿勢が強まり、研究や実践では日本の戦争責任・戦後責任、なかでも日本軍の戦争犯罪の実態を明らかにしようとする動きが国内で高まりをみせた。例えば、南京大虐殺を解明しようとする南京事件調査研究会が一九八四年に発足、同年は粟屋憲太郎によってアメリカ公文書館で前年に発見された日本軍の毒ガス使用を証明する決定的な資料が『朝日新聞』で報道され、国会の衆議院外務委員会で取り上げられている。

一九九一年に金学順ら三人の韓国人元「慰安婦」が日本政府の謝罪と補償を求めて提訴すると、アジア各地から元「慰安婦」による証言が次々と行われるようになっていった。そうしたなか一九九三年に「民間の立場で真相の究明を中心に戦争責任問題、戦後補償問題の解決に必要な研究を行うことを目的」とする日本の戦争責任資料センターが発足し、『季刊戦争責任研究』の刊行に着手、創刊号（一九九三年秋季号）で「慰安婦」問題を真っ先に特集した。第二号で扱った七三一部隊についても、一九九五年に中国のハルビンで初めての国際シンポジウムが開催されるなど、日本の戦争責任・戦後責任が国境を越えて議論される環境が整備され、日・中の関係は緊密化していった。さらに一九八四年から始まった第三次家永教科書訴訟を通じて、歴史研究、歴史教育、科学運動の三位一体の連携が日本国内で進み、その過程で積み重ねられた研究成果が、一九九〇年代にかけて歴史教科書に具体的な記述として登場していくことになる。

ところが中国人戦争被害者やその遺族から起こされた戦後補償裁判では、原告敗訴や請求の棄却が続いた。また、九〇年代は日本の現役大臣や経験者による暴言が繰り返し行われた時期でもある。例えば、「侵略であるかは考え方の問題」（島村宜伸文部大臣）、「日本のおかげでアジアは独立した」（桜井新環境庁長官）、「韓国併合は町村合併と同様である」（江藤隆美元総務庁長官）、「南京大虐殺はでっちあげ」（永野茂門法相）、『「慰安婦」は商行為」（奥野誠亮元法相）、などである（荒井信一監修・伊香俊哉作成「歴史問題関連年表・資料」、『歴史教科書問題　未来への回答　東アジア共通の歴史観は可能か』、『世界』二〇〇一年一二月増刊号、一七八―一九六頁を参考にした）。

日本の敗戦から五〇年目にあたる一九九五年、「戦後五〇年国会決議」を採択するも、日本の戦争責任・戦後責任については充分な言及がなされなかった。翌一九九六年には、橋本龍太郎首相（当時）が一九八六年の中曽根康弘首相以来の靖国神社参拝を「総理大臣」として行うなど、日本とアジアとの歴史認識問題の溝が深まっていくことになる。そうしたなか政界では、アジアから寄せられる「慰安婦」問題や南京大虐殺といった歴史認識問題、靖国神社参拝問題、歴史教科書問題への批判に、「毅然とした態度」でのぞむことで国民の支持をとりつけようとするだけでなく、国旗・国歌法の制定や検定制度などを通じて学校教育や教科書の内容に大きく介入していくことになる。

一九九五年には「自由主義史観」研究会が発足。翌一九九六年に「つくる会」ができ、南京大虐殺や「慰安婦」などを教室で教えることは自虐史観の押しつけであるとして教科書からの記述削除を要求、政界によるバックアップを受けながら影響力を強めた。さらに自分たちの主張に基づいた中学校の歴史と公民の教科書（扶桑社版）を作成すると、二〇〇〇年の検定申請、翌二〇〇一年の検定合格に至った。

●共振するナショナリズム

上述してきたように一九八〇年代後半から二〇〇〇年代にかけて、日・中ともに日本の戦争犯罪を明らかにしようとする動きが強まると同時に、冷戦の崩壊や政権運営の難しさに直面するなどといった国内外の状況に影響を受けながら国家による歴史教育への介入が大きく行われたことが分かる。また、歴史教科書の戦争記述をめぐって日本国内で研究成果の蓄積と、これにあい対するナショナリズムの高揚という関係性が生じていくなかで、中国の歴史教科書にそうした日本国内の動きを受けた内容がリアルタイムで登場していくことになる。それは日本側によって中国における「反日」意識や歴史認識問題への一方的な追及として映し出され、改憲論や自衛隊の海外派兵の加速といったナショナリズムに日本国内で再転化されていくという日本と中国の共振関係が生じた時期であったといえるだろう。

こうした共振関係は、日本と中国という関係だけにみられるものではない。坂井俊樹は『現代韓国における歴史教育の成立と葛藤』（御茶の水書房、二〇〇三年）のなかで、日本と韓国の間にも「教科書問題が惹起されるたびに規定しあうという一種の連関構造が構築される」（四二六頁）と指摘しており、「この歴史認識を巡る連関構造こそが二国間の独特な関係性を示すものであった」と続けている（同）。日中、日韓という関係の相違や歴史的背景に違いはあれど、日本の戦争責任・戦後責任を誰の立場からどのようにみるのか、という歴史認識問題は、八〇年代から九〇年代、そして今日に至るまで日中韓が共振、連関してきた、いわばからみあうナショナリズムの同時代史を有してきたといえるだろう。

中国の最新の歴史教科書からは、九〇年代に日本の戦後補償裁判と関わって登場した、七三一部隊や強制連行、劉連仁といった内容はなくなっている。一方、一〇〇人斬りについては本文中に残されている。また本文中ではないが、南京大虐殺に関わるテーマ学習の資料として、東四郎の日記を紹介し、「つくる会」を「日本の右翼」と記述している。抗日戦争に関わる内容が九〇年代と比べて大幅に減少したことは本節の冒頭で指摘した通りだけに、日本の国内状況を受けた内容が盛り込まれる傾向が続いており、日・中のナショナリズムをめぐる共振関係が今日でも続いていることを、さらに分かりやすく浮き彫りにしているといえるだろう。

今後は、ナショナリズムの高揚とそれに対抗する取り組みとを、それぞれバラバラにみるのではなく、それらを共振関係として位置づけて分析する必要がある。それは国家と個人の関係をどうみるか、国民国家における歴史教育の役割とは何か、という論点を共振関係からみる、ということでもある。共通歴史教材は、こうした共振関係を相互の自己点検と自己更新から鋭く見抜き、その内側から新たな視野を構築しようとする取り組みだと考えられる。

四　南京大虐殺をめぐる記述

今日、中国において南京大虐殺という歴史事実が持つ意味は、南京にある南京大虐殺記念館に刻まれた三〇万人という犠牲者数が示すように、日本の侵略戦争を象徴する戦争の記憶であり、戦争非体験世代や戦争体験世代の歴史認識をつなぎあわせる国民の記憶でもある。

一方、日本の場合、中学歴史教科書を例にとると、一九九七年度版は、全七社中、六社が犠牲者数を具体的にあげて記述したものが（東京書籍・大阪書籍・教育出版・日本書籍・日本文教出版・清水書院の六社）、二〇〇二年度版になると二社（日本書籍と清水書院の二社）へと減少。さらに二〇〇六年度版では全八社のうち、占有率三・一％の日本書籍新社の一社だけとなり、下記のように本文中で数行触れる程度である（『中学歴史〈歴史的分野〉』日本書籍新社、二〇〇六年、一九八頁）。

年末には日本軍は首都南京を占領したが、そのさい、二〇万人ともいわれる捕虜や民間人を殺害し、暴行や略奪もあとをたたなかったため、厳しい国際的非難をあびた（南京事件）。

このように南京大虐殺に関する記述は明らかに後退しており、その全体像が曖昧な内容になってしまっている。こうした南京大虐殺をめぐる両国の状況の相違を反映してか、近年では日中間の歴史認識の溝を象徴する歴史事実として扱われることも少なくない。

一方、中国の中学校歴史教科書に南京大虐殺に関する記述が登場するのは、六〇年代に入ってからである。五〇年代は「一九三七年一一月、上海を失った。一二月には南京も失った」とあるだけで（人民教育出版社『中国歴史　第四冊』一九五六年、七四頁）、詳細にはふれられていない。

●一九六〇年代〜八〇年代

一九六〇年代では下記のように記述されている（人民教育出版社歴史編輯室・堀敏一訳『全訳　世界の歴史教科書シリーズ29　中国Ⅱ』、帝国書院、一九八三年、二三〇頁*）。

日本侵略軍は、その赴くところ大規模にわが人民を殺戮し、わが国の婦人を凌辱し、家を焼き、食品を略奪し、いたるところ火の海、血の海とかした。日本軍は南京を占領すると狂ったように大規模な殺戮を展開した。南京で平和に生活していた住民のうちある者は射撃練習の的にされ、ある者は白兵戦の対象とされ、ある者は灯油をかけられて焼き殺され、ある者は生き埋めにされ、またある者は内臓をえぐりとられた。一か月あまりで殺害された者は三〇万人を下らなかった。敵は野蛮な手段で中華民族を征服し、中国人民の抗日闘争を鎮圧しようとはかった。だが、こうした敵の凶悪な残虐行為は全国人民のたぐいない憤激を巻き起こした。

＊　一九六〇年代の中国の歴史教科書の現物を、現在、日本で入手することは困難である。その理由は、一九六六年から中国で始まった文革により、教科書の使用が中国国内においても限られるためである。この翻訳版の前書きには、「この『中国歴史』という教科書は、一九六〇年代に一二年制学校の初級中学で使用されたものである。今回日本の帝国書院の翻訳・出版のために提供する前に、われわれは改訂を進めるとともに、歴史地図と写真とを増加した」となっている。よって厳密にいえば一九六〇年代のものとはいえない。しかし、記述している時代範囲が五〇年代と同じで七〇年代以降とは異なること、また五〇年代と七〇年代以降の章立てや記述内容とも違うことなどから総合的に判断して、本書では六〇年代の歴史教科書として扱うこととする。

一九七〇年代は下記の通りである（人教版『中国歴史　第四冊』、一九七九年、五一頁）。

日本軍は、南京を占領後、狂気じみた大虐殺を行った。南京で平和に暮していた住民たちは、射撃練習の的にされたり、ある者は刀で切られ、ある者は石油で焼き殺され、またある者は生きたまま埋められたりした。さらには心臓をえぐりとられた者さえいた。一ヵ月余りの間に殺された数は三〇万人あまりにのぼり、焼失または破壊された家屋は全市の三分の一にのぼった。南京の城内には死体が累々と重なり、瓦礫が山となり、暗く冷たい風が吹き抜け、まるでこの世の地獄であった。そのため敵の残虐さに全国の人民は比べようの無い強い怒りを覚えた。

六〇年代・七〇年代では「南京大虐殺」という節や小見出し、歴史用語はなく、虐殺者数の根拠となる史料や出典は示されていない。また虐殺の場面をリアルに叙述し、日本軍の残虐性に焦点を合わせ、抗日意識の高揚を説明する内容構成であることが分かる。

一九八六年版も下記のように七〇年代までと内容に大きな変化はみられない。また犠牲者数の根拠について「調査によると」としながらも、その詳細や出典などは明記されていない（人教版『中国歴史　第四冊』、一九八四年、九七頁）。

日本侵略軍は、その赴くところで焼き、殺し、奪い、残酷を極めた。無数の街が廃墟と化し無数の中国人民が殺害された。日本軍は南京を占領後、狂ったように大規模な殺戮を展開した。南京で平和に生活していた住民のうち、ある者は射撃練習の的にされ、ある者は試し切りの対象とされ、ある者は灯油をかけられて焼き殺され、ある者は生き埋めにされ、またある者は心臓をえぐりとられた。調査によると殺害された者は三〇万人あまりにたっし、焼失または破壊された家屋は全市の三分の一にのぼった。南京の城内には死体が累々と重なり、瓦礫が山となり、暗く冷たい風が吹き抜け、まるでこの世の地獄であった。そのため敵の残虐さに全国の人民は比べようの無い強い怒りを覚えた。

八〇年代の記述にみられる大きな特徴は、南京大虐殺について「国民党の戦場における大敗退」という節で記述している点である。これは国民党が日本軍に大敗退したことと南京大虐殺とを関連づける歴史叙述になっており、国民党を強く意識した内容といえるだろう。

八〇年代は、日本の教科書問題を契機として、中国で南京大虐殺に大きな注目が集まった時期でもある。それは中国で南京大虐殺を戦争非体験世代がどのように受け継いでいくのか、ということとも関係しながら、国民の記憶として位置づけられるようになっていったことを意味する。日本における南京大虐殺を歪曲しようとする動きは、たんに歴史事実を認めないというだけでなく、中国における国民の記憶を否定することとして受けとめられるようになっていった。この国民の記憶の形成に大きな役割を果たしたのが、一九八五年に建設された南京大虐殺記念館と三〇万人という数字である。またこの時期から南京大虐殺に関する調査・研究が徐々に進められていくことになる。

●一九九〇年代

一九九〇年代に入ると、一九九五年版の歴史教科書（人教版）には下記のようにまとめられている（『中国歴史　第四冊』、一九九五年、五四―五五頁）。

日本の侵略者は至るところで焼き払い、人を殺し、レイプをして、略奪するなど悪事の限りをつくした。日本軍が南京を占領後、南京の市民に血なまぐさい大虐殺を行い、これ以上ない罪を犯した。南京で平和に暮らしていた住民たちは、あるものは射撃練習の的にされ、またある者は銃剣突撃の対象にされ、さらにある者は生きたまま埋められた。戦後の極東国際軍事裁判の統計によれば、日本軍は南京占領後六週間のうちに、武器を持たない中国人の住民と武器を捨てた兵士たち三〇万人以上を虐殺した。

一九三七年一二月一五日、すでに武器を捨てた中国軍兵士と警察の三〇〇〇人あまりが、日本軍に南京漢中門外に連れて行かれ機関銃の掃射が行われた。その後、まだ死んでいない負傷者と死者は、ともに焼き払われた。［後略］。

これが南京軍事法廷の判決書とほぼ同じ内容であることを、笠原十九司が『南京事件と日本人――戦争の記憶をめぐるナショナリズムとグローバリズム』（柏書房、二〇〇二年）のなかですでに指摘している。また、極東国際裁判の判決文では「日本軍が占領してから最初の六週間に、南京とその周辺で殺害された一般人と捕虜の総数は、二〇万人以上であったことが示される」とあるため、「極東国際裁判の統計によると……三〇万人」という教科書記述は正確さに欠ける。これは史料の読み方といった研究的視角よりも、三〇万人という数字からの歴史教育が優先されていたことの表れといえるだろう。

また、八〇年代とはことなり「神聖な抗日戦争の開始」という章に「南京大虐殺」という一節が設けられ、歴史用語として歴代の『中国歴史』のなかで初めて登場している。これは国民党を意識させる歴史叙述から、日本の戦争犯罪を明らかにしようとする歴史叙述への転換と考えられ、虐殺の様子について日時や場面を詳細に記述している点がそれを示している。さらに日本兵が日本刀を手入れする挿絵が組み込まれ、文章だけでなく視覚的要素を利用した南京大虐殺学習が行われ始めたのも九〇年代以降である。

●二〇〇〇年代

二〇〇〇年代になると、九〇年代の記述がそのまま残っている他に、以下にあげるようなこれまでにない学習課題が抗日戦争学習の最後に加えられた（人教版『中国歴史　八年級　上冊』、二〇〇三年、八五―八七頁）。

〈テーマ学習――日本の中学生に手紙を書こう――南京大虐殺を忘れない！〉

血塗られた南京大虐殺から、すでに六〇年あまりがたったが、今日の中国と日本の中学生たちは、南京の城内や長江の川岸で起こった想像を絶する大虐殺をどれほど理解しているだろうか。また、一九四七年初めの南京軍事法廷と一九四八年末の極東国際軍事裁判において、日本の戦犯に正義の審判が下されたことを知っているだろうか。

一衣帯水の隣国とは永久の平和が必要であり、平和のために、また南京大虐殺を再び繰り返さないために、あなたと同年代の日本の中学生に手紙を書いてみよう。他国の同世代にあなたが知りうる南京大虐殺を伝え、あなたとあなたの祖国の平和に対する熱い思いを伝えてみよう。

・活動内容

「南京大虐殺は忘れることはできない」というテーマで、日本の中学生に手紙を書き、日本軍国主義の戦争犯罪を明らかにしたうえで、中国人が侵略に反対し、平和を愛する気持ちを説明する。

・活動目標

南京大虐殺及び今日の日本の教科書問題の主要な論点について材料を集めて分析を加え、愛国心と社会責的任感を強くする。また、問題の分析、歴史の資料を操作して、その問題を説明する能力を向上させる。

・活動へのアドバイス

一、教科書の該当単元の内容を基礎として把握し、「付録」としてあげた資料を読む。

二、より調査を進め、問題に関係する多方面の資料を収集して活用する。以下のいくつかの分野の資料から探すとよい。

第一、南京大虐殺

第二、一九四六年〜一九四七年の南京軍事法廷が南京大虐殺の重要戦犯に行った判決。一九四六年〜一九四八年の極東国際軍事裁判が南京大虐殺を引き起こした戦犯に行った判決。

第三、日本の右翼が歴史教科書のなかで南京大虐殺に対して行っている歪曲した叙述。

第四、日本政府の歴史教科書に対して行う検定状況について。
第五、中国政府の態度
三、手紙を書くとき、手紙を受け取るのは日本の中学生であることに注意して、日本軍国主義や日本の右翼と日本の国民を区別すること。

・付録一　材料

一、一九四七年二月六日から八日にかけて、南京軍事法廷は谷寿夫に対して三日間の公判を行った。八〇名あまりの証人が出廷して谷らの日本軍が南京で行った暴行について証言をした。そのうち三名は外国籍であった。三月一〇日、南京軍事法廷は、さらに調査を行って「日本軍によって集団虐殺され遺体焼却、証拠を隠滅されたものは一九万人あまり、個別に虐殺され、遺体を南京の慈善団体が埋葬したものは一五万人あまり。総被害者数は三〇万人を越える」・「谷寿夫が作戦期間に兵を率いて捕虜や非戦闘員を虐殺し、あわせて強姦、略奪、財産の破壊を行った」ことを確認して死刑の判決を下した。四月二六日、南京で銃殺刑が執行された。

二、東京の極東国際軍事裁判は、一九四六年四月二九日から始まり、一九四八年一一月四日までに判決が出された。二年半の時間のなかで東条英機など二八名のA級戦犯に対して審判を行った。南京大虐殺に対する調査と証拠をとり、松井石根への尋問を行って日本軍が南京で行った暴行は、日本政府の黙認と支持の下で行われたことが確認された。「日本軍が占領してから最初の六週間に、川に流されたり焼かれたりした大量の遺体を数に入れないで、虐殺された一般人と捕虜の総数は、二〇万人以上にのぼった」。東京裁判は、一九四八年一一月一二日に南京大虐殺の主犯格である松井石根に絞首刑を言い渡し、同年一二月二二日、執行された。

三、ラーベはドイツ人で、一九三七年日本軍が南京に攻め込む前後、彼は十数人の外国人宣教師、教師、医師、ビジネスマンなどと共同で南京安全区を設置して、その安全区国際委員会の主席を務めた。約二五万人の中国人のために、一時的な避難場所を提供した。『ラーベの日記』は、南京大虐殺を研究するうえで分量が最も多く、保存状態が最も完全な史料である。この日記に書かれたものは、いずれもラーベが自ら見て聞いたものであり、非常に具体的かつ詳細であり、真実である。誰もその信頼性を否定することはできない。日記をつけるのと同時に、ラーベは苦心して八〇数枚の現場で撮った写真を保存しており、これらの写真にも詳細な説明を付している。

四、東史郎は、戦争当時、南京大虐殺に参加した経験を持つ日本の老兵である。その両手は中国人の鮮血がしみついている。罪悪感が彼の魂を不安にさせ、二〇世紀八〇年代以降、彼はたびたび南京を訪れ、真摯に南京の人々に謝罪した。歴史の真実を世の中の人々に伝えるため、東史郎は彼が侵略戦争に参加した期間の日記を公表した。そのなかには南京大虐殺の様子も含む。東史郎の正当な行為は、日本の右翼の威嚇や迫害にあい、「逆賊」・「売国奴」・「旧軍人の恥さらし」・「英霊を冒とくした」と罵られた。

五、二〇〇一年、日本の右翼「新しい歴史教科書をつくる会」が中学歴史教科書を編纂した。

いわゆる自虐史観の資料を一掃するという口実の下、日本軍国主義が中国や朝鮮、東南アジアの各地で行った侵略行為を完全に消し去っている。その本のなかで南京大虐殺について、「戦争中のことであり、一種の殺害が発生したに過ぎず、大虐殺といったような類の行為ではない」としている。この歴史教科書が日本の検定を通過した。

六、一九九八年一二月二三日、中国外交部のスポークスマンは会見の席で、「日本軍国主義がかつて起したあの侵略戦争が中国人に深く重い災難をもたらし、この世のこととは思えない南京大虐殺は日本軍が侵略戦争中に犯した極めて大きな罪行の一つである。この史実にはたくさんの証拠があり、否定しようとするいかなる企ても無駄である。……我々は日本側が実質的な行動で歴史を直視し、また歴史を尊重して、歴史を鏡として悲劇を繰り返さないことを求める」と述べた。

・付録二　参考文献

一、孫宅巍・呉天盛『南京大虐殺』中国文史出版社、一九九七年
二、徐志耕『南京大虐殺』解放軍文芸出版社、一九九七年
三、孫宅巍・李徳英『黒色一二・一三』青島出版社、一九九七年
四、『南京大虐殺の徹底検証』(日) 新華出版社、二〇〇〇年
五、胡菊容『中外軍事法廷審判日本戦犯』南開大学出版社、一九九八年
六、ジョン・ラーベ『ラーベの日記』江蘇人民出版社、江蘇教育出版社、一九九七年
七、ミニー・ボートリン『ボートリン日記』(米)、江蘇人民出版社、二〇〇〇年

八、主要なインターネットサイト

以上、かなりの長文引用となったが、中国の若い世代が今日どのように南京大虐殺を学んでいるのかを最も分かりやすく示していると考えられる。なお、同書の教師用指導書には、北京師範大学付属中学の李静が作成した教案が一例として示されている。それによると、この学習テーマについて五、六人の班活動で行うことを提言している。また、以下のように一二日間かけて取り組む教案を例示している（人教版『中国歴史　八年級　上冊　教師用教学用書』、二〇〇五年、一六九―一七一頁）。

第一日　教師が活動内容のテーマ、方法、要求、スケジュールを話し、日程表と活動要求を配付する。教師は資料の収集プロセスと、整理方法を指導する。（活動場所――教室）
第二日・第三日・第四日　図書館もしくはインターネットで資料を収集する。（活動場所――学校・家庭・地区の図書館）
第五日　資料の整理。（各自で行う）
第六日　班ごとに資料の報告、交流、討論、下書きを書く、教師が指導する。（活動場所――教室）
第七日　下書きを推敲して原稿を仕上げる。（各自で行う）
第八日　手紙をだす。（郵便局）
第九日・第十日　生徒が本テーマ学習に対してまとめを行う。（各自で行う）
第十一日　収集した資料、整理した資料と各自のまとめを班長に渡して班で評価する。（各自で

行う）

第十二日　教師が本テーマ学習に対してまとめを行う。

さらに学習の段取りの一部には、以下のようなポイントも挙げている（同）。

生徒の本テーマ学習へのまとめは、資料の収集・整理の方法、協力して学習することへの考え方、学習内容への認識などの内容を含む。

教師の本テーマ学習へのまとめは、生徒のまとめを結びつける、学習方法・学習内容、協力して学習することの状況などからまとめる。

●日本人としてどう応答するか

以上のように、今日、中国の中学生は日本の同年代の若い世代に手紙を書くことを想定した学習を通じて、南京大虐殺と向き合っていることが分かる。その特徴は、以下のような点にあるだろう。

⑴　日本の若い世代だけでなく、中国の若い世代も南京大虐殺に対する認識が低いことを前提とした課題の立て方がなされていること。

⑵　資料の収集と分析を通じた自己表現を基本としていること。

⑶　教条的な学習内容を通じた一方的な愛国心の発揚ではなく、史料の理解をふまえた自発的な愛国心の形成が目指されていること。

(4)　手紙を送るという行為を想定した、他者を意識した学習内容であること。
(5)　日中間の歴史認識問題を意識した学習内容になっていること。

いずれも教師の課題への取り組み方や、資料の収集度合いや活用によって学生たちの学びも様々であると思われるが、だからこそ最初から答えが用意された紋切型で閉鎖的な積め込み型の歴史学習とは異なる、他者を意識した学習課題が設定され始めていることがうかがえるだろう。また教師用指導書に載せられた教案も、九〇年代までは誰が行った授業実践や授業案であるのかまったく分からなかった状態から、現場の教師の実践を重視した具体的な学習内容の解説へと転換していることも大きな特徴である。よって、中国の歴史教科書における戦争記述を代表する南京大虐殺を例にとると、それをそのまま「反日」教育と結びつけることは、いささか短絡的であるといえるだろう。

ただし例示された資料のなかには、『東史郎日記』のように充分な実証に耐えうるとは必ずしもいえないものも含まれ、南京大虐殺や教科書問題をめぐる日中間の歴史認識問題を反映した愛国心を強化する課題内容であることも否定できない。しかし、今日、中国において南京大虐殺をどのように教え学ぶのか、という課題は、その設定からも分かるように、戦争非体験世代である教師と生徒とが学び合う内容へと変化してきていることは明らかであり、その方向性は、必ずしも一国史的なものではなく、むしろ他者の応答までをも意識した歴史認識の対話のやり取りが模索されようとしていると考えられる。こうした今日的状況が生まれつつあるなかで、手紙という明確に想定された問いかけに、私たちがどのような返事を返せるのか、これまで以上に厳しく突きつけられているといえるだろう。

第3章　多様化する歴史教科書

一　進行中の教科書改革

今日、中国の歴史教科書はすべて検定教科書であり、全国で使用可能な全国版と、上海市や広東、四川などのように独自に編纂され、その地域限定で使用可能な地方版とがある。こうした多様化の傾向は歴史教科書に限らず全教科に及び、すでに中学と高校の教科書は全国で数えきれないほど編纂されているのが実情である。また学習科目という面からみても、従来、中学校で行われてきた「歴史」や「地理」といった科目に変わって、それらを一つにした「歴史と社会」が必修科目として新設されるなど、教科書改革及びカリキュラム改革は現在進行形といえる。

歴史教育に関わって近年みられる教科書の特徴は、大きく三つあげられる。

(1)　一九八〇年代後半から上海で編纂作業が始まった自国史と他国史をひとつにした高校歴史教科書『歴史』が、北京でも別途編纂され始めたこと。

(2)　すでにふれたように必修科目であった「歴史」と「地理」に変わって「歴史与社会」（「歴史と社会」）という必修科目が創設され、中学校の三年間をかけて学習する『歴史与社会』という教科書が新たに登場したこと。

(3)　『郷土歴史　上海』（上海教育出版社、二〇〇三年）や『安徽歴史』（中国地図出版社、二〇〇四年）といった郷土史教材の編纂が各地で盛んに行われていることである。ここではそうした多様化する各地の歴史教科書にみられる内容の地域差に注目しながら、その現状と方向性を考えてみたい。

1　上海版・高校歴史教科書『歴史』——経済発展を背景に

一九八八年五月に上海中小学課程教材改革委員会が発足した。その成立大会において上海市人民政府教育衛生事務室主任・上海市中小学課程教材計画委員会主任の王生洪は、上海独自の教材を作成する必要性について以下のように述べている（王生洪「上海小中学課程教材改革委員会成立大会における講話」『上海中小学課程教材改革専編（1）』、三頁）。

我々は上海が経済発展をとげ、先進的な科学技術を取り込み、産業構造を合理化して高度な社会主義文明のひとつの中心都市となることで、率先して全国の手本、先頭として対外開放の窓口になるという点から考えてみると、基礎教育への高い要求が求められる。しかしこれまでの教材ではこの需要に適応することはできない。外国語を例にとると、第一に学習可能な言語の種類が少ない……、第二に学習内容の特色が乏しい……、第三に学習内容のレベルが低い、……などのように開放の需要に適応することができていない。

さらに、それまで使われてきた教材の欠点を以下のように次々と指摘している（同）。

(1) 対外的な経済にとって、我々の基礎教育に外部世界の課題を知るための世界歴史や世界地理への理解が乏しい。
(2) 学生の負担が大きすぎる。カリキュラムの科目が多すぎ総合性に欠ける。
(3) 環境科学や人口学などの分野の新しい知識が不足している。
(4) 教材に地方としての特色が欠けており、郷土教材が不足しているため、故郷を愛し、祖国を愛する気持ちを育てるのにむかない。

このように従来の教材が改革開放路線になじまないことを指摘している。またその内容は、学習内容の質や量、カリキュラムに至るまで、従来の教材をほぼ全面的に改善すべきだと提起していることも分かる。こうした従来の教材を真っ向から批判できる背景には、一九八四年に上海を含む一四都市が対外経済開放都市に指定され改革開放路線が加速していたこと。そして鄧小平が提唱した「先に富める者から富む」という「先富論」によって、上海が全国の「手本」・「先頭」になることにお墨付きがだされ、従来の教材が抱える問題点を比較的自由に発言できたからだと思われる。こうして上海では一九九一年以降、自国史と他国史の内容を一つにした歴史教科書、『歴史』が登場していくことになる。

●執筆の意図

ここでは、まず上海教育出版社から出されている上海版高校歴史教科書『歴史』（上海中小学課程教材改革委員会『歴史　一年級』上海教育出版社、二〇〇二年）を参考にしながら、その特徴をみてみよう。上海版『歴史』の「はじめに」には、執筆意図と特徴が四つ説明されている（『歴史　一年級』、一―二頁より）。

(1)　新航路発見後が真の世界史といえるだろう。よって「中外」（中国史と外国史）を一つにした世界史教科書を書くのであれば、一五世紀から書き起すのが妥当といえる。

(2)　なぜ「中外」を一つにした構成をとるのかといえば、一言でいえば今日の世界と中国の現状が生まれたいきさつを、生徒が理解するうえで有益だからである。

(3)　関係づけることと比較することで、私たちに歴史を深く理解させることができる。また「中外」の歴史を一つにするうえでも関係づけることと比較することは便利である。

(4)　歴史を学ぶ際に注意すべきことは「二つの必要なものと一つの不必要なもの」があることだ。必要なものとは、「道理を明らかにする」ことと「感情を移入すること」であり、不必要なものとは、「意味もなく暗記すること」である。［中略］道理を明らかにして感情を移入できれば、歴史教育の役割は果たしたといえる。

上海版『歴史』は、大航海時代から冷戦の崩壊、中国のＷＴＯ加入（二〇〇一年）までを扱っている。その特徴は、世界の一体化を大航海時代に見出す典型的なヨーロッパ中心史観であることだ。よって大航海時代以前の歴史は、各国もしくは各地域がバラバラに存在する歴史像が想定されており、それぞれの交易や文化の交流などにはほぼふれられていない。また自国史と他国史を一つにした歴史叙述は、例えば「一九世紀の五〇年代から七〇年代のアジア」という章が、「太平天国運動と第二次アヘン戦争」・「中国における資本主義の誕生」・「日本の明治維新」・「インドの民族蜂起」という四つの節から構成されていることから分かるように、同じ年代に世界の各地で起こった出来事を併記していくスタイルを採っている。その際、中国・日本・インドという三つの地域、異なる年代を結びつける歴史叙述の柱は資本主義と階級である。この資本主義と階級を論じながら中国共産党と社会主義国家の成立を導いていくという歴史叙述のスタイルは、従来の人教版と変わらない。

しかし注目すべき点も存在する。まず、日本の明治維新に関する部分で、「長州藩の高杉晋作は一八六一年上海を訪れ、上海がイギリスやフランスの植民統治下にある現状を目の当たりにして非常に心を痛めた。そして日本をそういう地位にしてはならないと誓った。彼は帰国後、攘夷派のリーダーのひとりとなった」というように（上海版『歴史』一五四頁）、日本と中国の歴史の関係性に言及する部分がある。また、インド大反乱についても、「インドの民族蜂起はアジアにおけるイギリスの軍事力を弱らせ、イギリスのアジア侵略の手はずを乱すことで、イランと中国人民の反英闘争を間接的に支援した」とインド大反乱の地域的な影響、波及についてふれている（同、一六〇頁）。これらはいずれも従来の人教版には見られなかった、地域の運動性や自国の民族運動を他地域の運動と比較しながら相対的に位置づけなおす工夫がほどこされているものといえるだろう。

次に、歴史叙述のスタイルの点では、すでに指摘したように、従来同様、資本主義と社会主義を対峙させ階級闘争に言及している。しかし「目次」には「社会主義」という言葉がどこにもみあたらない。「社会主義」は同時期の人教版の高校歴史教科書では「マルクス主義の誕生と社会主義運動の発展」、「ロシア一〇月社会主義革命と民族解放運動の高まり」や「戦後（第二次世界大戦）の社会主義国家」と、扱う時代を問わず使われているだけに、上海版『歴史』は「社会主義」を必ずしも前面に押し出さないことは大きな特徴と言えよう。そもそも「社会主義」というキーワードが目次にまったく記述されていない歴史教科書は、各地域、各年代、各版をすべて確認することは不可能だが、おそらく上海版『歴史』が初めてだと思われる。これは社会主義国家・中国にとって極めて大きなインパクトを持つことだと言っても過言ではないだろう。

●道理を明らかにして感情を移入する

このように上海版『歴史』は、執筆意図にあるように関係づけることと比較すること、市場経済化が進む上海が置かれた今日的状況などにポイントを置いて書かれたことが分かる。さらに「道理を明らかにして感情を移入する」ことが歴史教育の役割だと明記していることも注目に値するだろう。執筆意図には以下のような例が書かれている（前掲、二頁）。

日本が中国を滅ぼそうと突きつけた二一カ条要求や満州事変などの史実を学んだら、国歌の歌詞にあるように、中華民族が最も危険なとき、という感情を理解する。ヒトラーが歴史に登場してからナチスの行った焚書やユダヤ人の虐殺などの史実を学んだら、ナチスを恨み、ユダヤ人を哀れむ感情を引き起こすようになる。

ここで例にあげられている二一カ条要求について、本文中にその内容や歴史の流れ、背景を記述したうえで、さらに当時のある場面を一人称の視点から具体的に描くエピソードが組み込まれている。そこで描かれる人間は喜怒哀楽に富み、臨場感あふれる歴史叙述になっており、直感や共感によって歴史を理解することに歴史叙述の役割が置かれている。このように共感から歴史上の人物に接することができ、歴史が転換する過程を個人の視点から分かりやすく描くことが可能だが、一方では、そこで提示された内容は、執筆陣や検定によって取捨選択されたものであり、どこまで科学的な歴史認識を形成することに役立つのか疑問も残る。

2　人民版・高校歴史教科書『歴史』——中国近代化論

次に北京で二〇〇四年に全国の検定（初審）を合格して、二〇〇五年から試験的使用が開始された高校歴史教科書『歴史』（人民出版社、二〇〇五年）についてもみておこう。この人民版・歴史教科書は、北京師範大学・歴史学部教授で中国現代史学会副会長の朱漢国を中心に編纂されている最新の教科書で、全国の高校で使用することが可能である。計三冊から構成され、第一冊は、「人類社会政治分野の発展進歩における重要な内容」についてとりあげ、第二冊は、「人類社会経済発展の進歩における重要な内容」について、第三冊では、「人類思想文化と科学技術分野の発展進歩における重要な内容」をテーマに編まれている。これらの特徴は、以下に記す章立てを見れば一目瞭然だが、通史というスタイルを採らず、テーマごとにまとめられていることだ（表5）。

三冊に共通するのは、まず中国に関わる内容を扱い、その後で西洋（欧米）についてとりあげ、その他の地域については明らかに分量が少ないことだ。私は第2章四で、歴史教科書における歴史叙述の対抗軸が、八〇年代から九〇年代にかけて中国国民党から日本へ移行していることを指摘したが、その延長線上に西洋（欧米）があることをうかがわせる。次に全体がテーマ史によって構成され通史ではないため、明確な時代区分がなされていないものの、古代と近現代とで大きく区分されており、なかでも現代史に多くの紙面が割かれていることが分かる。タイトルに「戦争」という文字はなく、あるのは「科学技術」と「経済発展」といったキーワードである。また中国共産党や階級闘争といった語句は、上記の章だけでなく節のタイトルを含めてもまったく見あたらない。

●抗日戦争の勝利

こうした動向を象徴しているのが、抗日戦争の勝利に関する記述である。これまで歴代の人教版では、八〇年代まで「中国人民は中国共産党の指導した八年間の抗戦によってついに勝利した」と、抗日戦争と中国共産党を明確に結び付けて記述してきた（人教版『中国歴史　第四冊』一九八四年、一

表5　高校歴史教科書『歴史』*目次

◇第1冊	人類社会政治分野の発展進歩における重要な内容
テーマ1	古代中国の政治制度
テーマ2	近代中国の国家主権を守る闘争
テーマ3	近代中国の民主革命
テーマ4	現代中国の政治建設と祖国の統一
テーマ5	現代中国の対外関係
テーマ6	古代ギリシア・ローマの政治文化
テーマ7	近代西洋民主政治の確立と発展
テーマ8	人類を解放する光の道
テーマ9	現代世界政治の構造と多極化の趨勢
◇第2冊	人類社会経済発展の進歩における重要な内容
テーマ1	古代中国経済の基本構造と特徴
テーマ2	近代中国資本主義の曲折と発展
テーマ3	中国社会主義建設路線の探求
テーマ4	中国近現代の社会生活の変遷
テーマ5	世界の資本主義市場へと向かう
テーマ6	ローズベルトのニューディール政策と現代資本主義
テーマ7	ソ連の社会主義建設の経験と教訓
テーマ8	現代世界経済のグローバル化の趨勢
◇第3冊	人類思想文化と科学技術分野の発展進歩における重要な内容
テーマ1	中国伝統文化の主な思想の変遷
テーマ2	古代中国の科学技術と文化
テーマ3	近代中国思想解放の潮流
テーマ4	20世紀以来の中国における重大思想理論の成果
テーマ5	現代中国の文化と科学技術
テーマ6	西洋人文精神の起源と発展
テーマ7	近代以来の科学技術の光り輝く成果
テーマ8	19世紀以来の文芸芸術

＊朱漢国主編『歴史』人民出版社、2005年

二九頁)。九〇年代以降は、これに加えて「中国人民と世界反ファシズム戦争の勝利」とまとめられてきた(人教版『中国歴史　第四冊』、一九九五年、八九頁)。ところがこの人民版『歴史』では、抗日戦争の勝利に関する項目に中国共産党という記述はまったく登場せず、九〇年代からみられる中国が世界反ファシズム戦争の一翼を担ったという記述に、「抗日戦争は中国近代史上、最も偉大な国家主権を守る闘争である」という新しい一文が付け加えられた(人民版『歴史　第一冊』、二〇〇五年、三九頁)。

この記述から、抗日戦争の性格が世界の反ファシズム戦争に参加する中国の戦争、自国の主権を守る戦争であることが分かる。そして抗日戦争の勝利と中国共産党とを結びつけることで今日における政権担当の正当性に根拠を与えてきたスタイルから、現代史における科学技術や経済発展を成し遂げた中国という国家とを結びつけることに歴史叙述の主眼が移行しつつあることをうかがわせる。

各章の内容構成にも特徴がみられる。「テーマ2　近代中国の国家主権を守る闘争」は、「一　列強の侵入と民族の危機」・「二　中国軍民の国家主権を守る闘争」・「三　偉大な抗日戦争」という三つの節から構成される。次の「テーマ3　近代中国の民主革命」では、「一　太平天国運動」・「二　辛亥革命」・「三　新民主主義革命」と続く。この構成によれば、抗日戦争の勝利のあとに、太平天国や辛亥革命の内容が登場することになり、歴史の流れや因果関係がほぼ無視されている。従来の歴史教科書では、歴史の流れや因果関係に重点を置くことで、抗日戦争の勝利や革命の勝利を単線的に描いてきた。そうすることで歴史教科書を使った学習から導かれる歴史の教訓や歴史認識を統一することが容易だったからである。しかし、こういった構造が人民版『歴史』にないということは、教え込みの歴史観や歴史認識の統一よりも、自発的な国家への主権意識や国民意識を育てようとする意図がうかがえる。

●ニューディール政策の評価

三冊を通じて私が最も興味深いと感じたのは、第二冊の「テーマ６　ローズベルトのニューディール政策と現代資本主義」である。この章では、タイトルからも分かる通り、今日の資本主義社会の原点をニューディール政策に求める内容になっている。その内容は、ニューディール政策についてテネシー川流域開発公社などを説明しながら、国家の権限を拡大・強化して、経済活動に介入することで経済の回復・発展を図る具体例をまとめている。そして第二次世界大戦後のアメリカ、イギリス、フランス、ドイツ、日本の経済政策と経済成長にも詳細にふれている。

これまでの歴史教科書における世界大恐慌とそれに対する資本主義国家の対応は、分かりやすくまとめると、資本主義国家には大恐慌が常に起こりうる、そして大恐慌は戦争や植民地支配を行う帝国主義国家を生み出す要因となりうる、だからこそ社会主義国家や共産党政権が必要である、という、いわば法則性を学ぶ内容であった。ところが人民版『歴史』で描かれる内容は、それとはまったく異なるものであり、国家の経済をいかに安定かつ持続的に成長させていく政策を政府が強力に推し進められるのか、ということを説明するために用意されているといえるだろう。こうした内容から生まれる歴史像や歴史認識は、従来の歴史教科書を使った学習から導き出されるものとは大きくことなることが容易に想像できる。また、今日、中国において従来の歴史理解とは異なる内容が歴史教科書に反映されつつあることをうかがわせる。これはいずれ世代間の歴史認識のズレや国家観の違いとして表面化していくことになるだろう。

上述したようなこれまでとは異なる歴史理解を歴史教科書に載せる以前に、研究や実践レベルで一定の議論や検討が行われていると考えるのが妥当ではないだろうか。それを示す一つの例を以下にあげてみたい。それは中国社会科学院近代史研究所が発行している季刊雑誌『抗日戦争研究』の二〇〇六年第三期に載せられた「筆記　抗日戦争と中国近代化プロセス」というタイトルで、二〇〇六年四月に江蘇省民国江蘇史研究センターと杭州師範学院近代史研究所、そして『抗日戦争研究』編集部が共同主催した「抗日戦争と中国近代化過程」という学術シンポジウムでの討論内容を、発言者ごとに後日再整理して収録したものである。収録されているのは、袁成毅（杭州師範学院）・範展（江蘇大学中国近現代史研究所）・金普森（江蘇大学歴史学部）・蘇智良（上海師範大学）・王希亮（黒龍江省社会科学院）・馬振犢（中国第二歴史档案館）・李仲明（『抗日戦争研究』編集部）・左玉河（中国社会科学院近代史研究所）・馬勇（中国社会科学院近代史研究所）・栄維木（『抗日戦争研究』編集主幹）の一〇名である。このうち蘇智良・王希亮・李仲明・栄維木は『未来をひらく歴史』の中国側編集メンバーであり、栄は政府レベルで行われている日中共同研究のメンバーの一人でもある。いずれも役職から分かるように、抗日戦争や中国の近現代史を専門としている。

各人の発言を受けて、栄は最後に以下のように抗日戦争と中国の近代化過程の関係についてまとめている（「筆記　抗日戦争と中国近代化プロセス」、中国社会科学院近代史研究所『季刊　抗日戦争研究』二三―二六頁)。

経済の面から見てみよう。中国の近代化は、外部からの侵入に対処することで生じた「後発外生型」近代化ではなく、「自発内生型」近代化が中国の抗日戦争の中で静かに始まっていたのである。［中略］日本の中国侵略は、中国にもともとあった近代化過程を断ち切った。これは日本の侵略が戦争より前の中国に蓄積していた近代化経済を大きく破壊したことを指す。しかし日本の侵略が中国経済に重大な損害を与えたことは、中国を積極的にそれに対応するように迫った。戦時経済体制の確立が対応の結果である。戦時経済体制は、一種の特別な対応を迫られた措置であり、それは一面においては金融・物資・資源を統制し、抗日戦争が必要とする財力や物資を集中させた。また一面においては、官僚資本主義の勢いを拡大させ民族資本主義の発展する空間を圧迫した。しかし、近代化の角度から詳しく見た場合、この体制下における近代金融体制の確立、工業構造の調整、資源の調査と計画的な開発、工業発展の構造調整などは、いずれも近代化の要素を示している。なかでも工業化の流れが沿海部から内陸部へと移され、中国西部における遅れた工業状態を変化させた。

国家主権の面から見てみよう。［中略］一九四三年初頭、中国は前後して米・英などとの古い条約を廃棄し、新たな協議について締結した。このことは中国が百年にもわたって束縛されてきた不平等条約から脱却したといえ、一つの独立主権国家の尊厳を獲得したのである。独立した主権こそが、いかなる近代国家においても欠くことのできない条件の一つなのである。

　このように今日、抗日戦争の性格とそれが中国にもたらした影響について、これまで見られなかった議論が行われている。それによれば抗日戦争は、「自発内生型」の近代化過程であり、経済面から見ると戦時経済体制の構築がそれを推し進める結果になったこと。そして抗日戦争が近代化の原型ともいうべき時期であるという指摘である。こうした議論は、これまでの歴史教科書や一般的な抗日戦争理解からは考えられない内容である。なぜなら中国の近代化は日本の侵略戦争によって破壊され、長年の苦難に満ちた抗日戦争という多大な犠牲のうえに今日の中国があることを記述し、教えてきたからである。だからこそ抗日戦争という時代体験が人々を結びつけ、国民の記憶として機能してきたのである。ところがこの論文によれば、日本の侵略戦争が中国の近代化に大きな刺激を与えていると受けとめられかねない内容になっている。

　この議論を北京版『歴史』の「ローズベルトのニューディール政策と現代資本主義」というテーマと重ね合わせてみると、中国の近代化、また今後の中国の経済発展は抗日戦争期にその原型が用意されていた、という方向性を持つ可能性があると思われる。これは今日の中国がそうした歴史像を必要としている歴史的・社会的要求があることを意味しており、中国共産党による抗日戦争勝利や中華人民共和国という社会主義国家の建国に歴史の転換、いわば断絶を見出すことで行われてきた歴史教育にかえて、むしろ抗日戦争から今日までの連続性を、近代化というキーワードで強調していることを示していると考えられる。

　ただし、今日のところ中国におけるこうした抗日戦争を中国の近代化と関連づける議論は本格化したところであり、抗日戦争の実態をより多角的、重層的にとらえようとする試みにつながっていくのか、それとも大国中国を歴史の連続性から裏付け、ナショナリズムの高揚に結びついていくのか、もしくはその両者のなかから新しい歴史観が形成されていくのか、といった議論の方向性や内実を深く分析する作業は、今後の課題といえるだろう。よって、現在、私たちが向き合うべきは、そうした議論の方向性とともに、なぜこうした問いが今、中国で生まれているのか、ということと、それが誰によって問われ、どのような議論が積み重ねられようとしているのか、また歴史教科書に反映されつつあるのか、ということだといえよう。

以上のように、人民版『歴史』は、今日の中国における社会的要求の一つの噴出口とも考えられ、記述された語句や内容を分析するだけでなく、研究・実践・社会といった様々な背景をともなった今日的状況を連関させながらとらえる必要がある。

3　人教版・中学校教科書『歴史と社会』——国際競争に立ち向かう

二一世紀に入ると、それまで中学校の一・二年生で『中国歴史』（自国史）を、三年生で『世界歴史』（外国史）を学ぶ「歴史」科目と、一・二年生で「地理」科目を学習してきたカリキュラムをまとめて、「歴史と社会」という必修教科が新設された。今日、カリキュラム上は「歴史」・「地理」という従来どおり、もしくは「歴史と社会」のいずれかを選択して学習することになっている。また「歴史と社会」のために人民教育出版社と北京師範大学が二種類の「課程標準」を作成し、それぞれが別々の『歴史と社会』という五冊一セットの教科書を出版している。本書では、人教版の『歴史と社会』（『歴史与社会』（各学年級）人民教育出版社、二〇〇五年）を参考にしながら、その特徴をみてみたい。

なお、人教版の『歴史と社会』の八年級（中学二年生）については、諸外国の教科書に関する調査研究委員会によって、二〇〇六年に日本語訳され教科書図書館に開架されている。

まず注目すべきは、「歴史と社会」という科目である。二〇〇一年発行の『歴史と社会　課程標準（2）』によれば、「『歴史と社会』は、義務教育段階の第七～九学年に実施する公民教育の総合文科課程である」とあり、その特徴を以下のようにまとめている（財団法人教科書研究センター『中国の教育課程改革と新しい教科書――歴史教科書を中心に〈最終報告〉』、一八二頁）。

『歴史と社会』課程は、小学校における「品徳と社会」などの関連する課程の土台の上に立ち、さらに進んで、生徒が社会環境を認識し、社会発展に積極的に適応し、社会生活に主体的に参加するために、歴史と地理とその他の人文・社会科学の基礎知識と基礎技術を提供することで、公民が有すべき人文的資質と、自分を向上させることを怠らない民族精神を育成するものである。

このように公民の役割とあるべき姿を学ぶ科目が、「歴史と社会」であることが分かる。そして次に記す三つの内容から構成される。「私たちが生活する世界」（中学一年生）・「私たちが受け継ぐ文明」（中学二年生）・「私たちが直面するチャンスと挑戦」（中学三年生）である（表6）。

表６　中学校教科書『歴史と社会』*の目次

◇中学一年生	私たちが生活する世界
第一単元	生活はコミュニティーのなか
第二単元	人類が共同生活する世界
第三単元	中華各民族人民のふるさと
第四単元	それぞれ特徴ある地域の生活
第五単元	社会生活の変遷
第六単元	社会に出て行く
第七単元	社会生活の規則
第八単元	豊かな文明生活に向かって
第九単元	豊富で多彩な精神生活
◇中学二年生	私たちが受け継ぐ文明
第一単元	先史時代
第二単元	文明の起源
第三単元	農耕文明の時代 (上) 次々と興亡するユーラシア国家
第四単元	農耕文明の時代 (下) 脈々と絶えることなく続く中華文明
第五単元	工業文明の到来
第六単元	全世界を席巻する工業文明の波
第七単元	現代世界に向かって
◇中学三年生	私たちが直面するチャンスと挑戦
第一単元	チャンスと挑戦に満ちた時代
第二単元	発展を持続できる社会を建設する
第三単元	新世紀の政治文明に向かって
第四単元	経済成長、科学技術の進歩とともに
第五単元	生活は国際社会
第六単元	未来に向かって 漕ぎ出してゆく

＊『歴史与社会』〔7 年級上冊～ 9 年級〕(2003 年～ 2005 年)、人民教育出版社

各単元のタイトルから、日本でいうところの中学校の地理的分野・歴史的分野・公民的分野の教科書を一つにした教科というイメージに近いことが分かるだろう。その特徴は、工業文明というキーワードによって世界が一つになっていき、それが今日の経済成長や科学技術の発展に結びついていくという構成になっていることだ。

●グローバル世代の養成

中学二年生が使う「私たちが受け継ぐ文明」は、第四単元「農耕文明の時代（下）脈々と絶えることなく続く中華文明」で、殷・周から元代までの中国古代史を扱っている。第五単元「工業文明の到来」からは、世界史のながれのなかに中国史を組み込むスタイルで構成されている。まず宗教改革・大航海時代・絶対王政・市民革命などヨーロッパ史を中心に時系列的に整理したうえで、「挑戦に直面する中国」という節が登場する。そこには「世界的な工業文明の波が押し寄せるなかで、中国社会は極めて大きな挑戦に直面したのである」としたうえで明と清代についてとりあげている（『歴史与社会　八年級　下冊』、三三頁）。

興味深いのは、ヨーロッパの「工業文明」によって世界が一体化していく世界史像が用意されているため、例えば明の鄭和の南海大遠征について、「鄭和の遠征の目的は海外との貿易を発展させるためではなく、毎回の遠征費用は膨大な額にのぼった。皇帝に仕えるものたちが遠征によって人力と財力を浪費することを皇帝に上奏すると、以後、遠征は行われなくなった」と記述し（同、四一頁）、アフリカから東アジアまでを結ぶ海の道がヨーロッパの大航海時代に先立って形成されていたことや、アフリカ・ヨーロッパ・イスラム・アジアにまたがって行われていた交易、人間の移動がまったくふれられていないことである。その後、産業革命・ヨーロッパの膨張と続き、中国のアヘン戦争につながる流れになっている。

この構成をみるかぎり、ヨーロッパでは中国に比べて早く近代化・工業化が進み、ヨーロッパ主導で世界の一体化が進められ、その挑戦を受けた中国は近代化・工業化の波に乗り遅れたがためにアヘン戦争に敗北し、半植民地状態におかれていくという歴史像になる。

そして、第五単元までで挑戦と表現されたヨーロッパによる近代化・工業化の波は、中学三年生用の「私たちが直面するチャンスと挑戦」の第一単元「チャンスと挑戦に満ちた時代」に結びついていく。そこには以下のように今日におけるチャンスと挑戦をまとめている（『歴史与社会　九年級』、四〇頁）。

◇新世紀の中国　チャンスと挑戦

一九五〇年代中ごろに社会主義に入ってからの中国の大きな進歩は、誰しもが認めるところである。しかし、先進国と比較した場合、総合的には依然として大きな格差がある。わが国の社会生産力のレベルと一人当たりの国民総生産の値はまだ低く、科学技術のレベル、民族の文化素養のレベルも高くない。社会主義の具体的な制度は不完全であり、わが国は依然として社会主義の初期段階と位置付けられる。

世界に目を向けると、中国の発展はすでに大きなチャンスに面しており、また厳しい挑戦にも直面している。一方では、平和と発展が進む潮流の中で、長期的に国際平和の環境を得ることは可能である。世界規模で技術革新が猛スピードで進み、われわれのために有利な外部環境を提供してくれるだろう。また一方では、国際競争は日々厳しさを増し、その本質は、経済と科学技術の力を基礎とした総合国力の勝負といえる。経済、科学技術において先進国がわれわれに与えるプレッシャーは大きく、もしチャンスを活かし飛躍的な発展を実現することができなければ、先進国との格差は開いてしまうだろう。［中略］
　現代中国の青少年として、われわれは中国の基本的な国情に立脚し、「小康」社会（衣食住に困らず安定した生活を送れる社会）の目標に着眼して世界共通の問題に関心を持ち、自らを中国の特色ある社会主義政治、経済や文化の建設に投じてチャンスをつかみ挑戦に立ち向かうことで、中華民族の偉大な復興という使命の実現を担わなければならない。

　このように、今日におけるチャンスとは、経済発展の環境が国内外で整いつつあることであり、中国が経済と科学技術の力を基礎とした総合国力の競争に分け入っていくことを強調している。このチャンスに挑み、世界との経済競争という挑戦に立ち向かうグローバル世代を養成することが、『歴史と社会』に課せられた役割なのである。つまり、『歴史と社会』に盛り込まれているメッセージ、世界史像とは、工業化・近代化に乗り遅れるものは、かつての侵略を受けた歴史と同じ道を歩みかねない、そうならないためにどこから教訓を導き出せばよいのか、ということになるだろう。そして中国における公民に求められるあるべき姿とは、グローバル化が進む国際社会のなかで勝ち抜ける世界観・歴史観を有する人材ということになる。また人民版『歴史』同様、ニューディール政策についてフーバーとローズベルトの経済政策の違いにふれながら、「ニューディール政策が採った施策は、後に多くの資本主義国家の手本とされた」とまとめて高く評価している（『歴史与社会　八年級　下冊』、九八頁）。ここからも、いかに安定した政権運営と経済発展を維持するか、という観点から教科書が編まれているのかが分かるだろう。

しかしこうした弱肉強食の世界観、競争原理に基づく市場経済の推進、国家による強力なリーダーシップ、といったものから導き出される歴史観や世界観は、一方では様々な格差を乗り越える自発的な公民化を促すとも考えられるが、またもう一方では教科書が示すあるべき公民像に近づくことのできない人々にとってみれば、教科書の存在が社会矛盾の象徴となりかねない可能性があるだろう。

今後、『歴史と社会』という新設された必修科目が全国にひろまり、教科書が使われるようになるにつれ、今日の中国社会が抱える様々な課題に、それを学習した生徒たちがどう向き合っていくのか、それが問われていくことになるにちがいない。

●暗記型授業からの脱皮

なお、第２章四で、南京大虐殺に関する記述内容にテーマ学習が盛り込まれ、同年代の日本の中学生に手紙を書くという内容があったことはすでにふれたが、『歴史と社会』にも学習者の主体的な取り組みを助ける内容が各単元の最後に組み込まれている。例えば、中学校二年生が使う「私たちが引き継ぐ文明」の最後に「中華民族一〇〇年の歴史をふりかえる」と題されたテーマ学習があり、「歴史に未来を語らせる」という取り組みが用意されている。それによると「ある時期やいくつかの年代を選んでの黒板を使った展示」、「グループごとに歴史の時期を選んでの歴史新聞の作成」、「ある年代の社会生活や事件を演じる歴史劇の制作」などを推奨している（『歴史与社会　八年級　下冊』、一二八―一二九頁）。そして「どのような方法を採るにせよ、歴史の起こった原因を明らかにしなさい」（同）として教え手と生徒たちの主体的な取り組みを促している。

これらは従来のような暗記型の授業や詰め込み式の受験勉強とは異なる歴史学習を模索していることの現れであり、大きな変化といえるだろう。この変化が公民の育成という役割と、生徒の主体性とのはざまでどのような方向性を生み出していくのか、まさに近代化の一手段としての歴史教育の役割が、歴史教科書を使う生徒たちによって問い直されていく一つの入り口になりうるのかもしれない。

二　地方版歴史教科書の記述にみられる地域差

これまでみてきたように、近年、中国の歴史教科書はカリキュラムの変化とともに大きな変容を遂げている。そうしたなかで八〇年代や九〇年代までにはなかった世界像や世界史像が生まれつつあることはすでにふれたとおりである。では、そうしたなかで各地において編纂されている地方版歴史教科書の内容に、いったいどのような特徴や地域差があるのだろうか。それとも地域が異なり、編纂メンバーも異なるが、ほぼ全国同一の内容なのだろうか。そこで本節では、以下の二一世紀に入ってから刊行された七種類の中学校歴史教科書『中国歴史』に記述された内容をみながら、地域差の有無に

21世紀に入って刊行された中国の中学校歴史教科書

ついてみてみたい。そして自国史の問い直しがどの程度行われているのか、その現状を考えてみたい。

〈全国版〉

㋐人民教育出版社——課程教材研究所・歴史課程教材研究開発中心『中国歴史』、二〇〇四年（人教版）

㋑北京師範大学出版社——国家基礎教育歴史課程標準研制組編写『歴史』、二〇〇二年（北師版）

㋒中国地図出版社——中央教育科学研究所・中国地図出版社『中国歴史』、二〇〇三年（地図版）

〈地方版〉

㋓華東師範大学出版社——上海中小学課程教材改革委員会『九年義務教育課本（試験本）中国歴史七年級第一学期』、二〇〇二年（華東師（上海）版）

㋔華東師範大学出版社——華東師範大学出版社・王斯徳主編『中国歴史』、二〇〇六年（華東師（王主編版）

㋕広東教育出版社——九年義務教育教材（沿海地区）

編纂委員会『中国歴史』、二〇〇一年（広東版）
㋖四川教育出版社――四川教育出版社・龔奇柱主編『中国歴史』、二〇〇五年（四川版）

1　元代をどうえがくか――融和か分化か

まず、各地域の歴史教科書が元の時代をどのように記述しているのかみてみたい。元は、モンゴル人を中心に成立した大帝国であるが、今日の中国ではかつてのモンゴル人はモンゴル族として五六ある民族のうちのひとつの少数民族であり、その歴史は中国史の一部分ということになる。よって国内に少数民族問題を抱える中国にとって、元の時代を歴史教科書でどうえがき、教えるのか、ということは国内の政治的安定と少数民族問題の再燃を防ぐうえで重要なポイントといえる。

近年、少数民族に関わる記述は、すでに第1章四でもふれたように統一・統合という歴史叙述のスタイルが強調されている。よって各地域の記述内容に相違があるのか、もしくはないのかを確認することは、今日、歴史事実の評価がどのように歴史教科書に反映されているのかを知ることができるだけでなく、政府の教育政策や検定制度という様々な制限があるなかで、どの程度自由な教科書作りや歴史理解の記述が可能なのか、ということを推し量るうえで格好の材料といえるだろう。

①人教版（全国版）㋐（傍線、齋藤、以下同）
◇民族の融合と発展

元朝の時には、多くの漢族が辺境へ渡り、その土地の開発に貢献した。モンゴル族を含む辺境の各民族は、大量に中原や江南に移り渡り、漢族との雑居生活になった。早くから黄河流域に進入していた契丹・女真族などは、長期の共同生活をへてすでに漢族との相違がなくなっていた。唐朝以来、少なくない中国で定住してきたペルシア人・アラブ人・イスラム教を信仰する人々は、漢族やモンゴル族、ウイグル族などとの長期にわたる雑居、結婚などによって徐々に融合し、新しい民族＝回族を形成した。元朝の領内では、大規模な人口流動が起こり、各民族の経済や文化の発展と融合をうながした（人教版『中国歴史　七年級　下冊』二〇〇五年、六九頁）。

②北師版（全国版）（イ）

◇四つの階級と文化の融合化

元朝の統治は、遅れた要素を持ち合わせていた。それを最も表しているのが、モンゴルの貴族が民族差別と圧迫政策を行い、各民族を四つの階級にわけ、それを統治の目的のために行ったことである。

モンゴル人が最高の地位であり、色目人が二番目で、西夏人・イスラム人・ウイグル人などが含まれる。三番目は、漢人でもともと金が統治していた場所の漢人や契丹人、女真人などを指す。四番目は南人で、最低の地位である。もともと南宋が統治していた場所の漢人とその他の各民族である。

政府機構内において、漢人と南人は実質的な権力を持たなかった。モンゴル人が漢人を殴れば、漢人はやり返すことを許されず、モンゴル人が漢人を殴り殺しても流刑もしくは賠償ですんだ。漢人がモンゴル人を殴り殺せば、民族を失った。このほかにも漢人と南人は武芸に励むことや狩をする、集団で暮らすことなどを許されず、夜の明かりから犬や鳥を飼うことに至るまで制限を受けた。

しかし、実質的には早くからモンゴル族は漢族の官僚や地主などを頼り、彼らはモンゴル族同様の数々の特権を享受していた。モンゴル族の下層人民も、少なからず流浪の民となり、奴婢となった。

一方、元朝の統治は、国内の各民族の関係と往来に有利な条件を提供した。各民族が長期にわたって雑居し、結婚するなど、民族の差異は徐々になくなっていった。中原に進入した契丹人や女真人などは、漢族と徐々に融合した。当時、多くのイスラム教徒、アラブ人が中国へ移り住んでおり、彼らもモンゴル族などとの相互融合によって、新しい民族が形成された。すなわち、回族である。

元朝の統治者は、政治において大統一を実施すると同時に、中原の進んだ文化を受け入れた。元朝は、儒学を提唱し、中央には専門的に儒家の経典を学ぶ学校を建て、そのなかの半分はモンゴル族の学生であった。時間がたつにつれて、民族の矛盾は緩和され、現在の中原の伝統を主とする文化と一つになっていった（北師版『歴史　七年級　下冊』二〇〇二年、七八頁）。

③華東師（上海）版（エ）

元朝の大統一と行省制の実施は、客観的には各民族の融合を進めた。しかしモンゴルの貴族は、自分たちの特権を守るために、政治統治を強化し、いくつかの遅れた政策を実施した。そのなかでも主要なものが、民族差別と圧迫政策である。元朝は、人民をモンゴル人・色目人・漢人・南人の四つの等級に分け、南人の地位が最も低かった。中央政府から省に至るまで、主要な官職は一般的に漢人や南人には与えられず、法律によって漢人がモンゴル人を殴った場合、漢人を死刑にしたにも関わらず、反対の場合には、流刑か賠償というものであった。漢人や南人は集団で狩をしたり暮らすことを許されず、夜の明かりさえも制限を受けた。こうした政策は、社会矛盾を激化させ、元朝の統治が短く終わった重要な要因となった（華東師（上海）版『中国歴史　七年級　第一学期』二〇〇二年、一二二頁）。

④広東版（カ）

◇元朝の民族分化政策

元朝の統治者は、各民族人民が連合して反抗闘争を行うことを防止するため、意識的に民族矛盾を作り出し、民族分化政策を推し進めた。彼らは、全国の各民族を四つの階級に区分した。最高階級がモンゴル人。第二階級が色目人、西域の各民族と西夏人を含む。第三階級が漢人、北方の漢人、契丹人、女真人を含む。第四階級は、南人で、もともと南宋の領域内の漢人である。

この四つの階級の人々との間には、政治上、法律上、そして税制に至るまで、すべて不平等であった。中央から地方まで、主要な官吏はすべてモンゴル人と色目人が担当し、漢人は補佐的な役職を、南人はそういった機会すらほとんどなく、位の低い小吏にしかなることができなかった（広東版『中国歴史　第二冊』二〇〇一年、六〇頁）。

まずタイトルをみて分かるとおり、人教版の「民族の融合と発展」と広東版の「元朝の民族分化政策」とでは、まったく正反対の内容であることが分かる。人教版以外の教科書では、モンゴル人第一主義の元の政治システムについて、いずれも「民族差別」や「圧迫政策」、「民族分化政策」といった表現を使っている。なかでも広東版では、民族分化政策によって民族矛盾が意図的につくられ、モンゴル人と漢人や南人とには不平等な関係があったことをはっきり記述しており、各民族の経済や文化の発展と融合をうながしたとする人教版とは、同じ歴史事実を扱いながらもまったく異なる評価を記述していることになる。華東師（上海）版においても、モンゴル人と漢人・南人との民族矛盾について具体例をあげながら説明しており、それらが社会矛盾を激化させ、元朝衰退の大きな要因になったとまとめている。

このように教科書に書かれた元の時代の歴史像や歴史事実に対する評価は、各地域でかなり異なっている。歴史学習を通じた民族教育を行う国家にとって重要な内容にも関わらず、必ずしも全国統一の歴史理解や評価が教科書に記述されているのではないことが分かる。なかでもかつて国定教科書を作成してきた人教版が最も政府の民族政策や教育政策に近い内容を記述しており、地方版には比較的自由な歴史理解が記述可能であることが推察される。

2　文化大革命をどうえがくか――自国史を問い直す

文化大革命は（以後、引用部分を除き「文革」と略）、一九六六年から一九七六年までの一〇年間にわたって続いた文化・思想闘争をともなった政治権力闘争である。その過程で政治・経済・教育・社会は大混乱に陥り、今日では「動乱の一〇年」と総括されている。この文革を各地域の教科書がどのようにえがいているのかを確認する。そのなかでも文革が中国の政治や経済、人々の生命財産に与えた損害や被害をどのように記述しているのかについてみてみたい。そうすることによって自国史の問い直しがどの程度、今日行われているのかを知る手がかりを得ることができると思われる。

①人教版（全国版）㋐

◇「文化大革命の一〇年」「動乱と災難」

・文革の開始について

二〇世紀六〇年代中期、毛沢東は誤って、党中央が修正主義を提起し、党や国家が資本主義の復活という危険に直面していると認識した。資本主義の復活を阻止するため、彼は文化大革命の発動を決定した（人教版『中国歴史　八年級　下冊』二〇〇四年、三二頁）。

・文革の損害・被害について

国家主席の劉少奇も迫害を受け、無実の罪によって「裏切り者・内奸（スパイ）・労働者の敵」

とされ、党籍を失い、不法に監禁され迫害によって死に追い込まれた。これは文革中、最大の冤罪である。［中略］

この間、全国の学校は授業が行われなくなり、工場も停止、いたずらに革命を叫ぶ動乱状態が現れた。一部の党機関は攻撃を受け、多くの幹部と知識分子は厳しい迫害を受けた（同、三三頁）。

②北師版（全国版）（イ）

◇「文化大革命　一〇年動乱」「文化大革命の発動」

・文革の開始について

二〇世紀六〇年代前期、国民経済の調整は大きな効果をあげていた。しかし毛沢東は誤って、ブルジョア階級の代表人物、反革命の修正主義分子が党や政府、軍、各文化界などにすでに入り込み、彼らは中央に資本主義の司令部を形成しているとした（北師版『歴史　八年級　下冊』二〇〇二年、三七頁）。

・文革の損害・被害について

劉少奇は「裏切り者・内奸（スパイ）・労働者の敵」の罪名によって党籍を失った。ほどなく劉少奇は無実の罪が晴らされることなく病没した。これは文化大革命中、最大の冤罪である。［中略］

文化大革命の一〇年間、我が国の国民収入の損失は、約五〇〇〇億元にのぼる。［中略］文化大革命中、各種学校の正常な授業は長期に渡って中断し、全国で一〇〇万人余りの大学の卒業生と二〇〇万人余りの中等専門学校の卒業生が失われた。［中略］各レベルの幹部と多くの民衆たちが拒み、抗し、闘争したことにより、文化大革命の破壊は一定程度抑えられた。同時に工業や農業における民衆の粘り強い努力によって、経済は依然として一定の進展をみせた（同、三八―四〇頁）。

③地図版（全国版）㋒

◇「文化大革命」「動乱と抗争」

・文革の開始について

国家の経済が少しずつ回復し発展していたとき、毛沢東は国内政治の情勢に誤った判断をした。文化界、党、政府、軍の各部門にブルジョア階級の代表が入り込み、党と国家が資本主義の復活という危機に面していると考えた。こうして彼は大衆運動としての文化大革命を発動した（地図版『中国歴史（八年級下冊）』二〇〇三年、二六頁）。

・文革の損害・被害について

国家主席の劉少奇さえも、「裏切り者・内奸（スパイ）・労働者の敵」の罪によって党籍を失い、不法に監禁され、迫害死に追い込まれた。これは党と国家の歴史上、最大の冤罪である。［中略］文化大革命は、国民経済に大きな破壊をもたらし、都市と農村の生活は非常に困り苦しんだ。［中略］労働者の賃金は、上がるどころかむしろ低下し、農民一人あたりの平均年収はたったの六八元しかなく、全国で二・五億人の農村人口が、食べることを満足にできなかった。計算によれば、この一〇年間が我が国の国民収入に与えた損失は、約五〇〇〇億元である。内乱は国家と人民に大きな危害を加え、人々が振り返ることをできなくしている（同、二七、三〇頁）。

④華東師（王主編）版（㋔）

◇「文化大革命」「文化大革命の発動」

・文革の開始について

数年間の調整を経て、中国の国民経済は好転しはじめていた。ところが毛沢東は国内外の階級闘争の情勢がますます激しくなり、党に資本主義の道を歩む実権派が現れると考え、大規模な大衆運動によって「修正主義を防ぐ」ことを期待し、一九六六年五月に文化大革命を発動した（王斯徳主編『中国歴史　初級二年級（八年級）下』二〇〇六年、三六頁）。

・文革の損害・被害について

長期に渡る動乱中、国民経済の発展は鈍く、主要な経済に関わるバランスが崩れ、経済の管理体制は膠着化した。計算によれば文化大革命の一〇年間で、国民収入の損失だけでも五〇〇〇億元に達するという。人々の生活は基本的に向上しなかった（同、三八頁）。

⑤広東版（㋕）

◇「文化大革命の一〇年の内乱」「文化大革命の発動と全国の大動乱」

・文革の開始について

毛沢東は国内政治の情勢に誤った予測を行い、それは徐々に極めて重大なレベルにまで達していった。彼は党内に中央から地方に至るまで資本主義の道を歩む実権派が現れ、大きな勢力をつくり、党内にブルジョア階級の司令部があるとした。過去の様々な闘争では問題を解決することはできず、文化大革命を実行することによってのみ、実権派の権力を新たに奪い返すことができるとした。こうして毛沢東は文化大革命を発動した（広東版『中国歴史　第四冊』二〇〇一年、八一頁）。

・文革の損害・被害について

文化大革命は、我が国の経済建設に重大な混乱と破壊をもたらした。生産発展の速度と経済効率は下降し、国民経済のバランスが崩れ、人々の生活は重大な影響を受けた。全国の経済損失は五〇〇〇億元程度である。この時期、世界では新たな技術革命の波が起こり、経済の大成長を促進した。我が国は速やかな発展の機会を失い、貴重なチャンスに乗り遅れ、世界経済の発展レベルとの差が拡大してしまった。

文化大革命の期間に、多くの幹部と民衆の共同努力によって、我が国の経済建設は、一部で成功を収めた。食料の生産は比較的安定して増加し、石油工業も速やかに発展した。我が国は油のない国から一躍、自給自足可能な産油国になり、石油化学工業も各地にできていった。世界の先進レベルである南京の長江大橋、成昆線・湘黔線・焦枝線などの極めて困難な工事や新しい鉄道路線を前後して開通させた。また先進技術を持つ一部の大型企業が生産を開始した。新しい水稲や核技術、人工衛星、ロケットなどの科学技術の分野も大きな成果をあげた。しかし、もし文化大革命がなければ、我が国の経済発展の速度は、もっと速く、さらに大きな成功を収めただろう（同、八三頁）。

〈脚注〉一九六九年一一月、劉少奇は河南省開封において無実の罪を晴らされることなく病没した。これは中国共産党史上、最大の冤罪である。一九八〇年二月、中国共産党第一一回五中全会において、劉少奇の名誉回復と冤罪を晴らす決議が行われた（同、八七頁）。

⑥四川版（㋖）

◇「一〇年　文化大革命の内乱」「文化大革命の発動」

・文革の開始について

一九六六年五月、我が国では文化大革命が始まった。当時、毛沢東は情勢に対する誤った判断により、中央から地方に至るまで多くの反党、反社会主義のブルジョア階級の代表がいるとした。そして多くの大衆が彼らを暴くことによってのみ実権派に奪われた権力を取り戻すことができ、資本主義の復活を防ぐことができると考えていた（龔奇柱主編『中国歴史　八年級下冊』二〇〇五年、三四頁）。

・文革の損害・被害について

一九六八年一〇月、劉少奇は党籍を失い、翌年、河南省開封において無実の罪を晴らされることなく死亡した。これは共和国の歴史上、最大の冤罪である。［中略］

一〇年の文化大革命は社会主義民主と法制度を大きく破壊し、我が国の経済発展の正常な道筋を乱し、世界の経済発展レベルとの差を広めた。計算によれば、一〇年間の経済損失は五〇〇〇億元に達するという。全国人民と各レベルの幹部たちが固く「左」の誤りに抵抗したことで、文化大革命の破壊を一定程度やわらげた。各民族人民の非常に困難な状況下における粘り強い努力によって、我が国の国民生活を一定程度進展させた（同、三八—三九頁）。

今日、各教科書の記述内容から分かるように、文化大革命は内乱や動乱として否定されている。また華東師（王主編）版をのぞいて、毛沢東の情勢認識の誤りを本文の冒頭で明確に指摘している。

文革のもたらした悲劇を象徴する劉少奇の迫害死についても、華東師（王主編）版以外はいずれも本文中か脚注においてとりあげている。その死については、病没と記述したのが北師版と広東版。四川版は死亡と記述。人教版と地図版は迫害死と言及している。このように地域によって記述内容にズレが見られる。また人教版と北師版は、「文革中、最大の冤罪」とだけ記して党や国家をあげていないが、地図版は「党と国家の歴史上、最大の冤罪」、広東版は「中国共産党史上、最大の冤罪」、四川版は「共和国史上、最大の冤罪」と、それぞれ党と国家の関与に言及している。さらに広東版の場合、脚注ではあるが、劉少奇が一九八〇年に名誉回復されたことについてもふれている。

文革がもたらした経済的な損失は、記述のない人教版を除き、いずれもおよそ五〇〇〇億元と明記されている。また、全ての教科書で経済的損失や経済発展のチャンスを失ったことなどについて具体例をあげながら記述している。しかし、賃金の低下と食べることさえままならなかったことを指摘した地図版や、人々の生活は基本的に向上しなかったと総括した華東師（王主編）版がある一方で、広東版は食料の生産は比較的安定して増加したと記述し、北師版・四川版などでは一定の進展が経済もしくは国民生活にみられたとする内容も盛り込まれており、教科書によって文革がもたらした影響についてはかなりの差が見られる。

●九〇年代の『中国歴史』

では、さかのぼって一九九〇年代の人教版に文革はどう記述されていたのだろうか。それと上記の二〇〇〇年代の各教科書とを比べることによって、文革をめぐる自国史の問い直しが、近年どの程度進んでいるのかを知る手がかりが得られるだろう。

◇「文化大革命　動乱の一〇年」（人教版『中国歴史　第四冊』、一九九五年）

・文革の開始について

六〇年代中期、毛沢東は社会主義の時期における階級闘争の情勢について誤った分析をした。彼は共産党のなかに「資本主義路線を歩む実権派」が現れ、党内には「ブルジョア階級の司令部」が存在し、多くの組織の指導権がすでに人民の手中にはないと考えた。この問題を解決するために、プロレタリア階級独裁を強化して社会主義路線を堅持するとして毛沢東は文化大革命の発動を決定した（同、一六九頁）。

・文革の損害・被害について

一九六八年、劉少奇は無実の罪を着せられ、「裏切り者・内奸（スパイ）・労働者の敵」とされ、

党籍を失った。これは党の歴史上、最大の冤罪である。［中略］

文化大革命の一〇年間、我が国の経済建設は重大な破壊を受けた。例年の経済発展の速度に基づいて計算すると、一〇年の文化大革命は我が国の経済に約五〇〇〇億元の損害を与えた。

一九六六年、我が国は第三次五カ年計画の実施を開始し、多くの大衆による社会主義建設への積極性は高かった。一九六六年、工農業生産の値は一九六五年と比べて一七％以上増加した。一九六七・一九六八年は、生産が停止し、いたずらに革命を叫んだため、生産は一九六五年の八六％しかなかった。

周恩来・鄧小平が中央で仕事を行ったときは、「左」の誤りを正すために大きな努力をした。同時に多くの大衆や幹部も「左」の誤りに抵抗した。こうして一〇年間で我が国の経済建設は一定程度の発展をみせた。食料・鉄鋼・石炭・原油は継続して増産し、成昆線や南京の長江大橋などを開通させた。

文化大革命の期間、農業機械、化学肥料、農薬は増加速度が速かった。食糧生産量も安定して増加した。一方的に「食料の生産を要とする」ことを強調したがために綿花の生産量は低下した。［後略］（同、一七五―一七六頁）

このように一九九〇年代から文革を動乱・内乱として総括しており、毛沢東が誤った情勢分析をしたことにもすでにふれている。劉少奇の死について、「党の歴史上、最大の冤罪である」とした九〇年代の記述よりも、「文革、最大の冤罪」とした最新版の方が、冤罪にした主体が曖昧な記述になっていることが分かる。

党や国家の存在に言及した地図版、広東版、四川版は、最新の人教版よりも一歩進んだ記述になっているといえるだろう。また、文革の経済損失も九〇年代は約五〇〇〇億元となっていたものの、最新の人教版ではその数字は削除されている。

一方、九〇年代の人教版は、損失や被害にふれながらも、記述の多くは文革中も経済面で一定の進展があったことと、それを人々が懸命に支えたことにポイントが置かれていることが分かる。こうした内容は、最新の人教版からはすべてなくなっている。九〇年代の人教版に最も近い内容を今日も載せているのは、広東版だろう。また「一定の経済の発展がみられる」とした北師版・四川版にもあてはまる。よって文革に関する肯定的な評価を載せていない地図版と華東師（王主編）版は、九〇年代の人教版とは明らかに異なる内容を記述していることになる。

上述してきたように、今日、各歴史教科書に描かれた文革は、その評価や内容を含め地域差がある。また、九〇年代と比べて文革の損害・被害について明確に記述して、肯定的な評価を載せない教科書が登場しており、肯定的な評価について書いている教科書でもその分量は明らかに減少していることが分かる。よって、文革という自国史を主体的に問い直す環境が、九〇年代よりも整いつつあると言えるが、それでもなおその時代を生きた個人の被害について証言を載せるといったところまでは、今日のところ至っていないことがわかる。

●歴史対話への手掛かり

元の時代をどう歴史教科書に記述するのか、文革をいかに総括して教科書に載せるのか、ということは、中国の教育政策や民族政策、人々の時代体験と密接に関係しており、いわば中国における民族や国民の結集軸を確保するための重要な学習ポイントといえる。それにも関わらずこれまで見てきたような地域差や九〇年代から今日にかけてみられる記述内容の変化は、いずれも多様化や自国史を問い直そうとするものが多く見られる。そこには単なる教科書制度やカリキュラムの変化という枠組みを大きく超えて、教科書をつくる地域や人々の意思、重ねられた議論、そして扱うテーマの取捨選択が歴史叙述のスタイルとレトリックをともないながら盛り込まれていることが見えてくる。いくら政府が統制や検定で教科書の内容を縛りつけても、それらをかいくぐって、もしくはすり抜けて表現される歴史があることを示している。

つまり今日の中国の歴史教科書は、研究や教育、叙述をめぐる今日的状況と、社会的な背景を映し出す鏡のような存在であるといえ、なかでも自国史の問い直しがどの程度進んでいるのかを総合的に知るうえで貴重な素材だといえる。よってこうした中国における動向を知ろうと努めないまま行われる歴史対話は、たとえ本人が望まないにしても、日中間で共振するナショナリズムにからめとられてしまう危険性があり、それは自己中心、もしくは自国中心的な歴史対話に陥ってしまいかねない。これらを避けるためには、歴史教科書への分析・検討を、単なる記述内容の比較ではなく、自国史の問い直しが進む背景がどこにあるのか、ということや歴史対話の構築点がどこにどの程度用意されているのか、ということを見極める材料として位置づけなければならないのである。

三　中国の歴史教科書のゆくえ

中国の歴史教科書における記述の多様化や地域差、それらが歴史事実の評価や歴史像の違いの現れであること、そしていずれも中国社会の今日的状況を反映していることはすでに述べてきたとおりである。ここでは、そうした動きの方向性について考えてみたい。

●「民族英雄、岳飛」

まず、前節で述べたような地域差、歴史理解や評価の違いに、なんらかの歯止めが国家によってかけられることはないのだろうか。上野稔弘の指摘によれば、二〇〇二年一二月に教育部が行った『高校歴史教学大綱』の改定試行版によって、それまで人教版の歴史教科書で「民族英雄」とされてきた岳飛という人物について、「民族英雄」という称号がはずされている（上野稔弘「課程標準準拠実験教科書に見る中国歴史教科書歴史叙述の分析」、財団法人教科書研究センター『中国の教育課程改革と新しい教科書――歴史教科書を中心に〈最終報告〉』二〇〇六年、六三頁）。

岳飛は南宋の将軍で北方の異民族である金の侵入を食い止めながらも、同じく南宋の宰相である秦檜によって謀反を口実に捕らえられ獄死した人物である。中国では異民族の侵入から国土を守るために果敢に戦った人物として英雄視され、従来の人教版では「民族英雄」とされてきた。ところが岳飛が戦った金は、今日、中国史の一部であり「中華民族」を形成する民族史の一部分に位置づけられる。つまり国内における「中華民族」史の内部で起こった南宋と金の対立・抗争について扱い、岳飛を「民族英雄」とすることは、統一・融和を基本とする民族史記述にふさわしくない内容であり、少数民族をめぐる問題が政治的安定と統一を脅かさないためには避けなければならなかった。そのため教育部は「民族英雄」から岳飛をはずしたのである。

ところが一九九〇年代と最新の人教版や地方版などを比較すると、相変わらず複数のページを割いて「抗金将軍」と明記しており、岳飛の戦場における活躍を具体的に描き、さらに彼の墓の写真を載せて今日でも行われている顕彰についてもふれている。これは「民族英雄」という呼び名はなくなったものの、実質的にその扱いに大きな変化はみられず、これまで長い間、人々に英雄視され、教科書にも記述されてきた人物について、突然まったく異なる評価や内容の著しい減少といったことにつながらないことを示唆している。よってここにも歴史教科書に記述された歴史事実をめぐって、国家による政策や検定という介入に対して、執筆陣がそうした上からの意向に、岳飛が民族の融和に一役かったという内容を新たに付け加えて対応しながら、実質的には従来と大きく変わらない内容が残るということが起きている。

ここには明らかに執筆陣が、政府の意向以外に、これまでの歴史教育の変遷や人々に受け継がれてきた歴史、そして社会や世論を意識していることが分かる。よって今後、中国の歴史教科書における多様性や地域差は強まるであろう。政府による検定制度を通じた統制や実質的な検閲によって介入を受ける可能性は否定できないが、政府の意向がそのまま右から左に歴史教科書に反映され、紋切型の歴史教育が強まっていく、ということは考えにくいといえる。

しかし以下にあげるように、場合によっては様々な圧力によって教科書の使用が停止に追い込まれる事態も発生している。

●使用停止に追い込まれた教科書

ことの発端は、二〇〇六年九月一日付の『ニューヨーク・タイムズ』に「毛はどこへ行った？　中国・歴史教科書の改訂」という記事が一面に掲載されたことに始まる。その記事は、蘇智良（上海師範大学）を中心として作られた上海版歴史教科書（華東師（上海）版）をとりあげ、同月から使われる新しい教科書の特徴について「毛沢東に代わってビル・ゲイツが登場」、「マルクス主義が大幅に減少」と報じた。しかし蘇智良によれば、ビル・ゲイツは本文中に一回しか登場せず、毛沢東は一二〇回以上も記述があるという（蘇智良「上海版の歴史教科書の問題について」、日本華人教授会議中日関係研究委員会勉強会資料、二〇〇七年三月八日、三頁）。

この『ニューヨーク・タイムズ』の記事が中国国内に伝わると、中国のネット上では「中国の歴史教科書なのか、それとも上海国の歴史教科書なのか？」、「政変が上海から始まった」といった上海版への批判だけでなく、「『蘇版』歴史教科書」と、蘇智良の「蘇」をとって蘇智良個人への非難が数多く書き込まれた。また、批判に比べれば少ないものの上海版を支持・擁護する意見もだされ、ネット上で熱い議論が繰り広げられた。

そうした議論の論点は、以下にあげる四点に大きくまとめられる。

(1)　これまで中学校の三年間で中国史と世界史を学んできた内容を二年間に圧縮したことや、高校一年生の歴史で文化や思想・文明を学ぶという編纂スタイルをどうみるのか。歴史学習の時間短縮によって抗日戦争の記述が従来と比べて削減されたことをどうみるか。
(2)　通史から文明史（テーマ史）という歴史叙述のスタイルをどうみるか。
(3)　中国史と世界史とを区別しない歴史教科書をどうみるか。
(4)　文化や科学技術などの新しいテーマが増加したことをどうみるか。例えばビル・ゲイツやスペースシャトル、日本の新幹線など、時代を特徴する事柄として明確にとりあげられていることをどうみるか。

これらは、いずれも華東師（上海）版に限らず、近年、各地域で編纂されている歴史教科書の特徴を指摘している。例えば人教版の場合、抗日戦争に関する記述が九〇年代と比較して三分の一にまで減少していることはすでに述べたとおりである。また、通史ではなく時系列をほぼ無視した文明史（テーマ史）が人民版『歴史』などのように登場していることも、まとめてきたとおりである。ところが新聞やネット上では華東師（上海）版だけが批判・非難の対象となり、主編者である蘇智良は、何度も北京の教育部へ赴き、弁明をすることになった。

そもそも第3章一でもふれたとおり、上海では一九九〇年代初頭から独自の歴史教科書を編纂・刊行・使用してきており、今回議論になった蘇智良主編の華東師（上海）版も、二〇〇一年から編纂をはじめ検定（初審）に合格した後、二〇〇三年九月から試用を開始。三年間の試用期間をへて改めて検定（最終審査）に合格後、二〇〇六年九月からの本格的な使用が開始され、二〇〇七年九月の新学期開始を前に部分改定を行った経緯をもつ。つまり上海における二度の検定に合格しており、通常の手続きをへて刊行された教科書ということになる。ところが事態はさらに複雑化していく。

二〇〇六年一〇月一五日付の中国各紙は、教科書の執筆陣のひとりである朱学勤の「従来の教条的な歴史教科書を変えていかなければならない」とする、一連の騒動に反論するインタビュー記事を報道した（上海高中歴史教科書事件中山大学歴史学系網絡討論区（ウェブサイト）、二〇〇七年九月一九日）。このニュースは日本でも「大学教授が愛国主義教育を否定『改革は全土で起きる』」という見出しで報じられた（中国情報局、二〇〇六年一〇月一六日）。

翌一六日には教育部高等学校社会科学発展研究センター刊行の『社会科学状況反映』に北京の七名の歴史学者が、華東師（上海）版を「イデオロギーを弱めている」、「政治・理論・学術の各分野でいずれも大きな誤りがある」として使用の停止を求める文章を発表した（前掲、ウェブサイト）。

七名のなかには張海鵬（元中国社会科学院近代史研究所所長）がいたが、蘇と張は二〇〇二年に社会科学文献出版社から『日本教科書問題の評価と分析』（張海鵬・歩平主編／栄維木・蘇智良副主編）という、日本の歴史教科書問題を分析・批判した共著を出版しており、いわば仲間内からも批判がでたことで華東師（上海）版教科書、および蘇をはじめとする執筆陣はますます厳しい立場に置かれるようになっていった。

二〇〇七年四月には、北京で教育部主催の上海高校歴史教科書シンポジウムが開催され、蘇智良や上海市教育委員会の責任者が参加して討議が行われた。そこでは九月の新学期までに現行版を修正して使用を継続することになったが、翌五月に上海市教育委員会は批判の対象となった歴史教科書の使用を停止し、九月までにまったく異なる新しい歴史教科書を改めて編纂、使用するという決定を行った。これをうけて蘇智良をはじめ朱学勤ら執筆陣は、全員、編纂作業から去ることになった。

今日、上海では二〇〇七年五月以降に、わずか三ヵ月弱で執筆された新しい歴史教科書が二〇〇七年九月の新学期から使われている。しかし、あまりの準備期間の短さに、一学期間で一冊を学習するのが通常であるが、半分しか刊行できず一学期間で二冊の教科書を使うという異例の事態が生じている。こうして蘇智良主編の華東師（上海）版歴史教科書は、二〇〇六年九月からの本格的な使用からわずか一年で使用停止となったのである。

●世論という大きなうねり

この華東師（上海）版をめぐる一連の騒動は、今日の中国における歴史教科書をめぐるいくつかの環境の変化と特徴を示していると思われる。

まず日本の歴史教科書を批判することを通じて自国の歴史教科書を改善する手がかりになるのでは、と教科書に編集者の編集意図や歴史像を盛り込もうとする蘇智良と、「教科書は国家のイデオロギーを代表するもの」と考える張海鵬にみられるように（「いったい誰が新教材を廃止したのか」『南方報業』二〇〇七年九月二一日）、教科書という存在そのものが、今日、中国で大きく問われ、議論されていることである。張海鵬は、第2章一でふれた『氷点週刊』が停刊処分となり、その後復刊した際に、『氷点週刊』の前編集長を批判する「反帝反封建は近代中国史の主題」という論考を発表している。

一方、華東師（上海）版の執筆陣のひとりである朱学勤は、『氷点週刊』の停刊処分に反対・抗議して、一二名の『氷点週刊』執筆者と共同で中国共産党中央政治局諸常務委員に宛てた公開書簡を提出した経験を持つ（『李大同・三潴正道監訳・而立会訳『氷点』停刊の舞台裏』、一五〇頁）。つまり華東師（上海）版をめぐる論争とその後の経過は、たんなる教科書の記述をめぐる上海限定の一部の人間による狭い範囲での論争なのではなく、『氷点週刊』の問題を含め、中国における自国史の問い直しのあり方とその進展状況、そしてその表現方法をめぐるメディア、学術界、政界、そして社会全体を巻き込んだ、大きなうねりのなかで起こっているということである。

今日、中国の歴史教科書は、日々変化しているが、その方向性をめぐって様々な意見がぶつかり合い、中国という国家やそこで暮らす人々の将来や方向性までを議論する大きな場となっているといえるだろう。またそれは一九八〇年代までのように国定教科書が使われていた時代と異なり、教科書が編纂段階から社会や世論の話題となり、そのなかから生み出されているといってよく、そうした中国におけるネットでの論争や学会レベルの議論は、すぐさま日本をはじめ他国に伝わり、そこから再度様々な形で中国に戻され、中国国内の議論がさらに加速、過熱していく状況がある。つまり、中国の歴史教科書の記述内容が変わっているというよりも、それを編纂する人間と社会の歴史観や世界像が変化していると指摘した方が正確だろう。よって、中国の歴史教科書に分析を加えることは、その後ろに広がる中国という国家と、そこで暮らす人々を知るために有効な一手段と今日いえるのである。

蘇智良は、『未来をひらく歴史』の執筆陣の一人でもある。また蘇智良主編の華東師（上海）版歴史教科書は、中国で初めて「慰安婦」問題を記述した教科書である。彼は一九九二年、東京大学で海外研究をしていた際、日本のある研究者から日本軍が最初に設置した慰安所が上海であることを告げられる。当時、上海で歴史を研究し教える身として、それをまったく知らなかったことから「慰安婦」問題の研究をスタートさせた経験を持つ。そして一九九九年、上海師範大学に「慰安婦」問題研究センターを設置。二〇〇一年から歴史教科書に「慰安婦」に関する記述を載せている。まさに自分自身の経験と研究を歴史教科書に盛り込んでいるといえるだろう。

上述してきたように、中国の歴史教科書における自国史の問い直しは進んでおり、それは個人の研究や実践の成果だけでなく、生きてきた時代経験を背景としていることが分かる。また、その過程はナショナリズムの高揚と両義的に存在しており、その間で歴史教科書を舞台に行われる点検と更新作業にこそ、中国の歴史教科書や中国社会の進む方向性が見えてくるといえるだろう。よって反日・愛国、偏狭なナショナリズムといったキーワードから短絡的に中国の歴史教科書や社会をみるのではなく、その言葉のなかにどのような変革や改善を導き出そうとする人々の取り組みが今日行われているのか、というところに着目していく姿勢が求められる。また我々は、中国で行われている点検と更新を阻害しないために、自分自身への点検・更新作業を進めなければならないのである。

●「教材質問」コーナー

なお、本節の最後に歴史教科書をめぐる今日的動向をもう一つあげておきたい。

中国の天津で編集されている歴史教育や歴史教科書を専門に扱った『歴史教学』という全国規模の学術誌がある。この雑誌に二〇〇七年頃から人教版や地方版の歴史教科書の内容について、現役の中学校や高校の教員、大学の研究者や大学院生が、誌上で歴史教科書の記述内容の誤りの指摘、歴史評価をめぐる疑問点や改善点、批判や私見を発表する「質疑教材」（教材への質問）というコーナーが、ほぼ毎月設けられている。

それによると、例えば人民版の高校歴史教科書『普通高中課程標準実験教科書　歴史（必修）　第一冊』（人民出版社、二〇〇六年）の三八頁に、「中国共産党の指導の下、抗日根拠地の軍民は日本軍の度重なる、掃蕩、蚕食と清郷を粉砕した」とあるが、「反掃蕩と反蚕食は敵後方における抗日根拠地の軍民によるが、反清郷闘争は抗日根拠地で行われたとはいえない」と指摘している（沈為彗「新課程標準人民版高校歴史教科書に対するいくつかの疑問」、『歴史教学』二〇〇七年第一期、六〇頁）。これは掃蕩（日本軍による抗日根拠地や抗日軍民への殺戮）と蚕食（抗日根拠地に対する日本軍による蚕が桑の葉を食べるようにした侵略）は行われたが、清郷は、占領地に対する日本軍と汪兆銘政権の掃蕩作戦や抗日勢力の監視・弾圧を意味しており、反清郷が抗日根拠地で行われたとはいえないのでは、という疑義である。つまり歴史教科書に記述された日本軍の中国侵略と中国軍民の抵抗に関する史実に正確さが欠けていると投稿しているのである。

こうした史実の誤りを指摘するものは、全国で採択率トップの人教版に対しても行われている。『中国歴史　八年級　下冊』の朝鮮戦争に関する記述部分について、一九五〇年一〇月に朝鮮半島に派遣された中国義勇軍の兵士たちによって歌われたとされる歌の歌詞を載せているが、当時、まだこの歌は作られておらず、一九五〇年一二月になって初めて公表されたと指摘されている（呉志栄「人教版『中国歴史八年級下冊』の『問題知識』解読」、『歴史教学』二〇〇七年第三期、四七—四八頁）。これは義勇軍兵士の勇ましさを歌の歌詞に象徴させる記述内容に対して、史実に基づくと誤りであることを指摘する内容である。人民版、人教版、いずれにも史実をめぐる誤りに言及しており、前者の場合は、抗日戦争の評価にも関わる内容であり、後者は歴史教科書における歴史叙述のあり方を問う指摘といえよう。

一方、華東版の『中国歴史　七年級　上冊』に記述された、漢の武帝による張騫の西域への派遣を取り上げて、教科書では「漢の中外交流」という節で扱うことについて、これは今日の新疆ウイグル自治区が当時から中国の一部であったことを示す内容として節を配置し、記述すべきであるとしている（胡海存「張騫の西域への派遣は中外交流なのか」、『歴史教学』二〇〇七年第五期、六一頁）。まさに各民族の歴史を国家史の一部に組み込み、政府の民族政策にそって、その歴史に今日的評価を与えるべきだとする意見だといえる。

このように「教材への質問」に載せられた意見や批判は、多岐にわたる。いずれも応答や再批判などはこれまでのところ掲載されていない。こうした状況は、全国版や地方版の各歴史教科書の記述内容や歴史評価に差異があり議論が起こりつつあること、そして誌上で公に歴史事実に対する私見を述べ、歴史教科書に記述された史実の誤りを指摘することが可能であるといえるが、それらが一国史を乗り越える方向に向かっているのかまでを確認することはできない。いずれにしろ中国における歴史教育や歴史教科書を舞台に行われる、史実や歴史認識に関わる議論が、今後どのように進展するのか注視する必要があるだろう。

第4章　中国の教科書制度と歴史教科書の多様化

一　八〇年代の教科書改革

●中国の教科書事情への無理解

今日、中国の歴史教科書は、すべて検定教科書であり複数種類存在する。しかし読者のなかには、今日でも全国統一の国定教科書が使われていると考えてきた方も多いのではないだろうか。

二〇〇五年四月に中国各地で起こった「反日デモ」を受けて、町村信孝外相（当時）は「中国や韓国は国定教科書。歴史教科書が一つしかないなんて、こんなばかばかしいことはない」と発言している（『朝日新聞』二〇〇五年四月二五日）。日本の国連常任理事国入りの問題や、歴史教科書問題といった外交問題と密接に関わるところで起こった抗議行動について、外務省のトップがこの程度の認識であることを考えると、読者の多くが中国の教科書制度や歴史教科書への理解が乏しいであろうことも、むしろ当然なことなのかもしれない。

町村発言には、中国の教科書制度や歴史教科書への理解不足と、抗議行動の原因が中国における歴史教育や歴史教科書にあるかのようにとれる議論へのすり替えが行われている。また、中国に日本の歴史教科書を批判する権利や条件があるのか、という逆批判や反発ともとれる。こうした背景には、中国を知ろうとすることなく、それを遅れたもの、変化の無い閉鎖的なもの、異質なものとして扱い、対話の道筋を自ら閉ざしているところに特徴がある。そして何よりも重要なことは、町村発言を批判的にとらえることのできない私たちも、根拠のない差別的な視線を中国に持っているのかどうかさえ確認できる材料を持ち合わせていないということである。

そこで本節では、中国の教科書制度について論じながら、中国への視野を自己点検するための材料を提供してみたいと思う。

●国定から検定へ

中国では、一九五〇年代から八〇年代にかけて、小学・中学・高校ともに七次にわたって計七セットの歴史教科書が刊行され、全国統一の国定教科書が使われてきた（一九五一・一九五六・一九六〇・一九六三・一九七八・一九八二・一九八六年）。いずれも教育部（日本の文部科学省に相当）が制定した歴史教学大綱（日本の学習指導要領に相当）に従って編纂されており、学習内容のポイントが細かく決められてきた。これを編纂・刊行してきたのが、教育部直属の人民教育出版社である。

中学の自国史歴史教科書である『中国歴史』の場合、各年代二〇人前後の執筆メンバーが中心となって古代から現代までを学習範囲とする四冊一セットの歴史教科書を編纂してきた。執筆者の多くは、大学の史学科を卒業後、国家によって配属された中学や高校などで教鞭をとった後、人民教育出版社に移動しており、現場経験を持つ歴史教育の専門家である。このうち五〇年代に執筆補助を行っていた王剣英は、八〇年代では執筆を本格的に担当している（九〇年代は地図に関する校閲を担当）。また五〇年代に執筆を担っていた蘇寿桐は八〇年代になると内容の校閲を担当するなど（九〇年代には顧問に就任）、同一人物が三〇年もの長期にわたって執筆・刊行にたずさわる場合も少なからずみうけられる。また、執筆と校閲は、いずれも社内で行われるため充分な透明性を持つ教科書制度とはいいがたい面があった。

この三〇年間という時間は、およそ一世代にする相当する長さであり、今日、六〇歳〜三〇歳前後の人の多くが、人民教育出版社に所属する限られた執筆陣によって編纂された国定教科書の学習経験を持つ世代ということになる。これは、中国で暮す人々の歴史認識や歴史観の形成に共通性を持たせる一定の役割があったと考えられる。

こうした国定教科書制度に議論が生じるのは、一九八〇年代に入った頃からである。中国では一九六六年を境として、それまでの一二年制（小学六年・中学三年・高校三年）と新たに設けられた一〇年制（小学五年・中学三年・高校二年）ふたつの学制が存在しており、義務教育の普及のために一二年制に再統一した学制を整備する必要があった。一九八一年以降、制度上の移行は順次進められたが、各地域や学校の実状に合わせた教材の使用が議論になった。

一九八六年に義務教育法が制定され、本格的に義務教育の普及がめざされるようになると、それに合わせて教科書制度の抜本的な改革が始められた。その中心となったのが、国定制から検定制への移行と教科書の複数種類化である。同年、一月一一日、教育部は、「全国小中学教材審査委員会工作条例（試行）」（工作条例＝作業条例）を制定して、教科書検定に関する審査委員会の設置を決定した。翌一九八六年、審査委員会の成立大会が開かれ、検定制移行に向けた実質的な動きがスタートした。一九八七年に検定基準や方法、検定を行うメンバー構成などが定められると、制度面の整備と並行して、初となる検定教科書の作成が行われた。一九八八年八月一一日には、国家教育委員会（現・教育部）が「九年制義務教育教材編纂計画方案」（計画方案＝計画方針）を発表し、以下のように教科書多様化への姿勢を明確に示した（中国教育年鑑編集部編『中国教育年鑑１９８９』、二七八頁）。

現在、全国の小中学校は統一教材を使用しているが、現状が証明するとおり我が国の広大な国土と経済と文化の違いに適合しているとはいい難い。［中略］経済や文化が比較的発達している地域や教学条件の良好な学校が使用する教材。経済が未発達な国境近辺の地区、農村や草原地帯・山間部、および教学条件の整っていない学校が使う教材。それぞれが違ったレベルの中で、風格と特色のある教材を作ることを提唱する。

一九九〇年九月からは、山東・福建・雲南・貴州・広西・寧夏・黒龍江の七地点で、教育部による検定を経た検定教科書の実験的な使用が開始された。その規模は、小学校と中学校を合わせて四一二〇校、参加者は小学生が延べ三〇・三万人、中学生は二三・五万人であった（課程教材研究所編『教材制度沿革編　上冊』、一三三頁）。そして、三年間の試用期間を経て、一九九三年から全国で検定教科書の本格的な導入がなされた。これ以降、中国の歴史教科書は、一〇種類程度が今日までに編纂されている（表7）。

これらのうち、かつて国定教科書を発行してきた人民教育出版社の歴史教科書が、全体の六〇～七〇％を占めている（同、五八四頁）。

このように制度面の整備から実質的な検定教科書導入へと段階的に進行し、試用期間を設けて内容の試行錯誤を繰り返すなど、手堅い現実路線を選択したうえで国定制から検定制へと移行したことがうかがえる。

検定教科書導入の要因は、義務教育の普及を迅速に可能とすることを目的に、各地域や学校の実状に合致した教科書を開発するため。そして地域による経済格差を教育格差へと結びつけないための教育政策の具体化などが考えられる。

一九八〇年代後半になると、地域による経済格差は教育環境の格差をまねき、全国統一の教科書を使って同一の難易度で授業を行うことが難しい場合も少なくなく、生徒たちの学習実態に対応できなくなっていた。また、経済格差が引き起こす中国共産党の求心力の低下を最小限にとどめ、国家の安定と統一を維持するためにも、地域ごとの教科書編纂が必要とされていた。こうしたなかで、一九八七年に安徽省で行われた中国教育学会歴史専業委員会年会*において、中国教育学会副会長を務める張健は、基調講演において「こんなに広い中国で、たった一種類の教科書を使っているようではだめだ」と発言して複数種類の教科書の編纂を提起している（楊彪「中国の歴史教科書と日本」、『歴史地理教育』六四三号、八二頁）。

表7　中国の検定歴史教科書の一覧

教科書	タイトル	使用地域	編集者・編集組織	出版元	使用方法	備　考
人教版㋐	『中国歴史 『世界歴史 『歴史与社会』	全国	課程教材研究所・歴史課程教材研究開発中心	人民教育出版社	六三制教材・五四制教材の２種類	かつては国定教科書を出版。今日全国における採択率は60～70%
北師版㋑	『歴史』	全国	国家基礎教育歴史課程標準研制組編写	北京師範大学出版社	六三制教材・五四制教材の２種類	
地図版㋒	『中国歴史』 『世界歴史』	全国	中央教育科学研究所	中国地図出版社	六三制教材	
華東師（上海）版㋓	『中国歴史』 『世界歴史』	上海	上海中小学課程教材改革委員会	華東師範大学出版社	六三制教材	
華東師（王主編）版㋔	『中国歴史』 『世界歴史』	上海	王斯徳主編	華東師範大学出版社	六三制教材	
広東版㋕	『中国歴史』 『世界歴史』	沿海部	九年義務教育教材（沿海地区）編纂委員会	広東教育出版社	六三制教材	広東省などの沿海部の省で使用
四川版㋖	『中国歴史』 『世界歴史』	内陸部	龔奇柱主編	四川教育出版社	六三制教材	四川省などの内陸部の省で使用
人民版	『歴史』	全国	朱漢国主編・馬世力副主編	人民出版社	高校教材	
上海版	『歴史』	上海	上海中小学課程教材改革委員会	上海教育出版社	六三制教材	1990年代初頭から上海市で使用
浙江版		浙江省	九年義務教育教材編纂委員会	浙江省教育出版社	六三制総合課教材	
岳麓版		湖南省	劉宗緒など編	岳麓出版社	六三制教材	
河北版		複式学校	秦進材など編	河北人民出版社	農村複式教材・全国複式学校	

注）㋐～㋖の記号は、第３章に対応。

＊　中国教育学会歴史専業委員会年会は、一年に一度開催される歴史教育や歴史教科書をテーマにすえた全国大会である。参加者は、歴史教科書の執筆にたずさわる中・高・大の現役教員や、教育部に代表される全国各地の教育行政部門の官僚や研究員などである。二〇〇四年は北京、二〇〇五年は新疆ウイグル自治区のウルムチ、二〇〇六年は湖南省長沙、二〇〇七年が寧夏回族自治区の銀川で行われている。

検定制度の導入を柱とした教科書制度の改革は、政府による単なる政治的施策というだけでなく、それを要求する声が学界レベルから提起され実現していったことも注目に値するだろう。というのも教育現場における要求がまったく無い状況では、教科書制度の改革要求や国定教科書以外の教科書使用を望む声はでてこないと考えられるからである。こうした様々な要因が複合的に作用して、中国の検定制度導入は加速していくことになった。

二　導入された検定制度

上述してきたような導入当初の検定制度では、全国版であれ地方版であれ、教育部による検定審査に合格する必要があり、教科書の内容を規定する歴史教学大綱も全国で一種類しかなかった。よって、限られた枠内での歴史教科書編纂といわざるをえなかった。こうした検定制度にさらなる改革を行う契機となったのが、二〇〇一年六月七日に教育部令第一一号としてだされた、「中小教材編写審定管理暫行辦法」（中小学教材編纂審査管理暫定規則）である。それによれば執筆・検定・採択について以下のように定めている。

①　執筆

執筆が可能となるのは、以下の条件を満たす者である。

第三条　国家は条件を満たす職場、団体及び個人が小中学校の教材改革によって必要とされる、農村地区と少数民族地区で使用するレベルの高い特色ある教材を編纂することを奨励、支持する。

第七条　教材編纂に関わる者は以下の条件を満たすこと。

(1)　党の基本路線を堅持し、正確な政治視点を持ち、教育事業に熱心で優れた職業道徳と責任感で共同編纂できる者。

(2)　正確に党の教育方針を理解でき、小中学教育の現状と改革発展の動向を把握し、優れた教育理念と現代教育理念、課程計画および学科課程の標準に精通している者。

これを読む限り、師範大学や教育研究所といった教育・研究機関だけでなく、個人にも広く認められていることになる。しかし執筆の条件として、中国共産党の政治方針・教育方針を重視することが明記されており、それらを批判する立場からは執筆すらできないという限界がある。つまり国家による歴史教科書や歴史教育への介入を排除することは現段階ではむずかしいといえる。

執筆に際し、まず教科書発行者による申請が必要となる。申請は、全国で使用する全国版を執筆する場合であれば教育部に行い、上海市などの地方で使用する教科書の場合は、上海市教育委員会など各地の教育行政機関に行う。申請後、第七条で示された中国共産党の政治思想・教育方針などへの理解度や、刊行までの資金力などが審査される。審査の結果、申請が許可されれば教科書の執筆作業にうつれるが、不許可の場合は執筆できない。

教科書の執筆は、全国版の場合、教育部作成の歴史教学大綱、もしくは歴史課程標準に従って行う。地方版は、地方教育行政機関が作成した歴史課程標準に基づいて作成する。歴史教学大綱についてはすでに説明したように、学習のポイントを用語レベルまで細かく指示したものである。一方、歴史課程標準は、二〇〇一年に行われた教科書制度改革や、学校五日制導入を目的とした学習内容の精選、今後の歴史教科書や歴史教育の改革の方向性を示すために登場した、いうなれば新しい指導要領である。その特徴は、学習内容とその基本枠組（標準）を簡潔にまとめた程度にとどまるもので、歴史教学大綱と比較すると執筆者の自由度が高く、教育現場における教師の裁量も増えることが指摘できる。現在、従来の歴史教学大綱から歴史課程標準への移行期にあたり、歴史教学大綱と歴史課程標準それぞれにそった二種類の歴史教科書が存在することになる。今後、全国の学校は順次、歴史課程標準に基づく歴史教科書に移行していき、教育実践が行われるようになっていくことになる。

なお、執筆者には、教育部や地方行政機関の職員、検定を行う審査委員は含まれず、国定教科書時代のような人民教育出版社の内部ですべてが行われるということはない。

② 検定

執筆後、まず初審を受ける必要がある。ここでも全国版は教育部が行い、地方版は地方教育行政機関が担当して、次のような点について審査が行われる。

(1) 執筆者もしくは執筆団体への審査。
(2) 教科書としての体裁が整っているかに関する審査。
(3) 執筆目的や思想への審査。
(4) 国内外の教材や現行教科書との比較審査。

審査にあたるのは、教育部もしくは地方行政機関が選任する学科教科書審査委員会のメンバーである。委員会は、主任一名、専門委員が五名ないし一一名からなり、任期は四年とされる。歴史学や歴史教育の研究者、そして現職の教員から構成される。これに合格すると、教科書の表紙に『経国家教育部教材審査委員会審査試用』もしくは『経上海市教育委員会教材審査委員会審査試用』といったかたちで、初審を経たことと試用期間中の教科書であることを示す、「経」（検定済み）と「試用」の文字が明示されることになる。

試用は、四〇〇クラスもしくは二〇〇〇〇人に対して三年（一巡）程度行うことが義務付けられており、試用期間終了後、①試用報告書、②教材使用状況、③試用学校による教材評価の提出などと合わせて最終的な審査を受けることになる。

最終的な審査条件は、以下の通りである。

(1) 教育行政機関の審査項目を満たしている。

(2) 初審以後の試用期間に教材として優れた効果が認められる。
(3) 教科書としてのスタイルが完成している。
その判断基準として、次にあげる何点かが決められている。
(1) 法律や政策及び中国共産党の教育方針に従っているか。
(2) 教育の現代化・国際化要求に応えるか。
(3) 学生の心身発達や生活経験に合致するか。
(4) 社会状況を反映し科学発展の方向性に特徴があるか。
(5) 各地域が達成可能な学校運営条件と教員条件に配慮した難易度であるか。

この審査に合格すると、教科書の表紙にある「試用」の文字が、「通過」と書き変えられ、その教科書が最終的に検定合格したことを示すようになる。審査基準を満たさない場合、審査意見がつけられ翌年以降の再審査へまわされることになる。また、審査基準を大きく逸脱したものは不合格となり、その教科書の刊行はできない。

このように、執筆と検定審査は、いずれも全国レベルと地方レベルとの二種類があり、下記の条文が示すように、それぞれが独立した関係にある（教育部「中小教材編写審定管理暫行辦法」教育部令第一一号)。

第五条　教材の執筆・検定審査は、国務院教育行政部門（教育部）と省レベル教育行政部門のふたつのレベルで管理する。国務院教育行政部門は、国家課程教材の執筆と審査を管理し、省レベル教育行政部門は、地方課程教材の執筆と審査を管理する。

③　採択

初審と最終的な審査の二段階を経て検定合格した教科書は、全国もしくは地方レベルの教科書リストに入れられる。中国全土の各学校は、このリストの中から教科書を採択することになる。制度上では、下記のように全国レベルの検定を受けたものは全国の学校で採用が可能であり、地方レベルの検定を受けた教科書は、その地域でのみ採用が可能である（同）。

第二十七条　全国小中教材審査委員会の審査に合格した教材は、国務院行政部門の承認の後、全国小中教材目録の中に入れられ、学校の採択によって使用できる。省レベル小中教材審査委員会の審査に合格した教材は、省レベル行政部門の承認の後、省小中教材目録の中に入れられ、学校の採択によって使用できる。

このように学校ごとの採択が認められている。採択本の選定にあたっては、各地の教育委員会の指導を受け、歴史学や歴史教育の研究者・現職の教員・地域の保護者代表などで行われる議論を経て決定する。近年では、受験戦争が過熱しており、保護者から「高考」(日本の大学入試センター試験に相当)に出題される頻度の高い教科書を使うよう求める声が強いという。また、法律上は学校単位での採択が認められているものの、ばらつきのある教員の力量に配慮して、教員育成の研修を行いやすいなどの理由から、採択に関する議論を経たうえで学区や市町村ごとの採択、教科によっては省ごとの一括採択となっているのが実情である。

今日、北京の大きな書店では、学区ごとに採択した教科書の一覧表があり、生徒・保護者がそれを見ながら参考書などを購入する日本の書店と変らない光景が見られる。また、かつては公刊物をメインに扱う新華書店で独占的に販売されていたが、近年では大きな書店であればどこでも販売されていることが多い。

④　供給

教科書の供給は、かつて無償だったものの、今日では有償である。貧困地区では教科書代が支払えないため、退学や休学することも少なくない。例えば、全国の中学校で最も一般的に使われている人民教育出版社版の中学校歴史教科書『中国歴史』は、一冊一〇元（二〇〇八年五月のレート、一元＝約一五円で換算すると約一五〇円）程度する。一年間で二冊を学習するので、二〇元（約三〇〇円）が必要となる。

毎年、中国政府は「貧困線」と呼ばれる貧困ラインを設定しているが、二〇〇五年の場合、年収が六八三元（約一万円）をラインとしている。これを下回る人口が政府の統計によると、二三六五万人いる（中国統計局『中国統計摘要２００６』、一一〇頁）。こうした統計から考えると、中国の教科書は必ずしも安価とはいえないだろう。

そこで政府は二〇〇六年九月一日の義務教育法の改正にあわせて、農村部と貧困地域では小学校から中学校までの九年間の義務教育期間中に必要となる、学費・雑費・教科書代などの支払いを免除する改革にのりだしている。これにより全国で約五〇〇〇万人程度の児童と生徒がその対象となり免除されるという。また、北京市では二〇〇六年から小学校と中学校の学費・教科書代・雑費などの無償化を開始し、二〇一〇年までに段階的に全面無償化することが検討されている（中国情報局HP、二〇〇五年九月二一日）。

上述してきたように、中国の検定制度は全国と地方が、それぞれ歴史教学大綱もしくは歴史課程標準の作成、執筆、検定、試用、採択、供給までを別々の独立したルートで行うことが可能となっており、いわば教科書制度の地方分権化が進んでいるといえる。これは歴史だけでなく、全教科・科目にあてはまることであり、一九八〇年代までの限られたメンバーが教科書を執筆・刊行するという状況とはまったく異なり、執筆、検定、採択、供給の過程で、様々な人々の議論や対話を通じて教科書制度全体が成り立っていることがわかるだろう。

私は、二〇〇四年の一〇月に北京で行われた中国教育学会歴史専業委員会年会に参加した。大会の全体会や個別報告といったメインイベントが終わり一息ついた大会三日目に郊外巡見に出かけた際、私は移動のバスの中で何の前触れも無く各地域で編纂された歴史教科書をまわし読みしながらの意見交換会が自然発生的に起こったことを印象深く覚えている。その内容は、歴史教科書の体裁や地図・資料の扱い方、練習問題・学習課題の立て方、そして歴史叙述に至るまで、様々な角度からなされており、自分たちで歴史を語り、叙述する喜びと自信に満ち溢れ、歴史教科書を編纂することの楽しさと責任をひしひしと感じさせるものであった。こうした光景も、中国で歴史を学び教える環境が、国定教科書の使われていた一九八〇年代までと比べて自由かつ活発になっていることを象徴しているといえるだろう。そうした各地域で生み出される歴史教科書の内容は、中国共産党の指導方針に従うという大きなしばりがあるとはいえ、執筆陣の歴史認識や歴史叙述の試行錯誤が反映された内容であり、多くの人々の意見交換を通じた交流と競争が起こりつつあると考えられる。

三　中国の教科書制度が抱える課題

●中国検定制度の限界

中国の教科書制度にはいくつかの大きな課題が存在する。まず、制度上は個人にも執筆が認められているものの、今日までのところ教科書を刊行できるだけのノウハウと資金力を持つ大学や研究所しか発行できないという現実がある。とりわけ資金力は、執筆申請の際に審査対象となる重要なポイントであり、経済的な利益を確実に生む教科書であることが前提条件になっていることが分かる。つまり、売れない教科書は廃刊となる可能性があり、各教科書が市場原理に左右される競争下にあるといえるだろう。それぞれが売れるか、売れないかは、学歴社会と受験戦争が厳しさを増す中国において、受験に役立つかどうかが大きな判断基準となる。そのため、日本の歴史教科書同様、受験に有利とされる歴史教科書の寡占化が進む可能性も否定できず、教科書制度や社会状況が教科書の内容までをも規定していくことになりかねない。

次に、一九八〇年代までの国定教科書時代と比較すれば教科書の多様化や編纂過程の自由化が進んだとはいえ、教科書の執筆、検定、採択、供給といった教科書制度全般が政府（中国共産党）の影響下にあることは否定できない。政府の公式見解と異なる歴史解釈や歴史叙述を教科書に載せることは、法律上、認められていない。また、検定の審査過程や内容が公開されていないため、どのような議論や取り組みが行われたのかを第三者が調査・研究することは難しく、さらなる教科書制度の改革を提言していくことが簡単ではないことを指摘できる。

つまり中国の教科書制度において検定制度そのものが持つ、国家の管理下に教育や教科書があるという根本的課題は克服されたとはいえず、教科書の編纂を国定制から検定制へと移行したからといって、手放しに評価することは避ける必要がある。

●日本の教科書制度をモデルに

これまで述べてきたように、今日、中国の歴史教科書が国定か検定かを議論する段階ではすでになく、検定制度の内実と方向性を教室で教科書がどのように使われているのかといった実態レベルから検討する必要があることがわかる。まして中国の教科書制度は、日本のそれを参考に整備されたことも大きな特徴であることを付け加えておきたい（図1、図2）。

中国では教科書制度を改革していくなかで諸外国の教科書制度を調査・研究しているが、最も研究論文が多く、詳細な調査を行っているのが日本の教科書制度についてである。例えば、二〇〇三年か

図1　日本の教科書検定制度

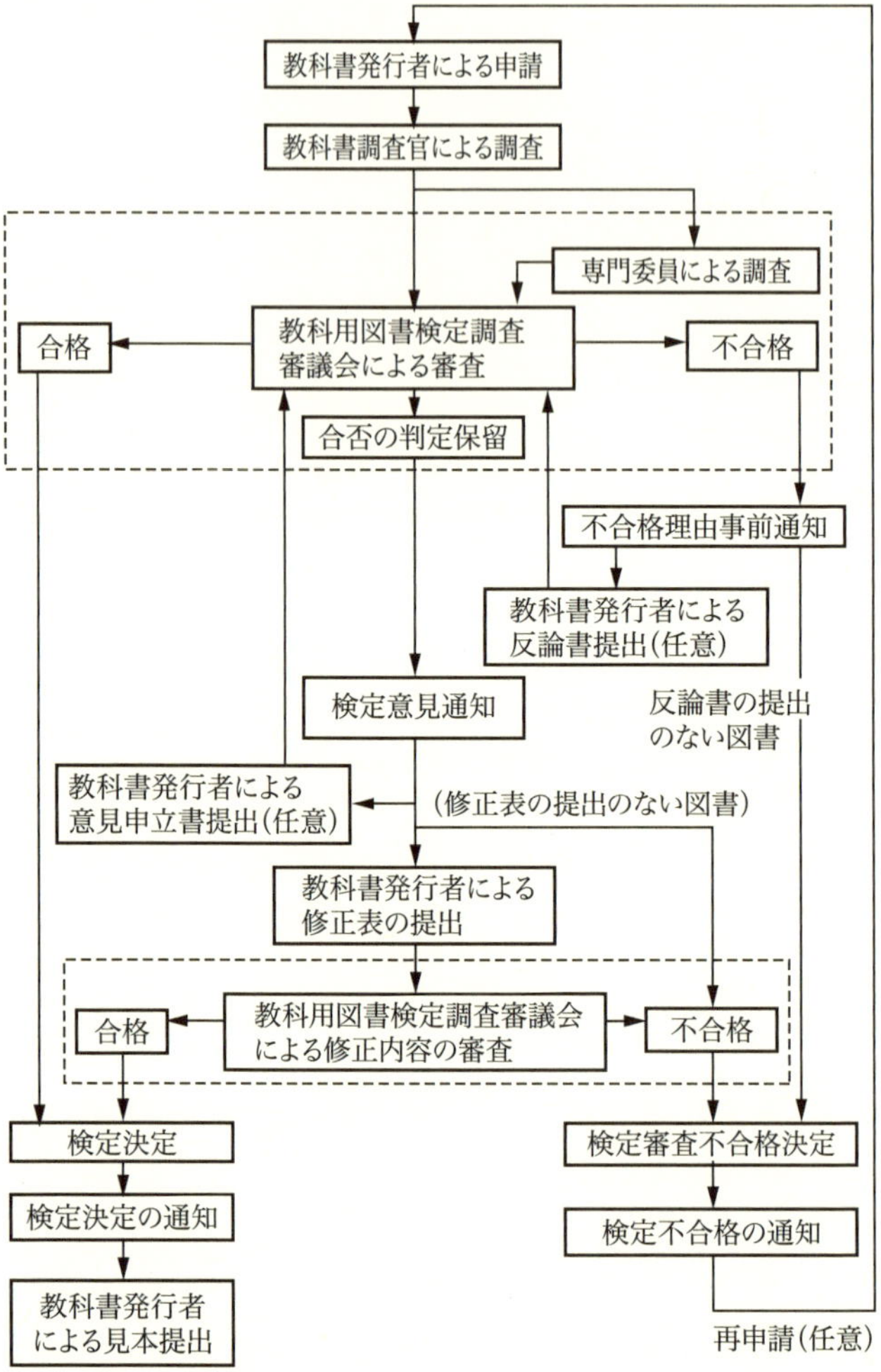

注)文部科学省「教科書制度の概要」(2001年3月)をもとに作成。
出典)永原慶二『歴史教科書をどうつくるか』岩波書店、2001年

図２　中国の教科書検定制度（全国版／地方版の場合）

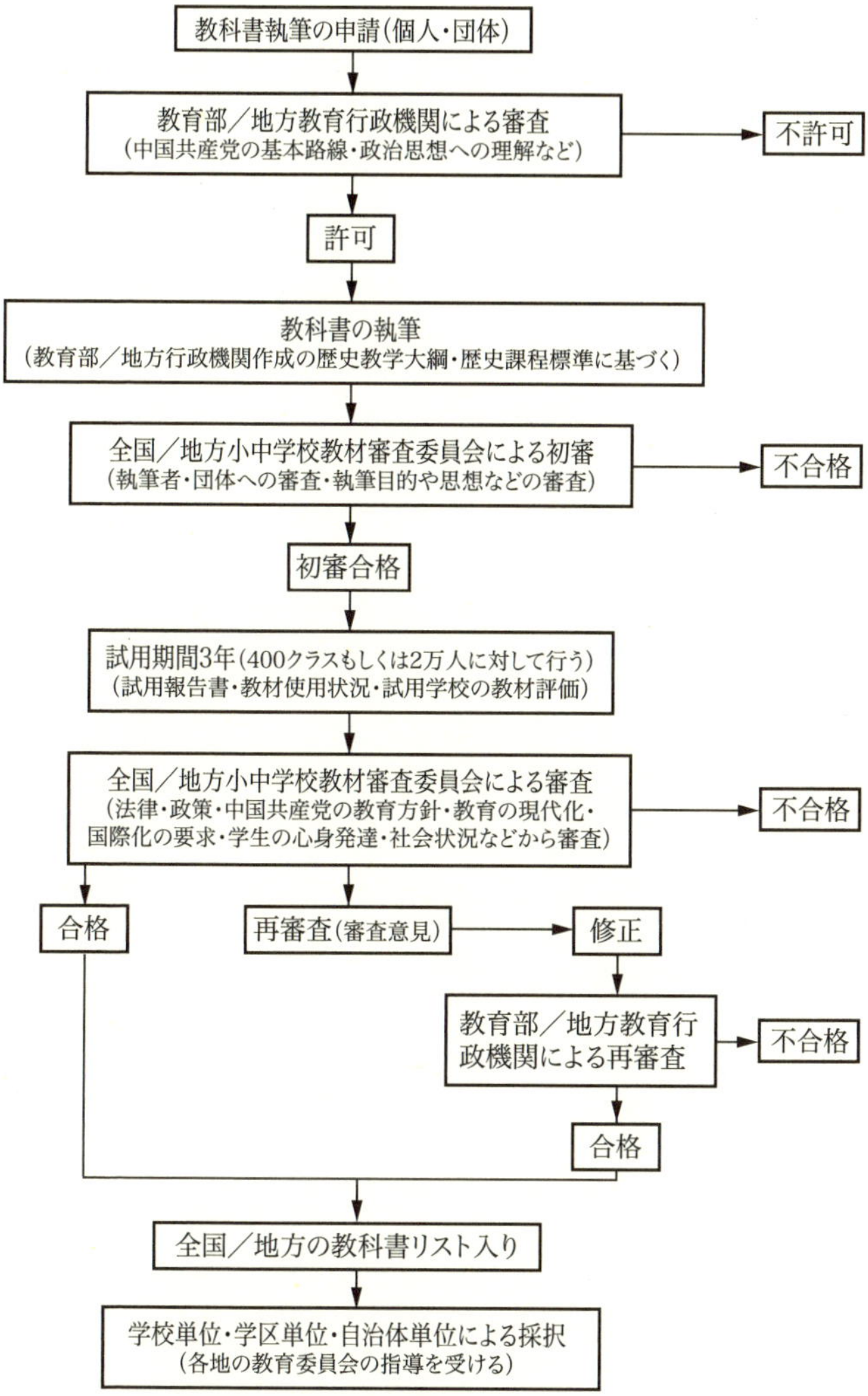

注)中華人民共和国教育部令11号「小中学教材編纂審査管理暫定方法」(2001年)をもとに作成。

ら二〇〇四年にかけて、人民教育出版社内で教材開発を専門に行う部署の課程教材研究所が「課程改革シリーズ」として刊行したもののうち、『課程教材沿革編』に収められた、唐磊（課程教材研究所）の論文は、以下のように日本の教科書制度に関する分析をまとめている。

これらの国は（米・英・仏・独・露・韓・日）、やりかたこそ違えど教科書の編纂を民間に委託して作成させている。執筆者の創造性を期待すると同時に、異なるいくつかのレベルでの検定を経ることで教科書としての質を確保している。多くの国家には教科書の編纂や刊行に対する直接的な法律が無いものの、日本だけは学校教育法などの法律に依拠しており、国家レベルの検定審議会があるなど、比較的行き届いた教科書制度を確立している（唐磊「日本の教科書制度が我が国の教材管理体制改革の深化に与える啓発」課程教材研究所編『教材制度沿革編　下冊』、八九五頁）。

教科書が国家で統一した管理下にあることも類似（中国と）しており、その長所を取り入れるべきである。我々は、彼らの経験・教訓を熱心に研究し、我が国の教科書制度改革の歩みを速めたい*（同、九〇五―九〇六頁）。

＊　唐は『日本の教科書制度』（人民教育出版社、二〇〇五年）の序文でも、「日本は我が国の隣国であり、おなじアジアに属する国家である。両国の文化の往来は悠久の歴史を有している。日本の近代の教育改革はかつて我が国に大きな影響を生み出したことがあり、教科書制度も他国と比べて実施している時間が長く、その中身

も系統的で、我々が真剣に研究するに値するものである」と述べている。また、王智新も『現代中国の教育』のなかで（二六九頁）中国の教科書制度が日本のものを参考に整備されたことに言及している。

これによると日本に学ぶべきは国家による厳格な教科書管理体制ということになるだろう。また唐は論文の最後に以下のようにも記している。

日本が行っている教科書発行者による申請への調査及び検定意見の公開というやり方や、教育関係のインターネット上で情報サービスを提供するなどの方法は、より広範な教育関係者や学生、保護者などの教材内容や質への理解を助け、多くの人々の教科書検定に対する公正さを監督するうえでも役立つといえる。これを手本とすることも我が国の教材建設と発展にふさわしいといえる（唐磊、前掲、九〇八頁）。

このように中国の教科書制度改革の方向性は、国家による管理という枠組を維持しながら、その中身を改善することで検定制度を効果的に機能させることに主眼を置いている。そのため検定制度そのものが持つ、国家による教育への関与・介入という問題の本質までは充分議論されていないことがうかがえる。これを本節の冒頭に記したように、遅れたもの、閉鎖的なものと考えることは簡単であるが、中国が参考としている教科書制度が日本のものであることを考えると、それだけ我々の教科書制度が教育や教科書というものを効率よく国家が管理していることになり、その教育への干渉が強いことの現れでもあるといえるのである。こう考えると、中国の教科書制度が国定教科書であるという認識は、単なる中国への理解不足というレベルではなく、日本の検定制度という国家による教育への介入に対する認識の低さ、もしくは教育や教科書への国家による検閲や統制といった権力の行使を見過ごすことに他ならないのである。

上述してきたように、外国の教科書制度から学ぶことで日本の教科書制度をより多面的に検討する材料を確保できるといえるだろう。また、すでにふれたとおり中国の検定制度は日本を参考としており、それぞれの課題を議論する土台は共有しやすい部分もあると思われる。つまりこうした状況は、検定制度をアジアレベルで問い直す時代の到来を意味しており、対話による具体的な相互検討作業こそが自国中心的な歴史教科書や検定制度の克服を導くことを示唆しているのである。また教科書制度への問い直しがどの程度行われているのかを見定めることは、対話の接点を模索することでもあり、中国をはじめとするアジアとの対話の基礎が充分整備されているかどうかを再確認するうえで欠かせない作業といえるだろう。

終章　今、問われる私たちの歴史認識と中国・アジア観

一　中国をどうみるか――問われる私たちの中国・アジア観

これまで東アジアレベルに積み重ねられてきた共通歴史教材づくりを、今後も推し進めていくうえで欠かすことのできない存在である中国。その中国の今をどうみればよいのか。私たちの歴史認識と中国・アジア観が問われている。

本書では、歴代の歴史教科書と、近年の地方版歴史教科書などを、時系列に、また同年代の各地域を比較しながら、いわば縦と横でみてきた。そこから立体的に浮かび上がってくるのは、単なる歴史教科書の記述内容の変化というものにとどまらず、中国の今と、それを生み出す歴史的背景、そしてそこで生きている中国の人々であった。

●歴史対話の入り口

今日、中国で使われている歴史教科書は、かつてのような中国共産党史や階級闘争史観を学ぶという役割が大きく後退し、グローバル化が進む国際社会で競争を勝ち抜く人材を育成するという新たな役割が課せられている。そこに描かれたあるべき国民像は、世界の大国・中国を支える公民である。こうしたなか国内ではナショナリズムを高揚させることで、国民の自発的な行動によって社会不安や不満を緩和しようとする政府の狙いと、激動する今を生きる証としてナショナル・アイデンティティを確認しようとする人々の動きが一つの大きな塊として存在している。よって中国の今を見抜くためには、そういった塊を、そのまま受けとめることがまず求められる。

歴史教科書を使った愛国主義教育が行われていることは事実である。またその影響が、ネットを中心に偏狭なナショナリズムと結びついていることも否定できない。しかし一方では、自国史を問い直そうとする動きが進展しつつあり、すでに歴史教科書に様々な歴史事実への評価を記述するところまできている。私たちが中国のナショナリズムの象徴としてとらえがちなメディアや歴史教育、そして歴史教科書のなかから、むしろそういった変化や問い直しが起こっており、共通歴史教材の作成というかたちで国境を越えた議論を可能としていることの意味を考えてみなければならないだろう。

また歴史教科書を使った「反日」教育が日々行われているのか、という問いには短絡的な見方だと答えたい。確かに歴史教科書に描かれた日本軍の侵略行為を学んだ生徒が、日本人や日本のことを快く思わないことは容易に想像できる。しかし、すでに述べたとおり、歴代の歴史教科書に記述されてきた日本の戦争犯罪は限られており、二〇〇一年以降は大幅に減少傾向にある。そのため歴史教科書や授業以外から日本の中国侵略に関する情報を得たり、影響を受けたりしているかどうかも調査や分析する必要があるだろう。またそれは歴史認識にどのような世代差があるのか、戦後史の各時代における時代像などを知ることにもつながると思われる。

よって中国の歴史教科書を「反日」教材であると考えることは、中国で暮らす人々が現代史をどのように生き抜き、世代を超えて歴史を継承してきたのか、ということへの視野を狭めかねない。そして何よりも中国の政治や教育、歴史教科書の内容が、今日、世論という社会的背景をともないながら議論される傾向が強まりつつあり、自国史の問い直しが少しずつ進んでいるという状況を見失ってしまう危険性がある。よって中国の歴史教科書を、日本との歴史認識の溝を象徴する存在として扱うのではなく、自国史の問い直し作業を共有するための手がかり、中国の今を知る素材として位置づけ、入り口としたい。

●アジアとは

私は、歴史教科書の記述内容を例に、日本と中国、そして日中韓にからみあうナショナリズムの共振関係があることも指摘した。それを解決していくためには、共振関係そのもののメカニズムをとらえなければならない。そこで求められるのは民間レベルの交流である。交流を推し進めるためには、私たちは中国の歴史教科書に生まれている変化を、これまでなぜ正確に分析することができなかったのだろうか、といったことをまず考えてみなければならないだろう。それは中国と向き合う、アジアと向き合う、そういった感度を研ぎ澄ました経験が乏しいからであり、大きな変化を中国がとげたがために今が読み解けないといよりは、むしろ自分が生きてきた同じ時代に、中国で積み重ねられた歴史、その歴史と向き合う姿勢を問い直すことへの意識が低かったからこそ中国の今が理解できないのではないだろうか。

そもそも私たちにとって中国やアジアとはどのような存在なのだろうか。東アジア共同体、アジアのなかの日本、という表現は、私たちにとってあまりにも曖昧な言葉、存在であり、またそれらの言葉の先に、自国中心的な歴史理解や地域認識が横たわっていないだろうか。一人ひとりにとっての中国やアジアという存在をクリアにしようと努めない限り、そこで暮らす人々と対話を成立させることはできない。それは言い換えるならば、向かい合う主体性そのものが存在していない、用意できていない、ということを意味しているのである。

すでに述べたとおり、中国では文革の問い直しが始まりつつある。それは中国における日中戦争期と戦後史の「悲劇の連続性」を明らかにし、人々の間に自国史を見直す意味をこれまで以上に問いかけることになっていくだろう。そうした取り組みを私たちが知ろうと努めることなしに、中国の今を知ることはできない。よって変化を生み出している、促している要因は何なのか、担い手は誰なのか、というところから、国家や国民という存在だけではなく、ひとりの人間の問いかけや時代観、それらが集まった社会と世論、歴史が存在することを忘れてはならないだろう。

二　共通歴史教材という歴史対話

『未来をひらく歴史』には残された課題が多い。これをこれまで続けられてきた歴史対話を一歩でも前進させる「叩き台」にどのようにするのか。それが今、問われている。

現在、『未来をひらく歴史』を全面的に改訂するための準備段階として、二〇一〇年から二〇一一年にかけての刊行を目標に、三国共同研究の「新書」を作成している。この作業は、これまで国境を越えて積み重ねられてきた議論や交流のプロセスに、今後も責任を負うことの意思表示である。よって歴史対話とは、未来に責任を負うことであり、その責任を果たすために次の対話を導く作業でもあるのだ。これまで続けられてきた歴史対話の流れのなかに改めて『未来をひらく歴史』を位置づけなおし、次の歴史対話を導く一歩としたい。そういった意味において、『未来をひらく歴史』の刊行はゴールではなく、むしろスタートといえるのである。

●歴史認識の共有は可能か

日本と中国をはじめとするアジアとの歴史認識問題を考えるうえで、歴史認識の共有はそもそも可能なのか、という問いをよく耳にする。私も研究会や市民学習会などで何度も問われたことがある。私がここで答えられるのは、共有とは何なのか、ということを問う姿勢である。それは決して譲歩と妥協、折衷の産物ではなく、また違いを認め合うことなく作られる合意でもない。歴史認識の共有とは、歴史対話のプロセスである自己点検と自己更新の履歴を相互に共有しあうことである。つまり歩みをともにする、ということであり、歩みをともにするための準備を怠らない、ということでもある。

例えば中国の歴史教科書にどのような変化があり、これにはいかなる背景が存在するのか、それを知らなければ中国で暮らす一人ひとりが行ってきた、もしくは行いつつある自己点検と自己更新の内実、難しさを知ることはできない。これではともに歩む準備が整っていないことになる。また、自らが自己点検や自己更新の難しさに主体的に向き合わなければ、他者が行う同じプロセスがどれだけ大変であるかを理解することはできないだろう。つまり歴史認識の共有とは、歴史対話の「術」を自ら身につけようとすることなのであり、安易な「共有」や自己中心的、もしくは自国中心的な「連帯」のおしつけという誘惑に惑わされない主体性を確立することなのである。そういう意味において、歴史対話とは他者との対話だけでなく、自分自身との対話だといえよう。

●ワクチンにも劇薬にも

共通歴史教材は、歴史対話を推し進める特効薬や万能薬ではない。むしろ取り扱いに充分気をつけなければならない、いわばワクチンである。しかし、これを体内に取り込むことによって、常に自分を日本人という国民たらしめんとする国家の存在に気がつき、そこから自らを意識的にずらすことなしには見えてこない歴史があることに気づき、それと向き合う場をつくる可能性が生まれるだろう。

共通歴史教材はこうした可能性を秘めながらも、課題や限界も存在する。それはどんなに一国史から、関係史、そして地域史へと範囲を広げていっても、そこには「内」と「外」というラインが引かれ、一国史を克服するという課題を根本的に解決することは難しい。そして、そうした作業からこぼれ落ちていく歴史や人間、記憶が必ず生じることである。よって共通歴史教材を作成するということは、ある意味において共有や対話を掲げながらも、そうした方向性とはまったく異なるものがそもそも内在していることになる。では、なぜそうした危険性、限界がありながらも作成する必要があるのだろうか。それは、そうしたなかにこそ歴史との向き合い方、どこかに取り残されて声をあげることすらできない人間やその記憶の源に近づく心構えと姿勢を学ぶ実践的な空間が用意されているからである。それは、多義性のなかから歴史をどう描くのか、という歴史叙述のあり方を考えるうえでも大切なポイントだといえるだろう。

よって共通歴史教材の作成と使用が、そのまま歴史認識の共有や歴史対話、そして主権者たる国民を国民教育によってつくるということを乗り越える第一歩、ということには必ずしもならないことをあらかじめ認識しておく必要がある。そうでなければ共通歴史教材は、ワクチンどころか劇薬になってしまうだろう。

こうした宿命ともいうべき共通歴史教材の持つ課題についてもう少しふれておきたい。まず、国家を背景に国民という存在としてその作成に参加する以上、どんなに国民という位置から逃れようとしても完全に離脱することは困難であり、国民以外の世界市民や何らかの新しい市民の形態にたどり着けることを約束するものではない。むしろ共通歴史教材は、作成者や読者を国家や国民へと押し止めようとする力を有しており、それは歴史への視野を狭めることを意味する。そして共通教材の作成と使用は、その担い手本人が望む、望まないに関わらず、常に自己中心的な、自国中心的な世界観に基づく「連帯」や歴史観の「共有」に誘う。これを意識的にとらえることができなければ、それはかつて日本がアジアに対して掲げた「連帯」・「共有」という名の大東亜共栄圏構想、アジア主義の二一世紀版になりかねない。こうした課題をさらに具体的に研究、実践、叙述するために、共通歴史教材という歴史対話を、歴史と向き合う姿勢を問い続ける一つの学問研究分野として今日成立させることが求められているのではないだろうか。

「連帯」・「共有」は目的ではなく、対話のプロセスから導き出される到達点であり限界点でもある。共通歴史教材の刊行はひとつの産物であり、目的になってしまっては意味がないのである。歴史対話のあり方と醍醐味はここにある。

三　歴史認識を深めるための歴史対話の役割

歴史対話の担い手は、すべての世代にあてはまるが、歴史教科書のあり方が日本と中国、そしてアジアとの間で議論になる以上、教室で歴史教科書を使いながら授業を受ける生徒たちの役割は大きい。よって歴史教科書あり方や共通歴史教材の意義を今後も考えていくためには、具体的な実践をともなうことが欠かせない。

もう一つ重要なことは、日本の戦争犯罪に関する研究が蓄積しているにも関わらず、こうした研究成果が若い世代が自ら歴史認識を深める材料に必ずしもなりえていないことに対しても改めて検討する必要があるだろう。そこで歴史認識を深めるための歴史対話の役割について考えてみたいと思う。

●同じ時代を生きる

まず本書でみてきたように、日本の侵略戦争を授業で扱う場合、現代史学習とセットであることが欠かせない。それは、「悲劇の連続性」や今日まで残された歴史的課題を学ぶことで、自分と歴史との接点、連続性が見出しやすくなるからである。また侵略戦争という歴史事実をアジアの各地域でどのようにこれまで語られ、伝えられ、学ばれてきたのか、そして、その歴史をアジア各地の教室で学ぶ一人ひとりと同じ今を生きているのだということを実感できる同時代史的な歴史理解を育む実践が求められる。

その際、大切なことは、アジアの戦争被害者個人から戦後補償裁判を通じて謝罪と補償を求められている日本という国家に暮らす、主権者たる日本国民として歴史に向き合う必要性とともに、国家によって安易に回収されないアイデンティティを持つ一人の歴史対話の担い手として戦争被害者や歴史事実、そしてアジア各地の教室で学んでいる一人ひとりに向き合うことだ。なぜなら国民という存在からでは見えてこない歴史、人間への視野を確保するため。そして歴史と向き合う姿勢を自己点検・自己更新することが歴史対話の基本であり、それができなければ、なぜ日本の戦争責任について何度も謝罪しているのに、もしくは共有と連帯を前提とした未来志向を提示しているのに、アジアの人々は許してくれないのだろう、というレベルでとどまってしまうからである。

いずれも共通歴史教材という歴史対話のプロセスから学ぶことや、中学校の公民的分野、高校の公民や現代社会の授業のなかで、国民国家とは、国民をつくるということはどのようなことなのか、ということをこれまで以上に多面的に扱うことから準備できないだろうか。日本という国家の主権者たる国民になるということが、日本の国にとってだけでなくアジアで暮らす人々にとってどういうことなのか、そういった視野が求められる。これはなにも国民国家や国民という存在を全面的に否定するために行うものではない。まして、何世紀にもわたる植民地支配や被占領をへて国民国家を勝ち取った国々がアジアにたくさんあるなかで、日本の歴史学や歴史教育の押し売りをするわけにはいかない。むしろ国民という姿を豊かにすることが国民のあり方や、よりよい社会、民主主義という対話空間を構築していく契機につながると思うからである。

こうしたなかからいくつか具体的な課題がみえてくる。

まず一つ目は、歴史教科書の機能とそれが持つ宿命的役割そのものを学ぶ機会をつくること。そしてその機会を、国民国家やその歴史を強化することを理解するだけにとどまらせず、歴史教科書の歴史叙述に反映された歴史の描き方を研究、実践の両面から検討することで、歴史の見方、叙述の可能性が生まれることを学ぶことが欠かせない。そのためには既存の歴史教科書における現代史記述の増量、地域概念や地域史学習の再検討が行われなければならない。

共通歴史教材の作成が明らかにしているように、一国史を超えて関係史、地域史へと広げていっても、そこには必ず「内」と「外」とを隔てる境界が生じてしまい、地域史が一国史を越えて万能な歴史観や世界史像を提供してくれるわけではない。ではどのような世界史像がどこに見えてくるのだろうか。それを具体的に、より多くの人間で考える機会をつくるのが歴史教育の役割であり、そうした模索、実践する場所を歴史教科書や共通歴史教材の歴史叙述のなかからみいだすことが今日、求められているのである。これをいいかえれば、地域概念、時代区分、方法論といったまさに共通歴史教材の作成過程で国境を越えて行われた議論の争点となった世界史教育のあり方、そして歴史教育のなかで主体性の内実を問う取り組みが、今日改めて必要だといってよいだろう。

二つ目は、本書で指摘したように、中国の各世代が認識している日本の戦争犯罪は、必ずしも歴史教科書から知識や情報を得ているというわけではない。これだけグローバル化と情報化社会が進む今日であればなおさらである。そのなかでも新聞やテレビ、ラジオ、映画、インターネットなどのメディアから得ている情報が多いといってよいだろう。そうした状況は、日本の若い世代にもあてはまる。そうであるならば、国境を越えた歴史対話を可能とする基礎的条件を整え、各国における歴史事実の継承方法を把握するために、歴史教育とメディアリテラシー教育を結びつけながら行うのはどうだろうか。そもそもメディアリテラシーは、情報を発信するもの、もしくは受信するもののどちらか一方が取り組み、身につけるものではなく、発信・送信のサイクルを一つの環としてとらえ、その内側から批判的にそれぞれをとらえ直し、よりよいものにしていくことを指す。このプロセスは歴史対話と共通しており、メディアの情報に流されない現状分析、アジア認識を形成するうえで有益だと思われる。

なお本書では、中国という国家、そしてそこで使われてきた歴史教科書を素材に分析を試みたが、歴史科目よりも授業時間数が多く、小・中・高で系統的に学習している政治思想科目があることも検討対象とすべきである。また今回は中国や韓国を例に取り上げたが、その他のアジアの国々にどのような科目、教科書、メディア、歴史学や歴史教育の成果や課題があるのかまでおさえることができなければ、そこにも歴史対話を遅らせかねない要因を生み出してしまうだろう。

三つ目は、大学における講義、実践を充実させる必要性である。すでに本書の冒頭でふれたように、今日、日本の戦争犯罪を進級や進学によって知れば知るほど、学べば学ぶほど、その歴史から離れ、反発・反感をもつという事態が起きている。また高校のカリキュラムで必修である世界史すら学習しないまま卒業、もしくは大学に進学するいわゆる「未履修問題」があるように、中学校で歴史的分野を学んで以降、高校・大学卒業まで一切歴史科目を勉強しないまま社会に出て行くというケースがある。

こうしたなかで歴史認識を深める機会を用意できる最後のチャンスがあり、中学や高校と比べて比較的自由な実践が可能なのが大学の講義ということになるだろう。そのためには中学校や高校だけでなく、大学における歴史認識の対話力と構築力を鍛える実践が、教え手に問われており、小・中・高・大の実践交流、もしくは歴史教育と歴史叙述の関係性を深め合う場や機会が今日求められている。

上述してきたように、日本の戦争犯罪を学習することを通じて、日本の戦争責任・戦後責任を問い、アジア認識を深め、さらに残された今日的課題に向き合う歴史認識を身につける、といったことを一度に達成することは容易ではない。何よりも歴史と向き合う姿勢、主体性が問われているのであり、それがはっきりしないアジア観や歴史認識では、いくら戦争犯罪を繰り返し授業で扱ったとしても効果は薄く、学び手の対話力の向上には必ずしも結びつかないと思われる。よって日本の侵略戦争に対する歴史認識を深めることは、それ自体を実践で扱う以前、もしくは導入に関する準備段階こそが重要なのであり、日本の戦争犯罪を扱った授業の学習効果は、それを行う以前にすでにほぼ決まっているといっても過言ではないだろう。日本における戦争犯罪研究が、なぜ若い世代が自ら歴史をひもといていく歴史認識になかなかなっていかないのか、その要因の一端がここにあるように思う。

日本の戦争責任・戦後責任に関する歴史対話を行うということは、歴史教科書のあり方を問い直し、そこに歴史叙述として反映されている世界像や世界史像と正面から向き合うことを通じて、それらを国境を越えて新しく構築していく方法を模索する試みなのであろう。そこで行われる自己点検と自己更新の履歴こそが、生徒や学生にとってだけでなく教え手を含め、歴史対話の担い手にとしての人間的な成長の証、歴史認識の深まりとして自覚できるようになるにちがいない。そのプロセスは、決して自虐的なものではなく、共通歴史教材という歴史対話が、歴史と向き合う姿勢を問い続けること、そのものであることに自ら気がつくことを可能とするのである。

参考文献一覧

■『未来をひらく歴史』書評・論評と実践報告

猪飼隆明「『未来をひらく歴史　東アジア3国の近現代史』を読んで」、大阪歴史科学協議会『歴史科学』、二〇〇六年八月

大日方純夫「未来をひらく歴史――戦争認識の課題」、日本平和教育研究協議会『平和教育』六九、二〇〇五

大日方純夫「共通歴史教材をどうつくるのか　歴史認識の共有化のために」、進藤榮一・平川均編『東アジア共同体を設計する』日本経済評論社、二〇〇六

大日方純夫「日中韓3国共通歴史教材づくりにおける議論点――歴史叙述・歴史研究とかかわって」、大阪歴史科学協議会『歴史科学』一八五号、二〇〇六

郭永虎「書評『東アジア3国近現代史』」、歴史教学社編集部『歴史教学』二〇〇五年九月号、天津古籍出版社・歴史教学社

笠原十九司「歴史認識をめぐる日・中・韓三国の対話――東アジア歴史副教材の作成を目指して」、山梨県歴史教育者協議会『山梨の歴史教育』九号、二〇〇三

笠原十九司「日・中・韓＝共同編集『東アジア3国の近現代史』を出版して」、歴史教育者協議会『歴史地理教育』二〇〇五年一一月号（六八九号）

笠原十九司「歴史認識の共有はできるか――『未来をひらく歴史　東アジア3国の近現代史』を編集して」、東京学芸大学史学会『史海』五三号、二〇〇六

金聖甫「東アジアの歴史認識共有への第一歩　『未来をひらく歴史』の執筆過程と韓国国内の反応」、『世界』二〇〇六

年一〇月号（七五七号）、岩波書店
齋藤一晴「『未来をひらく歴史』作成の経過と論点」（上・下）、日本の戦争責任資料センター『季刊戦争責任研究』二〇〇五年夏季号、同秋季号
箱崎作次「『未来をひらく歴史』が中学生の心をひらいた」、日本平和教育研究協議会『平和教育』七一号、二〇〇六
箱崎作次「まず真実を知ること——中学校で『未来をひらく歴史』を活用して」、歴史教育者協議会『歴史地理教育』二〇〇七年七月号
林雄介「東アジア共通歴史教材を読んで」、歴史科学協議会『歴史評論』二〇〇八年三月号
阪東宏「東アジア諸国民との歴史対話」、『戦争のうしろ姿　教科書問題と東アジア諸国民との歴史対話』彩流社、二〇〇六
森口等「『未来をひらく歴史』で未来をひらく高校生たち」、日本平和教育研究協議会『平和教育』七一号、二〇〇六
森本光展「『未来をひらく歴史　東アジア3国の近現代史』を読んで——学校現場の歴史教育の視点から」、大阪歴史科学協議会『歴史科学』二〇〇六年八月号

■シンポジウム報告集・報告冊子

『合評会　東アジア共同歴史教材をめぐって』東アジア共同歴史教材合評会実行委員会、二〇〇六
『国際シンポジウム　歴史教育をめぐる日本と韓国の対話』歴史教育研究会〈日本〉・歴史教科書研究会〈韓国〉、二〇〇七
『第二次南京大屠殺史学術討論会会議手冊』南京大学南京大屠殺史研究所、二〇〇七
『転換期の歴史認識と東北アジアの平和』第六回「歴史認識と東アジアの平和」フォーラム、二〇〇七
蘇智良「上海版の歴史教科書の問題について」、『日本華人教授会議中日関係研究委員会勉強会資料』、二〇〇七年三月

八日
『東アジア歴史共同体　韓中日三カ国の歴史認識の共有のために』日本の教科書を正す運動本部・歴史問題研究所、二〇〇三
『未来をひらく歴史』発刊一周年・第二版出版記念国際シンポジウム「『未来をひらく歴史』～日・中・韓でどう教えたか」日中韓3国共通歴史教材委員会・歴史教育アジアネットワーク、二〇〇六
箱崎作次ほか「『未来をひらく歴史～東アジア3国の近現代史』を活用しての一年間の選択社会授業を終えてのまとめ～執筆の先生方へのメッセージとして」、二〇〇七
森口等「わかって楽しい授業づくり講座」歴史教育者協議会第五八回全国大会、高校分科会報告冊子、二〇〇六

■中国の歴史教科書

◇人民教育出版社（人教版）

〈一九五〇年代〉

『初級中学課本　**中国歴史**』〔『第一冊』汪籛・邱漢生・陳楽素編、『第二冊』汪籛・陳楽素編、『第三冊』蘇寿桐編、『第四冊』姚涌彬・蘇寿桐編〕人民教育出版社、一九五六

〈一九七〇年代〉

『全日制一〇年制学校初中課本（試用本）**中国歴史**』〔『第一冊』（一九七八）、『第二冊』（一九七九）、『第三冊』（一九七九）、『第四冊』（一九七九）〕中小学通用教材歴史編写組編、人民教育出版社
『全日制一〇年制学校初中課本（試用本）**世界歴史**』〔『上冊』、『下冊』〕中小学通用教材歴史編写組編、人民教育出版社、一九七九

〈一九八〇年代〉

『初級中学課本　**中国歴史**』〔『第一冊』陳光中・臧嶸編（一九八五）、『第二冊』王剣英・王宏志編（一九八五）、『第三冊』胡文彦編（一九八六）、『第四冊』李隆庚編（一九八四）〕人民教育出版社
『高級中学課本　**世界歴史**』〔『上冊』寿紀瑜等編（一九八五）、『下冊』厳志梁等編（一九八六）〕人民教育出版社
〈一九九〇年代〉
『義務教育三年制四年制　初級中学課本（実験本）**中国歴史**』〔『第一冊』（一九九二）、『第二冊』（一九九三）、『第三冊』（一九九四）、『第四冊』（一九九五）〕人民教育出版社歴史室編著、人民教育出版社
『初級中学　**世界歴史**』〔『第一冊』（一九九四）、『第二冊』（一九九五）〕人民教育出版社歴史室編著、人民教育出版社
『高級中学課本　**中国近現代史**（必修）』〔『上冊』（一九九七）、『下冊』（一九九八）〕人民教育出版社歴史室編著、人民教育出版社
『高級中学課本　**世界近現代史**（必修）』〔『上冊』、『下冊』〕人民教育出版社歴史室編著、人民教育出版社、一九九六
〈二〇〇〇年代〉
『義務教育課程標準実験教科書　**中国歴史**』〔『七年級上冊』、『七年級下冊』、『八年級上冊』、『八年級下冊』、『九年級上冊』、『九年級下冊』〕課程教材研究所　歴史課程教材研究開発中心編著、人民教育出版社、二〇〇三
『九年義務教育　三年制初級中学教科書　**中国歴史**』〔『第一冊』―『第四冊』〕人民教育出版社歴史室、人民教育出版社、二〇〇二
『九年義務教育　三年制初級中学教科書　**世界歴史**』〔『第一冊』、『第二冊』〕人民教育出版社歴史室、人民教育出版社、二〇〇五
『全日制普通高級中学教科書（選修）**中国古代史**　全一冊』人民教育出版社歴史室編、人民教育出版社、二〇〇五
『全日制普通高級中学教科書（必修）**中国近現代史**』〔『上冊』、『下冊』〕人民教育出版社歴史室編、人民教育出版社、二〇〇四

『全日制普通高級中学教科書（選修）**世界近現代史**』〔『上冊』、『下冊』〕人民教育出版社歴史室編、人民教育出版社、二〇〇四

『義務教育課程標準実験教科書　**歴史与社会**』〔『我們生活的世界　七年級　上冊』（二〇〇五）、『我們生活的世界　七年級　下冊』（二〇〇三）、『我們伝承的文明　八年級　上冊』（二〇〇五）、『我們伝承的文明　八年級　下冊』（二〇〇五）、『我們面対的機遇与挑戦　九年級　全一冊』（二〇〇五）〕課程教材研究所・総合文科課程教材研究開発中心、人民教育出版社

◇北京師範大学版（北師版）

『**歴史**　八年級　下冊』国家基礎教育歴史課程標準研制組編写、北京師範大学出版社、二〇〇二

『義務教育課程標準実験教科書　**歴史**』〔『七年級　上冊』（二〇〇三）、『七年級　下冊』（二〇〇二）、『八年級　上冊』（二〇〇二）、『八年級　下冊』（二〇〇二）、『九年級　上冊』（二〇〇四）、『九年級　下冊』（二〇〇三）〕北京師範大学編、北京師範大学出版社

◇人民出版社版（人民版）

『普通高中課程標準実験教科書　**歴史**（必修）』〔『第一冊』―『第三冊』〕朱漢国主編・馬世力副主編、人民出版社、二〇〇五

◇上海教育出版社版（上海版）

『九年制義務教育課本　**歴史**（試用本）』〔『七年級第一学期』（一九九一）、『七年級第二学期』（一九九二）、『八年級第一学期』（一九九二）、『八年級第二学期』（一九九二）、『九年級第一学期』（一九九二）、『九年級第二学期』（一九九四）〕上海中小学課程教材変革委員会編、上海教育出版社

『高級中学　**歴史**（上冊）（試用本）二年級』上海中小学課程教材変革委員会編、上海教育出版社、一九九四

『高級中学　選修　**歴史**（試用本）三年級』〔『上冊』、『下冊』〕上海中小学課程教材変革委員会編、上海教育出版社、一

九九三

『高級中学　**歴史**（試用本）一年級』〔『上冊』、『下冊』〕上海中小学課程教材変革委員会編、上海教育出版社、二〇〇二

『高級中学課本　**歴史**（試用本）』〔『高中一年級一学期』（二〇〇三）、『高中一年級二学期』（二〇〇四）、『高中二年級一学期』（二〇〇五）〕上海中小学課程教材変革委員会編、上海教育出版社

『高級中学課本　拓展型課程教材　**歴史**　高中三年級（試用本）』上海中小学課程教材変革委員会編、上海教育出版社、二〇〇五

◇華東師範大学出版社版（華東師（上海）版）

『九年義務教育課本（試験本）**中国歴史**　七年級』〔『第一学期』（二〇〇二）、『第二学期』（二〇〇三）〕上海中小学課程教材変革委員会編、華東師範大学出版社

『九年義務教育課本（試験本）**世界歴史**　八年級』〔『第一学期』、『第二学期』〕上海中小学課程教材変革委員会編、華東師範大学出版社、二〇〇三

◇華東師範大学出版社版（華東師（王主編）版）

『義務教育課程標準実験教科書　**中国歴史**　初級二年級』〔『（七年級）上』（二〇〇五）、『（七年級）下』（二〇〇六）、『（八年級）上』（二〇〇五）、『（八年級）下』（二〇〇六）、『（九年級）上』（二〇〇五）、『（九年級）下』（二〇〇六）〕王斯徳主編、華東師範大学出版社

◇広東教育出版社版（広東版）

『九年義務教育三年制　初級中学試用課本　**中国歴史**（修訂版）』〔『第一冊』―『第四冊』〕九年義務教育教材（沿海地区）編纂委員会編、広東教育出版社、二〇〇一

『九年義務教育三年制　初級中学試用課本　**世界歴史**（修訂版）』〔『第一冊』、『第二冊』〕九年義務教育教材（沿海地区）編纂委員会編、広東教育出版社、二〇〇一

◇地図出版社版（地図版）
『義務教育課程標準実験教科書　中国歴史』〔『七年級上冊』（二〇〇三）、『七年級下冊』（二〇〇三）、『八年級上冊』（二〇〇三）、『八年級下冊』（二〇〇三）〕中央教育科学研究所・中国地図出版社編著、中国地図出版社
◇四川教育出版社版（四川版）
『義務教育課程標準実験教科書　中国歴史』〔『七年級上冊』（二〇〇六）、『七年級下冊』（二〇〇五）、『八年級上冊』（二〇〇七）、『八年級下冊』（二〇〇五）、『九年級上冊』（二〇〇六）、『九年級下冊』（二〇〇六）〕龔奇柱主編、四川教育出版社
◇指導書
『初級中学　中国歴史　第二冊　教師教学用書』人民教育出版社歴史室編、人民教育出版社、一九九六
『初級中学　世界歴史　第一冊　教師教学用書』人民教育出版社歴史室編、人民教育出版社、一九九七
『九年義務教育三年制初級中学教科書　世界歴史　教師教学用書』〔『第一冊』、『第二冊』〕人民教育出版社歴史室編、人民教育出版社、二〇〇二
『義務教育課程標準実験教科書　中国歴史　教師用教学用書』〔『七年級　上冊』、『七年級　下冊』、『八年級　上冊』、『八年級　下冊』〕課程教材研究所・歴史課程教材研究開発中心編著、人民教育出版社、二〇〇五
『義務教育課程標準実験教科書　世界歴史　教師用教学用書』〔『九年級　上冊』、『九年級　下冊』〕課程教材研究所・歴史課程教材研究開発中心編著、人民教育出版社、二〇〇五
『全日制普通高級中学教科書（選修）　中国古代史　全一冊　教師教学用書』人民教育出版社歴史室編、人民教育出版社、二〇〇四
『全日制普通高級中学教科書（必修）　中国近現代史　教師教学用書』〔『上冊』（二〇〇四）、『下冊』（二〇〇三）〕人民教育出版社歴史室編、人民教育出版社

『全日制普通高級中学教科書（選修）世界近現代史　教師教学用書』〔『上冊』、『下冊』〕人民教育出版社歴史室編、人民教育出版社、二〇〇四

■日本の歴史教科書

『中学社会〈歴史的分野〉』熱田公他著、大阪書籍、二〇〇一
『詳説　世界史』佐藤次高・木村靖二・岸本美緒他著、山川出版社、二〇〇六
『中学社会〈歴史的分野〉』峰岸賢太郎他著、日本書籍新社、二〇〇六

■海外の歴史教科書の翻訳

『世界の教科書シリーズ①〈新版〉韓国の歴史〈第二版〉国定韓国高等学校歴史教科書』大槻健・君島和彦・申奎燮訳、明石書店、二〇〇三
『世界の教科書シリーズ④入門韓国の歴史〈新装版〉国定韓国中学校国史教科書』石渡延男監訳・三橋広夫共訳、明石書店、二〇〇一
『世界の教科書シリーズ⑤入門中国の歴史』人民教育出版社編、小島晋治・並木頼寿監訳、明石書店、二〇〇一
『世界の教科書シリーズ⑪中国の歴史　中国高等学校歴史教科書』人民教育出版社歴史室編、小島晋治ほか訳、明石書店、二〇〇四
『世界の教科書シリーズ⑫ポーランドの高校歴史教科書〈現代史〉』アンジェイ・ガルリツキ著、渡辺克義・田中雅弘・吉岡潤監訳、明石書店、二〇〇五
『世界の教科書シリーズ⑬中学校国定国史　韓国の中学校歴史教科書』三橋広夫訳、明石書店、二〇〇五
『世界の教科書シリーズ⑰韓国の小学校歴史教科書』三橋広夫訳、明石書店、二〇〇七

『世界の教科書＝歴史　中国』〔1、2〕人民教育出版社・中小学通用教材歴史編写組・野原四郎、斎藤秋夫ほか訳、ほるぷ出版、一九八一
『[対訳]世界の教科書に見る日本・中国編』国際教育情報センター編、財団法人国際教育情報センター、一九九三
『全訳　世界の歴史教科書シリーズ29　中国』〔Ⅰ、Ⅱ〕人民教育出版社歴史編輯室・堀敏一訳、帝国書院、一九八三
『躍動する韓国の歴史・民間版代案韓国歴史教科書』全国歴史教師の会編、三橋広夫監訳・日韓教育実践研究会訳、明石書店、二〇〇四
『わかりやすい韓国の歴史　国定韓国小学校社会科教科書』石渡延男・三橋ひさ子ほか訳、明石書店、一九九八
『わかりやすい中国の歴史　中国小学校社会教科書』人民教育出版社編、小島晋治監訳・大沼正博訳、明石書店、二〇〇〇

■共通歴史教材

日韓共通歴史教材制作チーム編『日韓共通歴史教材　朝鮮通信使　豊臣秀吉の朝鮮侵略から友好へ』明石書店、二〇〇五
日韓「女性」共同歴史教材編纂委員会編『ジェンダーの視点からみる日韓近現代史』梨の木舎、二〇〇五
日中韓3国共通歴史教材委員会『第2版　日本・中国・韓国＝共同編集　未来をひらく歴史　東アジア3国の近現代史』高文研、二〇〇六
フレデリック・ドルーシュ総合編集・花上克己訳『ヨーロッパの歴史　欧州共通教科書』東京書籍、一九九四
フレデリック・ドルーシュ総合編集・花上克己訳『ヨーロッパの歴史　欧州共通教科書　第二版』東京書籍、一九九八
歴史教育研究会(日本)・歴史教科書研究会(韓国)編『日韓歴史共通教材　日韓交流の歴史　先史から現代まで』明石書店、二〇〇七

歴史教育者協議会・全国歴史教師の会編『向かい合う日本と韓国の歴史　前近代編』〔上、下〕青木書店、二〇〇六

■日韓対話
北澤卓也『ドキュメント日韓歴史教育のいま──教科書問題と教育実践交流』桐書房、二〇〇一
君島和彦『教科書の思想　日本と韓国の近現代史』すずさわ書店、一九九六
坂井俊樹『韓国・朝鮮と近現代教育　共生・共存の視点から』大月書店、一九九七
坂井俊樹『現代韓国における歴史教育の成立と葛藤』御茶の水書房、二〇〇三
谷川彰英編著『日韓交流授業と社会科教育』明石書店、二〇〇五
鄭在貞『韓国と日本　歴史教育の思想』すずさわ書店、一九九八
日韓歴史教科書研究会編『教科書を日韓協力で考える』大月書店、一九九三
歴史学研究会編『歴史教科書をめぐる日韓対話』青木書店、二〇〇四
歴史教育研究会編『教科書に書かれなかった戦争・Part㊱　日本と韓国の歴史教科書を読む視点──先史時代から現代までの日韓関係史』梨の木舎、二〇〇〇
歴史教育研究会編『教科書に書かれなかった戦争・Part㊹　日本と韓国の歴史教科書をつくる視点──先史時代から現代までの日韓関係史』梨の木舎、二〇〇三

■日中対話
日高六郎編『教科書に書かれなかった戦争・Part⑲　日本と中国──若者たちの歴史認識』梨の木舎、一九九五
劉傑・三谷博・楊大慶編『国境を越える歴史認識　日中対話の試み』東京大学出版会、二〇〇六

■歴史対話
浅倉有子・上越教育大学東アジア研究会編『歴史表象としての東アジア　歴史研究と歴史教育との対話』清文堂、二〇〇二
川喜田敦子『ドイツの歴史教育』白水社、二〇〇五
近藤孝弘『ドイツ現代史と国際教科書改善』名古屋大学出版会、一九九三
近藤孝弘『国際歴史教科書対話　ヨーロッパにおける「過去」の再編』中公新書、一九九八
近藤孝弘『歴史教育と教科書――ドイツ、オーストリア、そして日本』岩波ブックレット、二〇〇一
比較史・比較歴史教育研究会編『自国史と世界史　歴史教育の国際化をもとめて』未来社、一九八五
比較史・比較歴史教育研究会編『共同討議　日本・中国・韓国　自国史と世界史』ほるぷ出版、一九八五
比較史・比較歴史教育研究会編『アジアの「近代」と歴史教育〈続・自国史と世界史〉』未来社、一九九一
比較史・比較歴史教育研究会編『黒船と日清戦争　歴史認識をめぐる対話』未来社、一九九六
比較史・比較歴史教育研究会編『帝国主義の時代と現在　東アジアの対話』未来社、二〇〇二
阪東宏『戦争のうしろ姿　教科書問題と東アジア諸国民との歴史対話』彩流社、二〇〇六
『歴史教科書問題未来への回答　東アジア共通の歴史観は可能か』(『世界』二〇〇一年一二月増刊号)、岩波書店
三谷博・金泰昌編『東アジア歴史対話　国境と世代を越えて』東京大学出版会、二〇〇七

■教科書関連
石渡延男・越田稜『世界の歴史教科書11ヶ国の比較研究』明石書店、二〇〇二
越田稜編著『アジアの教科書に書かれた日本の戦争〈東南アジア編〉』梨の木舎、一九九〇
越田稜編著『アジアの教科書に書かれた日本の戦争〈東アジア編〉』梨の木舎、一九九〇

越田稜編著『アメリカの教科書に書かれた日本の戦争』梨の木舎、二〇〇六
越田稜編著『ヨーロッパの教科書に書かれた日本の戦争』梨の木舎、一九九五
斎藤里美編著・監訳『韓国の教科書を読む』明石書店、二〇〇三
俵義文『あぶない教科書NO!』花伝社、二〇〇五
俵義文『〈つくる会〉分裂と歴史偽造の深層　正念場の歴史教科書問題』花伝社、二〇〇八
永原慶二『歴史教科書をどうつくるか』岩波書店、二〇〇一
中村哲編著『歴史はどう教えられているのか　教科書の国際比較から』日本放送出版協会、一九九五
中村哲編著『東アジアの歴史教科書はどう書かれているか　日・中・韓・台の比較から』日本評論社、二〇〇四
別枝篤彦『世界の教科書にみる戦争の教え方』新潮社、一九八三
別枝篤彦『世界の教科書は日本をどう教えているか』白水社、一九九二

■雑誌（中国語）

『課程・教材・教法』『課程・教材・教法』編集委員会、人民教育出版社・課程教材研究所
『歴史教学』歴史教学社編集部、天津古籍出版社、歴史教学社

■雑誌（日本語）

『教科書レポート』同編集委員会、日本出版労働組合連合会

■中国の歴史教科書関連

袁偉時『中国の歴史教科書問題　『氷点』事件の記録と反省』武吉次朗訳、日本僑報社、二〇〇六
王智新・趙軍「中国の歴史教育と歴史教科書について——日中関係を中心に」、王智新・趙軍・朱建栄『「つくる会」の

歴史教科書を斬る　在日中国人学者の視点から』日本僑報社、二〇〇一
王智新「歴史はいかに継承されているか――中国における歴史教育について」、宮崎公立大学『宮崎公立大学人文学部紀要』第八号、二〇〇一年三月
王智新「中国の教科書制度と歴史教科書――日本における誤解を解く」、『世界』二〇〇五年一一月号（七四五号）、岩波書店
財団法人教科書研究センター『中国の教育課程改革と新しい教科書――歴史教科書を中心に〈最終報告〉』財団法人教科書研究センター、二〇〇六
佐藤公彦『「氷点」事件と歴史教科書論争　日本人学者が読み解く中国の歴史論争』日本僑報社、二〇〇七
段瑞聡「中国における歴史教育と日中関係――中学校・高校の歴史教科書を手がかりに」、杏林大学社会科学学会『杏林社会科学研究』第一五巻第四号、二〇〇〇年三月
趙軍「鏡としての歴史教育――中国歴史教科書の中の日本像」、中央大学政策文化総合研究所『中央大学政策文化総合研究所年報』創刊号、一九九八年七月
唐磊「日本の教科書制度が我が国の教材管理体制改革の深化に与える啓発」、課程教材研究所編『教材制度沿革編　下冊』人民教育出版社、二〇〇四
唐磊『日本の教科書制度』人民教育出版社、二〇〇五
並木頼寿「中国教科書の世界・日本像」、山内昌之・古田元夫編『日本のイメージの交錯　アジア太平洋のトポス』東京大学出版社、一九九七
楊彪「中国の歴史教科書と日本」、歴史教育者協議会『歴史地理教育』二〇〇二年九月号（六四三号）
楊彪「中国の歴史教科書の編纂……歴史と現状」、日本歴史学協会『日本歴史学協会年報』第一八号、二〇〇三
李大同『『氷点』停刊の舞台裏』三潴正道監訳・而立会訳、日本僑報社、二〇〇六

■歴史教育関連

安達一紀『人が歴史とかかわる力　歴史教育を再考する』教育史料出版会、二〇〇〇
石山久男・渡辺賢二編『歴史教育の現在　展望日本歴史2』東京堂出版、二〇〇〇
小国善弘『戦後教育のなかの〈国民〉乱反射するナショナリズム』吉川弘文館、二〇〇七
加藤章編著『越境する歴史教育　国境を越えて、世代を越えて』教育史料出版会、二〇〇四
鬼頭明成『国境を越えた日本史の学習』教育史料出版会、二〇〇七
今野日出晴『歴史学と歴史教育の構図』東京大学出版会、二〇〇八
鈴木亮『日本からの世界史』大月書店、一九九四
二谷貞夫『世界史教育の研究』弘生書林、一九八八
遠山茂樹『歴史学から歴史教育へ』岩崎書店、一九八五
鳥山孟郎『考える力を伸ばす　世界史の授業』青木書店、二〇〇三
村井淳志『歴史認識と授業改革』教育資料出版会、一九九七
山田朗『歴史修正主義の克服　ゆがめられた〈戦争論〉を問う』高文研、二〇〇一
吉田悟郎『自立と共生の世界史学　自国史と世界史』青木書店、一九九〇
歴史教育者協議会編『歴史教育五〇年のあゆみと課題』未来社、一九九七
歴史教育者協議会編『歴史教育・社会科教育年報』〔各年版、二〇〇〇〜二〇〇七〕、三省堂
歴史教育者協議会編『あたらしい歴史教育』全七巻、大月書店、一九九四
渡辺賢二『近現代日本をどう学ぶか　平和で公正な世界を創るために』教育史料出版会、二〇〇六
渡辺雅子編著『叙述のスタイルと歴史教育　教授法と教科書の国際比較』三元社、二〇〇三

■論文

荒井信一「〈軍国主義〉覚書」、『季刊戦争責任研究』二〇〇四年春季号（四三号）、日本の戦争責任資料センター
石山久男「日本における教科書問題の最近の動向と課題」、歴史学研究会編『歴史教科書をめぐる日韓対話』青木書店、二〇〇四
上野稔弘「課程標準準拠実験教科書に見る中国歴史教科書歴史叙述の分析」、財団法人教科書研究センター『中国の教育課程改革と新しい教科書――歴史教科書を中心に〈最終報告〉』財団法人教科書研究センター、二〇〇六
大谷猛夫「変化する韓国の歴史教科書」、『日本歴史学協会年報　第一九号』日本歴史学協会、二〇〇四
笠原十九司「南京事件の記憶をめぐる日中の対話の開始」、『南京事件と日本人　戦争の記憶をめぐるナショナリズムとグローバリズム』柏書房、二〇〇二
君島和彦「教科書国際交流の経験から見た『国民の歴史』」、『季刊戦争責任研究』二〇〇〇年秋季号（二九号）、日本の戦争責任資料センター
胡海存「張騫の西域への派遣は中外交流なのか」、『歴史教学』二〇〇七年第五期、天津古籍出版社・歴史教学社
呉志栄「人教版『中国歴史』八年級下冊の『問題知識』解読」、『歴史教学』二〇〇七年第三期、天津古籍出版社・歴史教学社
孔繁剛「私の歴史学習と歴史教育の五〇年」、二谷貞夫編『二一世紀の歴史認識と国際理解　韓国・中国・日本からの提言』明石書店、二〇〇四
三王昌代「中国で『中日戦争』を教えること・学ぶこと」、歴史教育者協議会『歴史地理教育』二〇〇七年七月号（七一六号）
柴宜弘「地域史とナショナル・ヒストリー　バルカン諸国共通歴史副教材の『戦略』」、高橋秀寿・西成彦編『東欧の二〇世紀』人文書院、二〇〇六

柴宜弘「共通歴史副教材を読む」、東京大学教養学部歴史学部会編『史料学入門』岩波書店、二〇〇六
柴宜弘「第二次世界大戦をどのように理解するか　バルカン一一カ国共通歴史副教材から」、日本歴史学協会『日本歴史学協会年報　第二二号』、二〇〇七
孫歌「日中戦争　感情と記憶の構図」、『世界』二〇〇〇年四月号（六七三号）、岩波書店
趙景達「韓国における歴史教育と民衆史学」、『日本歴史学協会年報　第一六号』、日本歴史学協会、二〇〇一
「インタビュー記録・歴史教育体験を聞く・佐藤伸雄先生」、歴史教育史研究会『歴史教育研究　第二号』、二〇〇四
張連紅「負の遺産を克服するために　中国における南京事件研究の到達と課題」、『世界』二〇〇八年一月号（七七三号）、岩波書店
沈為彗「新課程標準人民版高校歴史教科書に対する幾つかの疑問」、『歴史教学』二〇〇七年第一期、天津古籍出版社・歴史教学社
二谷貞夫「中国の歴史教育」、歴史教育者協議会『あたらしい歴史教育⑤〈世界の教科書を読む〉』大月書店、一九九四
「筆記　抗日戦争と中国近代化プロセス」、中国社会科学院近代史研究所『季刊抗日戦争研究』二〇〇六年、近代史研究雑誌社
藤岡信勝「歴史の『共有作業』という空虚――『日中韓共同教材』噴飯モノ　『日韓共同研究』無意味　で分かった」、『正論』二〇〇五年八月号、産経新聞社
古厩忠夫「感情記憶と事実記録を対立させてはならない　溝口雄三論文への反論として」、『世界』二〇〇一年九月号（六九二号）、岩波書店
白永瑞「東アジアにおける歴史教科書の作られ方」、『アジア新世紀2　歴史』岩波書店、二〇〇三
白永瑞「二〇世紀の韓国歴史教科書に見る東アジア『近代』像」、佐々木毅・山脇直司・村田雄二郎編『東アジアにおける公共知の創出　過去・現在・未来』東京大学出版会、二〇〇三

溝口雄三「日中間に知の共同空間を創るために　孫歌論文に応じて」、『世界』二〇〇〇年九月号（六七九号）、岩波書店
三橋広夫「日韓の歴史授業交流をめざす『向かいあう日本と韓国・朝鮮の歴史　前近代編』を出版して」、歴史教育者協議会『歴史地理教育』二〇〇七年二月号（七一〇号）
劉傑「日本と中国の和解をめざして」、船橋洋一編『いま、歴史問題にどう取り組むか』岩波書店、二〇〇一

■参考図書

天児慧『中華人民共和国史』岩波書店、一九九九
荒井信一『戦争責任論　現代史からの問い』岩波書店、一九九五
荒井信一『歴史和解は可能か　東アジアでの対話を求めて』岩波書店、二〇〇六
家永三郎『戦争責任』岩波書店、一九八五
板垣雄三『歴史の現在と地域学』岩波書店、一九九二
江口圭一『十五年戦争小史〈新版〉』青木書店、一九九一
王柯『多民族国家　中国』岩波新書、二〇〇五
大門正克編著『昭和史論争を問う　歴史を叙述することの可能性』日本経済評論社、二〇〇六
王智新『現代中国の教育』明石書店、二〇〇四
大日方純夫『近現代史考究の座標　過去から未来への架橋』校倉書房、二〇〇七
笠原十九司『体験者二七人が語る　南京事件　虐殺の「その時」とその後の人生』高文研、二〇〇六
笠原十九司・吉田裕編『現代歴史学と南京事件』柏書房、二〇〇六
孫歌・白永瑞・陳光興編『ポスト〈東アジア〉』作品社、二〇〇六

孫歌『アジアを語ることのジレンマ　知の共同体空間を求めて』岩波書店、二〇〇二
孫歌『竹内好という問い』岩波書店、二〇〇五
成田龍一『歴史学のポジショナリティ　歴史叙述とその周辺』校倉書房、二〇〇六
西川長夫編『アジアの多文化社会と国民国家』人文書院、一九九八
並木頼寿『世界史リブレット66　日本人のアジア認識』山川出版社、二〇〇八
高橋哲哉編『〈歴史認識〉論争』作品社、二〇〇二
高橋哲哉『戦後責任論』講談社、一九九九
同時代史学会編『日中韓ナショナリズムの同時代史』日本経済評論社、二〇〇六
藤原帰一『戦争を記憶する　広島・ホロコーストと現在』講談社、二〇〇一
溝口雄三『中国の衝撃』東京大学出版会、二〇〇四
南塚信吾『世界史なんていらない？』岩波ブックレット№七一四、二〇〇七
毛利和子『日中関係　戦後から新時代へ』岩波新書、二〇〇六
森明子編『歴史叙述の現在　歴史学と人類学の対話』人文書院、二〇〇二
安井三吉『柳条湖事件から盧溝橋事件へ　一九三〇年代華北をめぐる日中の対抗』研文出版、二〇〇三
安田常雄『出会いの思想史＝渋谷定輔論『農民哀史』の世界』勁草書房、一九八一
安田常雄編『新しい近現代史研究へ』〈歴史研究の最前線v．3〉、総研大日本歴史研究専攻・国立歴史民俗博物館、二〇〇四
山田朗『昭和天皇の軍事思想と戦略』校倉書房、二〇〇二
山室信一『思想課題としてのアジア　基軸・連鎖・投企』岩波書店、二〇〇一
吉田裕『現代歴史学と戦争責任』青木書店、一九九七

吉田裕『日本人の戦争観――戦後史のなかの変容』岩波書店、一九九五
米谷匡史『アジア／日本』岩波書店、二〇〇六
歴史学研究会編『国民国家を問う』青木書店、二〇〇一
歴史学研究会編『戦後歴史学再考「国民史」を超えて』青木書房、二〇〇〇
歴史教育者協議会編『東アジア世界と日本　日本・朝鮮・中国関係史』青木書店、二〇〇四

■公文書

教育部「中小教材編写審定管理暫行辦法」（二〇〇一年六月七日教育部令第一一号）
http://moe.edu.cn/jckecheng/jcjiaocai/01.htm
国家教育委員会『一九八〇年全日制十年制学校中学歴史教学大綱』「教学目的と要求」
http://www.pep.com.cn/lishi/jcydg/jxdg/0144.htm
教育部『一九八八年九年制義務教育全日制初級中学歴史教学大綱（初審稿）』「教学カリキュラム」
http://www.pep.com.cn/lishi/jcydg/jxdg/0163.htm
国家教育委員会『一九九〇年全日制中学歴史教学大綱（修訂版）』「教学目的と要求」
http://www.pep.com.cn/lishi/jcydg/jxdg/0173.htm
胡錦涛「中国人民の抗日戦争及び世界反ファシズム戦争勝利六〇周年を記念する大会の演説」人民出版社、二〇〇五
教育部*『一九五六年初級中学中国歴史教学大綱』http://www.pep.com.cn/lishi/jcydg/jxdg/0074.htm
*日本の文科省にあたる教育部は、一九八五年から一九九八年まで国家教育委員会に改組されていた。
教育部『一九六三年全日制中学歴史教学大綱』http://www.pep.com.cn/lishi/jcydg/jxdg/0102.htm
教育部『一九七八年全日制一〇年制学校中学歴史教学大綱』http://www.pep.com.cn/lishi/jcydg/jxdg/0127.htm

教育部『一九八〇年全日制一〇年制学校中学歴史教学大綱』 http://www.pep.com.cn/lishi/jcydg/jxdg/0144.htm
国家教育委員会『一九八八年全日制初級中学歴史教学大綱』 http://www.pep.com.cn/lishi/jcydg/jxdg/0160.htm
国家教育委員会『一九九〇年全日制中学歴史教学大綱』 http://www.pep.com.cn/lishi/jcydg/jxdg/0172.htm
教育部『二〇〇二年全日制普通高級中学歴史教学大綱』 http://www.pep.com.cn/lishi/jcydg/jxdg/0.htm
教育部『普通高中　歴史課程標準（実験）』人民教育出版社、二〇〇三

■その他

「九年制義務教育初中歴史教材『中国歴史』（人教版）学科検定委員会検定結論と意見」（一九九二年三月八日）、課程教材研究所編『歴史教学』一九九二年六月号、人民教育出版社、
国家教育委員会「現行普通中高教材カリキュラムの調整意見」（一九九〇年三月八日）、中国教育年鑑編集部編『中国教育年鑑１９９１』人民教育出版社、一九九二
王生洪「上海小中学課程教材改革委員会成立大会における講話」、『上海中小学課程教材改革専編（一）』上海中小学課程教材改革委員会事務室編、一九九〇

■年鑑類（中国語）

国家統計局編『中国統計摘要　二〇〇五』中国統計出版社、二〇〇六
教育部財務司・中国統計局社会和科技統計司編『中国教育経費統計年鑑　二〇〇五』中国統計出版社、二〇〇六
『中国教育年鑑 1949—1981』中国教育年鑑編集部編、人民教育出版社、一九八二
『中国教育年鑑 1982—1984』中国教育年鑑編集部編、人民教育出版社、一九八五
『中国教育年鑑』中国教育年鑑編集部編、人民教育出版社、各年版（一九八八～二〇〇六）

国家教育発展研究中心『中国教育緑皮書』教育科学出版社、各年版（二〇〇〇～二〇〇七）
『中華人民共和国　教育大事記』1949 — 1982』教育科学出版社、一九八四
『中国教育事典』〔『初等教育巻』、『中等教育巻』、『高等教育巻』〕河北教育出版社、一九九四

■中国語資料

課程教材研究所編『課程教材研究15年』人民教育出版社、一九九八
課程教材研究所編『義務教育教材的研究与実験』人民教育出版社、一九九七
課程教材研究所編『面向21世紀　中小学教材建設現代化研究与実践』人民教育出版社、二〇〇三
課程教材研究所編『教材制度沿革編』〔『上冊』、『下冊』〕人民教育出版社、二〇〇四
課程教材研究所編『課程改革借鑑編』人民教育出版社、二〇〇三
課程教材研究所編『課程教材改革之路』人民教育出版社、二〇〇〇
王屏山主編『改革与創新　九年義務教育沿海版教材建設十年』広東教育出版社、一九九八
上海中小学課程教材改革委員会辦公室編『上海中小学課程教材改革専輯（一）』上海教育出版社、一九九二
全国課程専業委員会秘書所編『二一世紀　中国課程研究与改革』人民教育出版社、二〇〇一
蘇寿桐『史編拾遺』人民教育出版社、一九九五
中国教育学歴史教学研究会・人民教育出版社『面向21世紀歴史教材和歴史教学』人民教育出版社、一九九七
王宏志『歴史教材的改革与実践』人民教育出版社、二〇〇〇

■参考インターネットURL

東京財団主催「中国の歴史研究」講演会速記録

http://www.tkfd.or.jp/admin/files/seminar010307.pdf
徐臨江「平型関の戦いと平型関の大勝利」『中国青年報　氷点特稿』（第五四五期、二〇〇五年六月一日）
http://www.cyol.com/gb/zqb/2005-06/01/content_11948.htm
「北京・七月七日盧溝橋事件、『何年か知らない』が五割」中国情報局二〇〇五年七月七日
http://www.searchina.ne.jp/disp.cgi?y=2005&d=0707&f=national_0707_001.shtml
「日本外交は孤立　靖国参拝やめよ　シンガポール前首相」しんぶん赤旗二〇〇六年二月九日
http://www.jcp.or.jp/akahata/aik4/2006-02-09/2006020901_04_0.html
「北京：〇六年から義務教育の無料化、段階的に実施か」中国情報局、二〇〇五年九月二一日
http://news.searchine.ne.jp/disp.cgi?y=2005&d=0921&f=national_0921_005.shtml
「国語だけではない」『中国青年報』一九九八年一月六日
http://www.cyol.net/cyd/zqb/jpwk/bd/1998/217^Q808.htm
「上海版『歴史』・短命版と速成版」上海高中歴史教科書事件中山大学歴史学系網絡討論区、二〇〇七年九月一九日
http://202.116.111/NEWBBS/upload/read.php?tid=2178&fpage=2
「大学教授が愛国主義教育を否定『改革は全土で起きる』」中国情報局、二〇〇六年一〇月一六日
http://news.searchina.ne.jp/disp.cgi?y=2006&d=1016&f=politics_1016_002.shtml

あとがき

本書は、私にとってはじめての単著である。ここに記してきた内容は、高校生の頃からこれまで考え、悩み、行動してきた自己点検と自己更新の履歴である。なお、『未来をひらく歴史』に対する言及は、あくまでも私個人の意見を述べており、作成メンバーで統一された見解ではないことを付け加えておきたい。またどのような世界史像や歴史対話のあり方を、歴史教育を通じて歴史叙述として具体化していくのか、という課題については、さらに深め、新たな論考として他日を期したいと思う。

今から一七年前の一九九一年、受験戦争になじめないと感じていた私は法政大学第二高等学校という付属校に進学した。自由な校風と受験勉強がないという恵まれた学習環境が保障されたものの、入学当初はとりたてて問題意識を持った高校生ではなかった。ところが高校一年生のとき榎本勝己先生に出会い、日本の戦争責任・戦後責任について教わったことをきっかけに、そうした問題に興味を持つようになっていった。その後、大学進学をひかえ進学学部を悩んでいた私に、榎本先生は「歴史を学びたいなら人の痛みが分からないと」とアドバイスをして下さった。当時、私は史学科に行くか、他学部に行くか悩んでいたが、これを受けてアジアでどのような今日的課題に人々が苦しみ、その改善に日々取り組んでいるのかを知りたいと考え、法政大学社会学部に進学した。榎本先生が、日本近現代史を専門とする粟屋憲太郎先生のゼミ出身であることを知るのは、それから何年かたってからである。歴史学を学ぶことの意味を教えて下さった榎本先生に、感謝申し上げたい。

大学では吉村真子先生や土生長穂先生のゼミに所属し、アジア各地の諸問題や開発独裁の問題など、国際関係論や平和論などを学んだ。中国や韓国だけでなく、マレーシアやシンガポール、インドネシア、インドなど、アジア各地への視野を広める機会を得られたことは、私の貴重な財産となっている。

日本の敗戦からちょうど半世紀がたった一九九五年に二〇歳をむかえた私は、榎本先生に連れられてハルビンで行われた七三一部隊の国際シンポジウムに参加し、初めての海外経験、中国という存在を知る機会を得ることになった。またこのシンポジウムを通じて、当時、黒龍江省社会科学院の研究員であった歩平先生との出会いがあった。

大学三年生終了後、私は日本の侵略戦争について、同年代の中国の若者たちとどうしても直接対話したいと考え、長期留学を決断した。留学先には迷うことなくハルビンを選び、それから二年間、歩平先生やご家族の方々に大変お世話になった。このとき、それから八年後の二〇〇五年、歩平先生とともに『未来をひらく歴史』を刊行することになろうとは、思いもよらなかった。この出会いとめぐり合わせに感謝したいと思う。

二〇〇〇年の大学卒業後、歴史学・歴史教育を本格的に学びたいと考えた私は、明治大学の山田朗先生の研究室をたずねた。それから今日に至るまでの九年間、私は山田ゼミに在籍する一人として指導を受け、様々な相談に乗っていただいてきた。大変お忙しいにもかかわらず本書の草稿に目を通して頂き、花伝社の柴田章氏と私を引き合わせて下さったのも山田先生である。また山田ゼミでは多くの先輩、後輩と出会い、学び合いの環境をえることができた。この本が世に送り出されるのも山田先生と山田ゼミのおかげである。

大学院の二年目の二〇〇一年から今日まで、母校である法政二高で非常勤講師を担当する機会に恵まれた。歴代の社会科主任、八木橋正之先生、大庭乾一先生には、仕事と大学院との両立のために様々な面でご配慮頂いた。また高校生の頃、授業を受けた木村宏一郎先生や、大湖賢一先生と机を並べ、研究や実践についてたくさんのことを教えて頂いた。法政二高でこれまでお世話になってきた先生方に感謝申し上げたい。

大学院では山田ゼミとともに安田常雄ゼミに参加する機会に恵まれた。私がそれまでまったく接してこなかった思想史という視野にふれ、歴史教科書の分析をたんなる記述比較に終わらせず、歴史対話における様々な出会いの意味を常に問う姿勢を教えて下さったのも安田先生である。

中国との歴史対話、授業実践交流などでは、歴史教育者協議会の佐藤伸雄先生、石山久男先生、二谷貞夫先生、鳥山孟郎先生などと、北京やウルムチ、銀川、上海など、様々な場所を訪れる機会を頂いた。また歴史教科書の対話、共通歴史教材の開発に関わって、君島和彦先生に貴重なアドバイスを何度も頂いた。先生方の歴史対話を一歩でも前に進めようとする日々の取り組みに、今後も学んでいきたいと思う。

そして私に歴史教育のあり方を常に問う姿勢、生徒や学生と接する大切さ、一つの事柄をとことん深める楽しさを高校生の頃から今日まで一貫して教えてくださったのが、渡辺賢二先生である。また本書の草稿に目を通すことを快諾して下さり、ご意見、ご批判を頂いた。さらに先生からは、どんなに肉体的・精神的苦境に陥っても弱音を吐かず、前向きに生きることの大切さを教えて頂いた。

『未来をひらく歴史』に関わって、三国の編集メンバーで最年少の私をいつも温かく見守って下さった各国の先生方、また通訳の方々やシンポジウムの成功に尽力して下さったすべての皆様に、心よりお礼申し上げたい。なかでも編集メンバーとの接点をつくって下さった俵義文先生、ライフワークとして取り組める仕事があることのよろこびと厳しさを教えて下さった笠原十九司先生、そして共通歴史教材の作成という歴史対話を研究対象にすることの意義をいち早く認めて下さり、ご指導下さった大日方純夫先生に感謝申し上げたい。また本書の骨子を報告する機会を与えて下さった南京事件・沖縄戦合同研究会のメンバーと、報告後も今日に至るまで研究、実践、叙述のすべてにわたりご意見、ご指導頂いた林博史先生にお礼申し上げたい。

そして私とともに歴史と向き合う時間を共有してくれた高校・大学の生徒・学生たちに感謝したいと思う。毎回寄せられる質問・意見カードに書かれた率直な意見や批判から、授業・講義の内容を考えさせられ、共通歴史教材の可能性と課題を学ぶことができた。

なお、本書には左記で扱った内容を含むが、本書執筆にあたり改稿・修正を行った。

「中国・歴史教科書の新しい方向性——戦争記述を中心に——」、日本歴史学協会『日本歴史学協会年報』第一九号、二〇〇四年。

「『未来をひらく歴史』作成の経過と論点（上）（下）」、日本の戦争責任資料センター『季刊戦争責任研究』二〇〇五年夏季号・同秋季号。

「中国歴史教科書における自国史叙述の現在――歴史認識の対話をめざして――」、歴史科学協議会『歴史評論』七月号（六七五号）、二〇〇六年。

本書の出版にあたっては、花伝社の柴田章氏に大変お世話になった。一介の大学院生が書いた論文に更なる表現の場を与えてくださったこと。そして原稿の執筆が遅々として進まない私を何度も励まし、貴重なアドバイスを与えて下さった。単著を書くことがこんなにも辛く、また楽しいことであることを経験する機会を与えてくださった氏に、改めて感謝申し上げたい。

最後に私事となり恐縮だが、この場を借りて一途に生きることの大切さを教えてくれた両親に、本書を捧げたいと思う。

二〇〇八年七月

齋藤　一晴

東アジア近現代・関連年表

（1840年～2005年）

1840	アヘン戦争（～42）
1851	太平天国の乱（～64）
1854	日米和親条約
1857	インド大反乱（～59）
1861	洋務運動開始
1868	明治維新
1871	日清修好条規
1874	台湾出兵
1875	江華島事件
1876	日朝修好条規
1889	大日本帝国憲法発布
1894	甲午農民戦争。日清戦争（～95）
1895	下関条約
1900	義和団事件
1902	日英同盟成立
1904	日露戦争（～05）。第1次日韓協約
1905	ポーツマス条約。第2次日韓協約
1910	韓国併合
1911	辛亥革命
1912	中華民国成立
1914	第1次世界大戦（～18）
1915	21カ条要求
1917	ロシア革命
1919	3・1独立運動。5・4運動。大韓民国臨時政府が上海に樹立
1921	中国共産党成立。ワシントン会議（～22）
1926	国民革命軍北伐開始
1927	上海で蒋介石による反共クーデター。東方会議
1931	柳条湖事件（満州事変）
1932	「満洲国」建国
1936	西安事件

1937　盧溝橋事件。南京大虐殺
1938　国家総動員法
1939　第 2 次世界大戦（～ 45）。日本軍が重慶爆撃開始
1940　日本軍が北部仏印進駐
1941　日本軍の南部仏印進駐・真珠湾攻撃・マレー半島侵攻によりアジア太平洋戦争開始（～ 45）。香港占領
1942　ミッドウェー海戦。連合国共同宣言
1943　日本軍がガダルカナル島から撤退。大東亜会議
1945　沖縄戦。原爆投下。ソ連参戦。日本敗戦。中国抗日戦争勝利。朝鮮光復
1946　国共内戦（～ 49）。極東国際軍事裁判（～ 48）。南京軍事法廷（～ 47）。日本国憲法公布
1948　大韓民国成立。朝鮮民主主義人民共和国成立
1949　中華人民共和国成立
1950　朝鮮戦争（～ 53）
1956　日ソ共同宣言。日本国連加盟
1958　大躍進運動（～ 61）
1964　中国原爆実験
1965　日韓基本条約
1966　文化大革命（～ 76）
1967　家永教科書訴訟開始（～ 97）
1971　中華人民共和国国連加盟
1972　日中共同宣言
1978　日中平和友好条約
1982　歴史教科書問題発生
1984　中国が 14 都市を対外経済開放都市に指定
1985　南京大虐殺記念館開館。中曽根康弘首相が靖国神社を参拝しアジア諸国から批判を受ける
1989　昭和天皇死去。天安門事件。冷戦終結
1991　ソ連崩壊。大韓民国と朝鮮民主主義人民共和国が同時国連加盟。韓国の元「慰安婦」が日本政府に謝罪と補償を求めて提訴
1992　中韓国交樹立
1993　中国が「社会主義市場経済に関する決定」採択、憲法に社会主義市場経済を明記
1995　戦後 50 年国会決議採択、戦後 50 年にあたっての村山首相談話
1996　橋本龍太郎首相が靖国神社を参拝しアジア諸国から批判を受ける

1997　香港がイギリスから中国に返還
1998　日中共同宣言。日韓共同宣言
2001　「新しい歴史教科書をつくる会」の歴史教科書をめぐって歴史教科書問題再燃。中国ＷＴＯ加盟。小泉純一郎首相が靖国神社を参拝しアジア諸国から批判を受ける（小泉首相は在任中の 2001 年から 2006 年までに、計 6 回、靖国神社を参拝）。日本の歴史認識問題によってアジア各国との関係が冷え込む。
2005　日本の常任理事国入りや歴史教科書問題を原因とした抗議行動が中国で起こる

齋藤一晴（さいとう　かずはる）

1975年　神奈川県生まれ。

法政大学社会学部卒業。

明治大学大学院文学研究科博士後期課程在籍、法政大学第二高等学校非常勤講師・関東学院大学経済学部非常勤講師。

日中韓3国共通歴史教材委員会メンバーとして『未来をひらく歴史　東アジア3国の近現代史』（高文研、2005年）の編集・執筆に参加。

著書
『アジアの人々とともに「戦争の記憶」を継承する［資料と解説］——二度と戦争をしないために』（渡辺賢二・齋藤一晴編著、平和文化、2007年）
『歴史教育と歴史研究をつなぐ』（山田朗編、岩波ブックレット、2007年）
『ちゃんと知りたい！　日本の戦争ハンドブック』（歴史教育者協議会編、青木書店、2006年）

中国歴史教科書と東アジア歴史対話——日中韓3国共通教材づくりの現場から

2008年7月25日　　初版第1刷発行

著者 ——齋藤一晴
発行者 —平田　勝
発行 ——花伝社
発売 ——共栄書房
〒101-0065　東京都千代田区西神田2-7-6 川合ビル
電話　03-3263-3813
FAX　03-3239-8272
E-mail　kadensha@muf.biglobe.ne.jp
URL　http://kadensha.net
振替　00140-6-59661
装幀 ——神田程史
印刷・製本 –中央精版印刷株式会社

ISBN978-4-7634-0524-1 C0036